Gabriele Hasmann

Das Böse-Frauen-Buch

Gabriele Hasmann

DAS BÖSE FRAUEN BUCH

Lieber rotzfrech statt kreuzbrav

Bildrechte Autorenfoto: Tina King
Bildrechte Umschlag: © Modella – Fotolia.com; © amebar – Fotolia.com

Alle Rechte, insbesondere das Recht der Vervielfältigung und Verbreitung sowie der Übersetzung, vorbehalten. Kein Teil des Werks darf in irgendeiner Form (durch Fotokopie, Mikrofilm oder ein anderes Verfahren) ohne schriftliche Genehmigung des Verlags reproduziert werden oder unter Verwendung elektronischer Systeme gespeichert, verarbeitet, vervielfältigt oder verbreitet werden.

Die Autorin und der Verlag haben dieses Werk mit höchster Sorgfalt erstellt. Dennoch ist eine Haftung des Verlags oder der Autorin ausgeschlossen. Die im Buch wiedergegebenen Aussagen spiegeln die Meinung der Autorin wider und müssen nicht zwingend mit den Ansichten des Verlags übereinstimmen.

Der Verlag und seine Autorin sind für Reaktionen, Hinweise oder Meinungen dankbar. Bitte wenden Sie sich diesbezüglich an verlag@goldegg-verlag.com.

ISBN Print: 978-3-902729-82-8
ISBN E-Book: 978-3-902729-83-5

© 2012 Goldegg Verlag GmbH
Friedrichstrasse 191 • D-10117 Berlin
Telefon: +49 (0)800 505 43 76-0

Goldegg Verlag GmbH, Österreich
Mommsengasse 4/2 • A-1040 Wien
Telefon: +43 (0)1 5054376-0

E-Mail: office@goldegg-verlag.com
www.goldegg-verlag.com

Layout, Satz und Herstellung: Goldegg Verlag GmbH, Wien
Druck und Bindung: Theiss GmbH

*„Sie träumte am helllichten Tage davon,
nie wieder enge Schuhe anziehen zu müssen,
nie wieder lachen und zuhören
und bewundern zu müssen,
nie wieder kein Spielverderber zu sein.
Nie wieder."*

DOROTHY PARKER (1893–1967)
*US-amerikanische Kurzgeschichtenautorin,
Literatur- und Theaterkritikerin*

Inhaltsverzeichnis

Vorwort 11

Interpretationsanweisung 13

Böse Frauen als Kultfiguren und ihre Anziehung auf
Männer 19

Rotzfrech statt kreuzbrav 27

Im Mikrokosmos 33
   Wenn die Mutter mit der Tochter 35
   Familienfeier inklusive Systemabsturz 41
   Der Schwiegerdrache 47
   Die Hormonschleuder 52
   Meine ausgebrannte Freundin 57
   Stutenbissigkeit 61
   Meine Freundin Thomas 66

In freier Wildbahn 71
   Im Caorle 72
   Seekühe in der Konditorei 76
   Smalltalk-Boykott 81
   Aber jetzt schnell 86
   Wer schön sein will, ... 92
   Hollywood lässt grüßen 98
   Im Promi-Talk mit C-Frauen 101
   Kleines Püppchen, freches Bübchen, ... 105

Venusianerinnen und Aliens 113
   Jeder Frau ihren Eumel 116
   Der rosarote Mann 120
   Mann versus Männchen 126
   Oh, du lieber Valentin 131
   Der Heiratsantrag 135

Gute Lügen, schlechte Lügen 139
Überraschungsei Blind Date 144
Schmerzfreie Trennung 151
Augen auf 155
Mein Stalker 162
Die Tussi an der Seite meines Ex 168
Nicht bi-neugierig 172
Schlechter Sex ist gar kein Sex 176

Von der Theorie zur Praxis 183
Flirtzone Zero 185
Auf der Suche nach dem Endorphin 193
Verflucht und zugenäht 201
Einmal Sexfilmstar 205
Der Hexenapfel 208
Das etwas andere Vorstellungsgespräch 213
Zwei auf einen Streich 216
Vom Kuscheln und Lachen 223
Die Geisterjagd 230

Noch mehr böse Frauen und ihre Geschichten 239
Ein Date zu dritt. Oder: Warum ein frischverliebtes
Pärchen jede noch so überzeugte Singlefrau in
die Krise stürzt 240
Einer dieser Tage 246
Die Stimme am anderen Ende der Leitung 250
Willkommen im Leandertal 253
Traue nie einer Frau mit einer Flasche im Arm 260
Frauenträume aus Stoff 262
Wenn Männer eine Reise buchen 264
Relativitätstheorie 272
Frechheit siegt 275
Reizend 279
Gazellenjagd 283
Erste! 289
Clark Gables Checklist 291

Würmer für den toten Fisch	296
Alles in Schränken?	299
Wenn es nicht mehr passt	303

Anhang 309
   Danksagungen 309
   Die Autorinnen von „Noch mehr böse Frauen und
   ihre Geschichten" 309
   Die Illustratorin 312
   Quellen 312

Vorwort

Liebe Leserinnen!
Bei dem vorliegenden Werk handelt es sich um ein sehr humoristisches, anregendes Buch, das frau einlädt sowie auffordert sich ihren Bedürfnissen zu stellen und sich zuzutrauen diese auch zu leben.
Der erste Schritt zur kompromisslosen Ehrlichkeit ist der zu sich selbst ...
Was Frauen und Männer gemein haben: Sie gehören der Gattung Homo sapiens an und wachsen in ihre Geschlechterrolle hinein. Doch Menschen sind lebenslang lernfähig, auch im Bezug auf ihre Weiblichkeit oder Männlichkeit.
Die Untersuchung der US-amerikanischen Psychologin Janet S. Hyde bezüglich Geschlechterunterschiede zeigte auf, dass sich Frauen und Männer hinsichtlich Sprache, mathematischer Fähigkeiten, Kommunikationsmuster, Aggression oder Führungsstil gar nicht eklatant unterscheiden.
Einige Differenzierungsmerkmale sind laut der Psychologin, dass Frauen nicht so gut den Ball werfen, weniger aufgeschlossen für One-Night-Stands sind, nicht so stark zu körperlicher Aggression neigen und seltener masturbieren als Männer. Bei Betrachtung der Untersuchungsstatistik sind die anderen Unterschiede marginal.
Ob Janet S. Hyde nun mit ihren Untersuchungen recht hat oder nicht, eines ist jedenfalls sicher: Frauen sind den Männern ebenbürtig und gleichwertig! Frau benötigt nur ihre eigene Erlaubnis, zu sich sowie zu ihren Bedürfnissen

und Wünschen zu stehen, und das ohne schlechtes Gewissen.

Dieses Buch mit seinen humorigen Geschichten zeigt klar auf, dass brave Frauen in den Himmel kommen, böse jedoch überall hin, und dies schließt den Himmel mit ein.

Ergo: Wahlmöglichkeit, meine Damen!

Ich erlebe in meinem Beruf des Öfteren, dass Frauen ihr „Licht" unter den Scheffel stellen, damit sie den Mann an ihrer Seite nicht überstrahlen. „Charmant" nennen es die einen, „unterwürfig" die anderen. Eines ist jedenfalls sicher, diese Frauen leben im Beisein des Mannes nicht ihre Bedürfnisse und Möglichkeiten.

Meine Damen, stehen Sie Ihre Frau!

Herzlichst,

Ihre *Gabi Fischer*

Gabriela Fischer, Lebens- und Sozialberaterin sowie Sozial-, Sonder- und Heilpädagogin, bekannt aus Funk und Fernsehen

Interpretationsanweisung

Während Männer häufig am „Gott-Komplex" leiden, bekommen Frauen nur allzu oft ein Liebkind-Syndrom verpasst, was größtenteils an der immer noch praktizierten, absurden Erziehungsmethode liegt, wonach Mädchen hübsch, süß, gepflegt, lieb, nett, freundlich, höflich und vor allem bei allen beliebt, also „Everybody's Darling", zu sein haben. Diese Erwartungshaltung, meist seitens der Eltern, kann zur Folge haben, dass dementsprechende im Laufe der Jahre antrainierte Verhaltensmuster Frauen ihr ganzes Leben lang begleiten, was dazu führt, dass die Betroffenen nicht fähig sind zu sagen, was sie empfinden und intuitiv, in ihrem Sinn richtig, zu handeln. Ja, sie neigen sogar dazu, ihre Gedanken – zumindest die, die nicht ins Schema passen – zu unterdrücken und zu verdrängen.

Das bedeutet, dass sie sich permanent unecht verhalten und dabei sogar ihre eigenen Bedürfnisse verleugnen.

Als konkretes Beispiel ist hier das Helfersyndrom anzuführen, das Geschwisterchen des Liebkind-Syndroms, das viele Frauen dazu veranlasst, die Ängste, Sorgen und Nöte ihrer Mitmenschen in Sachen Dringlichkeit der Bearbeitung und Lösungssuche weit vor ihre eigenen Probleme zu reihen. Männer kennen diese oft regelrecht aufopfernde Hilfsbereitschaft nicht – die schlagen einem Kumpel, der beispielsweise mitten in einem Rosenkrieg steckt, mit den als Aufmunterung gedachten Worten „Wird schon wieder werden, Alter!" einmal kräftig auf die Schulter und haben die Angelegenheit, sobald der Freund aus dem Blickfeld verschwunden ist, auch schon wieder vergessen.

Laut Medizinern führen die Strategien, die Frauen sich aufgrund ihrer ungesunden Prägung unbewusst aneignen, nicht selten zu Beschwerden wie Schlafstörungen und depressiven Verstimmungen, häufig sogar zu lebensbedrohlichen Krankheiten.

Wenn das Gehirn dem Mund verbietet auszusprechen, was man denkt, entsteht emotionaler Stress. Und wir Frauen haben lange genug die Klappe gehalten, etwa in den Momenten, in welchen wir uns gegen das Männchen in der Beziehung hätten auflehnen müssen, um nicht mehr nach dessen Pfeife zu tanzen, aber immer wieder in unsere Schranken verwiesen wurden, oder immer dann, wenn wir den Versuch wagen wollten, in Männerdomänen vorzudringen, und man uns nicht ließ.

Doch dann setzte der Feminismus ein, im Rahmen dessen so manch bissige Emanze die Männer das Fürchten lehrte. Diese Auflehnung gegen das patriarchalische System hat zwar einige Steine ins Rollen gebracht, auf welchen die Herren der Schöpfung ein wenig ins Schleudern gerieten, dennoch scheint die in unseren Breiten vorherrschende Männerherrschaft, vor allem im Berufsleben, unumstößlich zu sein, denn im modernen Europa sind immer noch deutlich mehr Männer als Frauen in Wirtschaft und Politik an der Spitze zu finden.

Der Olymp, auf dem die Kerle wie die Adler auf ihrem Horst hocken, geriet wie schon erwähnt zwar bereits so manches Mal ins Wanken, allerdings stets nur millimeterweit. Und so sind die Männer auch heute noch eine Mischung aus Adam, der vor der Frau erschaffen wurde und seine Spitzenposition bis heute mit allen Mitteln verteidigt, und Primat („Herrentier"), einem vorwiegend instinktgesteuerten Individuum, das Weibchen und Revier kontrolliert und niemals auf die Idee käme, die urzeitliche Rollenverteilung zu hinterfragen.

In diesem Buch geht es keineswegs um die Analyse frauenfeindlicher Erziehungsmaßnahmen (die beide Geschlechter traf), Feminismus (wir sind im eigentlichen Sinne keine Feministinnen mehr, sondern Frauen und brauchen keine andere Bezeichnung) oder gar um Männerhass (Frauen, die Männer verachten, haben das Wort Emanzipation nicht verstanden), denn wir wollen nicht die Vergangenheit betrauern, sondern in die Zukunft blicken. Die Texte haben auch keineswegs das Thema Gleichberechtigung (und damit meine ich nicht nur die zwischen Mann und Frau) zum Inhalt, denn die wird vermutlich immer ungefähr so realistisch sein wie Gerechtigkeit (oder wie ehrliche Politiker, bescheidene Manager, volksnahe Demokratie, …).

Meine Geschichten, in denen auch etliche Stereotype und Klischees vorkommen werden (einfach deshalb, weil viele Menschen an ihr Umfeld angepasste Konformisten sind und in kollektiven Mustern denken – weniger negativ ausgedrückt: Menschen mögen Stereotype und Klischees, weil sie sich darin wiedererkennen und damit identifizieren können), sind für jene Frauen geschrieben worden, die es satt haben, nett zu sein und in alltäglichen Situationen, in denen sie einer Person am liebsten die Pest an den Hals wünschen, schimpfen, schreien oder um sich schlagen würden, ruhig zu bleiben, und sich böse, ironische oder gar zynische Gedanken und Bemerkungen und unkonventionelles Verhalten verkneifen, aus Rücksicht auf die Gefühle und Angst vor den Reaktionen anderer, weil sich das für Mädels „so gehört".

Anstatt ein Burn-out, eine Sinnkrise oder einen Nervenzusammenbruch zu riskieren, danach zu trachten, diesen körper- und geistfeindlichen Zuständen mit Hypnose, Meditation oder Yoga vorzubeugen, oder gar zu versuchen selbige mit Saufgelagen, Sexorgien oder der Flucht in eine Geisteskrankheit zu verdrängen, sollten Frauen ab sofort ganz einfach immer nur denken, was sie wollen, und sagen, was sie denken. Dabei kann auch das Weiber-Schandmaul, das jede Frau – ob wissentlich oder unwissentlich – besitzt, aufgerissen werden, wann immer es zielführend ist oder Spaß macht (unnötig zu erwähnen, dass die Verbalschnappattacken gekonnt platziert und intelligent formuliert sein sollten, denn dumm keifende Weiber sind ein Horror – nicht nur für Männer).

Diese gedankliche und verbale Verhaltensänderung ist der erste entscheidende Schritt zur kompromisslosen Ehrlichkeit, nämlich der zu sich selbst. Ziel dieser Maßnahme ist, jederzeit und allen Widrigkeiten zum Trotz zu seiner Meinung und seinem Benehmen zu stehen, Aussagen und Handlungen nicht abzuschwächen, zu verleugnen oder in eine, mit der Gesellschaft beziehungsweise dem eigenen Umfeld kompatible, Form zu gießen – nur weil Frauen genau das über die Jahrhunderte hinweg getan haben und ihnen diese Verhaltensmuster vielleicht sogar noch von den eigenen Eltern als femininer „verkauft" wurden, und das so lange, bis sie auch wirklich dachten, dass es so sein müsste.

Zur geistigen Entfesselung und den Verbalschnappattacken gesellt sich (neben dem Wehren gegen Letztere, bei dem man aus taktischen Gründen manchmal die Klappe halten und sich notgedrungen sofort in die Handlungsoffensive begeben muss) idealerweise auch eine gewisse Experimentierfreudigkeit, die manch weiblichem Wesen aufgrund gesellschaftlicher Normen, im Rahmen derer sich dieses in seinem sozialen Umfeld bewegt, verleidet wird, oder die es mangels Neugier nie besaß. Das bedeutet, wir sollten uns selbst, wann immer wir dazu Lust haben, in durchaus manchmal waghalsigen Manövern über unsere anerzogenen Schatten katapultieren – auch ein bisschen nach dem subjektiven Motto „Das sollte man einmal im Leben getan haben" – und dabei auch hin und wieder ruhig ein Risiko eingehen.

Warum das alles? Weil es frei macht! Frauen müssten es eigentlich ohnehin längst satt haben, wütend, frustriert oder genervt durch die Gegend zu laufen, wenn sie Gedanken, Worte und Taten unterdrücken, anstatt diese zuzulassen, auszusprechen und in die Tat umzusetzen, obwohl sich das „nicht gehört", weil man „anecken" könnte und wahrscheinlich sogar würde. Doch die Zeiten der noblen Zurückhaltung und des „In-sich-Hineinfressens", um daran zuerst gefühlt und irgendwann einmal beinahe tatsächlich zu ersticken, sind jetzt endgültig vorbei!

Die Umsetzung meiner Devise *„rotzfrech statt kreuzbrav"* wird für das Leben jeder Einzelnen von Ihnen bedeuten: mehr Leichtigkeit, ein gestärktes Selbstbewusstsein, ganz viel Spaß und in Folge ein gesünderer Körper und Geist.

Nein, das ist nicht einfach, und ja, es besteht die Gefahr, dabei Menschen zu verletzen, oder in Respektlosigkeit und Taktlosigkeit abzugleiten.

Ja, es hört sich ein wenig nach Rücksichtslosigkeit, vielleicht sogar nach Ungezogenheit (das jedenfalls würden uns unsere Mütter weismachen wollen) an, in jeder Situation authentisch zu sein und auch das zu sagen, was einem auf der Zunge liegt, ohne dabei vorher Vor- und Nachteile abzuwägen, die das laut Ausgesprochene mit sich bringen könnten. Doch wir haben einfach keine Lust mehr darauf, nur lieb, nett, freundlich und höflich zu sein (auch wenn wir könnten, wenn wir wollten, was auch der Fall sein kann, wenn wir wollen), so wie dieses Verhalten Generation um Generation allen weiblichen Wesen aufoktroyiert sowie von der Gesellschaft anerzogen, von Mutter zu Tochter weitergegeben und dann seitens beider Elternteile wie auch vom übrigen Umfeld eingefordert wurde.

Zuletzt sei allen Lesern, egal ob Mann oder Frau, mit auf

den Weg gegeben: Bei allem, was gedacht, gesagt oder getan wird, einfach weil es gedacht, gesagt oder getan werden darf und kann, ist darauf zu achten, niemandem ernsthaft Schaden zuzufügen.

Doch anderen verbal „eines auf die Fresse zu hauen" oder ihnen, metaphorisch gesehen, auf die Füße zu treten, wenn diese Menschen eine sprachliche Abreibung verdient haben oder einem im Weg stehen, ist ab sofort ausdrücklich erwünscht. Und zwar mit Chuzpe! (Und dieses Wort aus dem Jiddischen steht laut Wikipedia für eine Mischung aus zielgerichteter, intelligenter Unverschämtheit, charmanter Penetranz und unwiderstehlicher Dreistigkeit, aber auch für soziale Unerschrockenheit, der man mit Anerkennung begegnet.)

Gabriele Hasmann

Böse Frauen als Kultfiguren und ihre Anziehung auf Männer

Böse Frauen hat es im Laufe der Zeit genug gegeben:
- Die Piratin Anne Bonney, die im 18. Jahrhundert plündernd, kämpfend und mordend durch die Karibik schipperte,
- die Revolverheldin Calamity Jane, die in Männerkleidung den amerikanischen Wilden Westen des 19. Jahrhunderts unsicher machte und gegen alle Konventionen verstieß oder
- die Banditenkönigin Bella Starr, ein gerissene Betrügerin, Räuberin und Mörderin, die im 19. Jahrhundert in den USA ihr Unwesen trieb.

Zwei weitere „Mistviecher" sind meiner Meinung nach besonders interessant: Die erste davon ist Lilith, ein weiblicher Dämon der sumerischen Mythologie. Wenngleich diese Dame auch vermutlich nie tatsächlich existierte, ist sie als schöngeredetes Vorbild und falsch interpretierte Heldin zumindest als Metapher für viele Frauen dennoch sehr real. Obwohl Lilith in einigen Deutungen als Kindsmörderin bezeichnet wird, gilt sie als Symbolfigur der Emanzipation, in der sie als erotisches Weib zur sinnlichen Gegenspielerin der biblisch-braven Eva gemacht wird.

Lilith steht bei den Feministinnen für die Selbstständigkeit der Frauen und die Auflehnung gegen deren autoritäre Unterdrückung durch die Männer. In der Bibel selbst wird Lilith nur einmal erwähnt, und zwar bei Jesaja 34,14: *Es werden Wildkatzen auf Schakale treffen, ein ziegenbehaarter Dämon wird seine Gefährten rufen und dort wird auch die Lilith verweilen und ihre Behausung finden.*

Ab dem 9. Jahrhundert wurde die Dame zu Adams erster Frau gemacht. Es wäre dem Jungen vergönnt gewesen, da Lilith als sexuelles Wesen gilt, während Eva eher das biedere, folgsame Hausmütterchen verkörpert, das der Schlange mit der gespaltenen Zunge mehr Beachtung schenkte als der ihres Kerls.

Johann Wolfgang stellt Lilith in „Faust I" ebenfalls als Adams erste Frau und weiter als dämonisiertes Gretchen dar, das Männer verführt und Neugeborene tötet: *Nimm dich in Acht vor ihren schönen Haaren, vor diesem Schmuck, mit dem sie einzig prangt./Wenn sie damit den jungen Mann erlangt,/So lässt sie ihn so bald nicht wieder fahren.*

An dieser Stelle lässt sich die berechtigte Frage stellen: Warum wurde ein weiblicher Dämon zu einer Leitfigur der Emanzipation hochstilisiert und Vorbild für jene Frauen, die keine Lust mehr hatten, ihre Klappe zu halten? Weil Feministinnen, zumindest zu Beginn ihres Erwachens, plakativ sein wollten!

Und wieso bezeichnen Männer Frauen, die ihr Liebkind-Syndrom ablegen konnten und jetzt Zähne zeigen, oftmals als „Teufel" und nennen die netten und angepassten Damen „Engel"? Weil die Herren der Schöpfung eine Sache wirklich gut können: schubladisieren!

Der Teufel ist im Grunde genommen ein faszinierendes Wesen und hat völlig zu Unrecht ein ausschließlich schlechtes Image, was sich an seinem Werdegang zeigt: Beim Teufel, auch Satan (hebräisch: Ankläger) und fälschlicherweise oft Luzifer (römisch: Lichtbringer, eigentlich Bezeichnung des Morgensterns) genannt, handelte es sich ursprünglich um Gottes Liebling und den schönsten und intelligentesten von allen Engeln (genau genommen war er sogar ein Erzengel, also recht weit oben auf der Karriereleiter), der es eines Tages satt hatte, dem „Mann" im Himmel weiter zu dienen. Als er kritisch seine Meinung äußerte und daraufhin von seinem Gönner mit einem Tritt Richtung „echte Welt" aus dessen Reich verbannt wurde, schnappte Luzifer seinem Exboss daraufhin gut ein Drittel aller Engel weg, nämlich den Teil der Mannschaft, der ihn bewunderte und sich ihm gerne anschloss, und machte sich auf den Weg nach „unten". Luzifer ist also, ebenso wie jeder einzelne seiner Anhänger, ein gefallener Engel (oder eben ein Dämon, wobei dieses Wort damals noch mit „Seele des Menschen" übersetzt worden ist – die Berufsbezeichnung „Gesandter des Teufels" erhielt dieses Wesen erst ab dem Mittelalter und erfunden haben's die Christen), dem sein „freier Wille" und sein mangelndes Obrigkeitsdenken wichtiger war als sein solides Dasein in luftiger Höh', für das der Sektenguru im Himmel unbedingten Gehorsam verlangte.

Einen weiteren Grund für den Rausschmiss stellte Luzifers Sympathie zu den Menschen dar, mit welchen er sich einließ – ganz im Gegensatz zu den oben verbliebenen, willenlosen Liebkind-Engeln. Und gerade diese Snobs sind heute unsere Schutzengel (gefeiert werden diese übrigens am 2. Oktober – das wurde 1670 von Papst Clemens X. so festgelegt), an die längst nicht nur praktizierende Christen glauben. Laut einer Forsa-Umfrage vor einigen Jahren sind mehr als zwei Drittel der Menschen davon überzeugt, von „ihrem" persönlichen Engel begleitet und behütet zu werden. Dabei muss dieses Wesen keineswegs ein flügelschwingender Gesandter Gottes sein, meist dargestellt in Gestalt eines adipösen Kindes, es kann sich ebenso um eine nahestehende, bereits verstorbene Person handeln – sagt man.

Ich bin als böse Frau jedenfalls kein weiblicher Teufel oder Dämon, keine gefallener, sondern ein freiwillig gesprungener Engel (einfach deshalb, weil es „oben" viel zu langweilig ist) und leidenschaftlich gerne rotzfrech statt kreuzbrav. Eine Frau, die nach Jahren des Leidens am Liebkind-Syndrom denkt, was sie früher zu gut erzogen war zu denken, die folgerichtig auch sagt, was sie denkt und tut, wozu sie vorher nie in der Lage gewesen wäre, auch nur daran zu denken, das zu tun.

Die zweite interessante Dame, die ich an dieser Stelle erwähnen möchte, ist eine höchst reale Person: Dorothy Parker, geborene Rothschild (1893 – 1967), eine US-amerikanische Kurzgeschichtenautorin, Literatur- und Theaterkritikerin, die der Meinung war, „das Nettsein bringt's bekanntlich nicht". In ihren Geschichten thematisierte sie vorwiegend den Geschlechterkampf anhand von Szenen aus dem Leben unterschiedlichster Frauen aller Bildungsschichten. Dorothy Parker wurde durch ihre „scharfe Zunge" – man sagte ihr im persönlichen Umgang vor allem mit Männern große Schlagfertigkeit nach, während ihre Texte von beißender Ironie und fast schon derbem Sarkasmus geprägt sind –, die zur ihrer Zeit nicht unbedingt von jedermann geschätzt wurde, zur Legende.

Sucht man heute in der Literaturwelt nach den Begriffen „böses Mädchen" oder „Teufelin", findet man eine Vielzahl von Büchern zu diesem Thema. Warum? Weil junge, aber auch immer mehr ältere Frauen – wissend, dass „brav" und „lieb" auch gleichzeitig „fad" ist – gerne damit kokettieren, „böse" zu sein, um sich interessanter zu machen, auch wenn die Interpretation viel Spielraum zulässt und von Mensch zu Mensch unterschiedlich und nur in den seltensten Fällen im wahrsten Sinne des Wortes ausfallen dürfte. Denn meist sind genau diese Frauen, die so tun als ob, furchtbar nette Wesen.

Ein weiterer Grund, weshalb es plötzlich so viele pseudo-böse Mädchen gibt, ist folgender: Frauen wissen, dass die meisten Männer weibliche Teufel sexy finden und sich zu ihnen hingezogen fühlen (bereits meine Oma wusste: „Nett ist nichts fürs Bett!"). Die Zeiten, in welchen die Vertreter des starken Geschlechts (außer natürlich die Weicheier-Fraktion) Angst vor Frauen hatten, die ihr Liebkind-Syndrom ablegen konnten, sind Gott sei Dank vorbei. Die Männer schaffen es hin und wieder sogar, und mit jeder neuen Generation gelingt es ein wenig besser, dauerhaft mit uns fertig zu werden und nicht schon nach kurzer Zeit zu unterliegen, was nämlich sofort zur vermutlich einvernehmlichen Trennung führen würde (außer der Kerl ist masochistisch veranlagt).

Doch was genau macht böse Frauen, für die sich Männer selten bewusst entscheiden – es handelt sich dabei eher um Gefühle und Bedürfnisse, die im Unterbewusstsein entstehen und angesprochen werden –, so attraktiv?

Zum Ersten wird es mit einer solchen Partnerin niemals langweilig, weil sie es versteht, auch jede noch so fade Angelegenheit in ein amüsantes Erlebnis zu verwandeln – natürlich nur dann, wenn sie Lust dazu hat. Zum Zweiten reizt Männer das Spiel mit ihrem Ego, das solche Frauen geschickt für sich zu nutzen wissen, denn es gilt, die Herausforderung, eine solche Dame für sich zu gewinnen und auch zu (be)halten, anzunehmen. Zum Dritten lieben Männer die Unkontrollierbarkeit und die Unvorhersehbarkeit, zwei Eigenschaften, derer man sich bei einer bösen Frau sicher sein kann.

Statt harmoniesüchtig und meist mehr auf andere als auf sich selbst bedacht sind böse Frauen streitbereit, wenn es sich lohnt oder Spaß macht, und selbstbezogen, oft sogar egoistisch – sie wissen daher genau, was sie wollen und was nicht, und das wirkt anziehend.

Um nun zu einem dieser unwiderstehlichen Männermagnete zu werden, kaufen viele Damen zur Anregung ihrer Fantasie ratgebende Literatur, mithilfe derer sie sich zu transformieren hoffen.

Das vorliegende Werk jedoch ist *kein* Ratgeber, liebe Leserinnen (denn davon gibt es, wie bereits erwähnt, schon mehr als genug), es sind auch *keine* Tipps enthalten, wie Sie sich nun in eine böse Frau verwandeln können, und die Geschichten stellen auch *keine* Anleitungen dar, mithilfe derer Sie wissen, wie Sie in einzelnen Situationen imagebedingt zu reagieren haben – vielmehr soll das Lesen dieses Buches dazu führen, dass Frauen langsam umzudenken beginnen, wenn sie bereit sind ihr Leben auf etwas ungewöhnliche Art und Weise zu ändern und sich die veränderte Geisteshaltung zuletzt auch manifestiert. Der Lohn für die Wandlung wird eine aufrechtere Haltung sein, geistig wie körperlich, weil man sich endlich aus dem engen Korsett veralteter Konventionen befreit hat – und das nicht als Männerverbeißerin, denn böse Frauen legen sich auch mit Geschlechtsgenossinnen an, wenn es die Situation erfordert, sondern als selbstbewusstes Wesen, das Spaß am Leben und den Mut hat, es mit allen Menschen aufzunehmen, die es manipulieren oder auf Eigenschaften wie „brav", „lieb", „nett", „angepasst", „zuverlässig", „hilfsbereit" usw. reduzieren wollen.

Der Undank für diesen Entwicklungsschritt mag sein, dass sich der ein oder andere von einem abwendet, wenn man diesen Menschen nicht mehr sagt, was sie hören wollen, dass man in der Öffentlichkeit auf Unverständnis trifft und von einigen Leuten vielleicht sogar gemieden wird. Doch dieser Nachteil auf den ersten Blick kehrt sich in einen Vorteil auf den zweiten um, weil genau solche Personen uns das Korsett wieder anziehen wollen – also sehen wir zu, dass wir diese Plagegeister loswerden.

Zuletzt wünsche ich mir, dass alle Leserinnen nachfolgender Texte meine „scharfe Zunge" ebenso zu schätzen wissen und das eine oder andere Mal darüber schmunzeln werden, wie es die Fans der großen Dorothy Parker konnten.

Rotzfrech statt kreuzbrav

Wieder einmal in Eile schnappe ich beim Supermarkt meines Vertrauens einer schwarz glänzenden Snobkutsche und deren mittelalterlichem Insassen, einem gelackten Businesstypen mit Sonnenbrille, den letzten Parkplatz direkt vor dem Markt und seiner Nase weg, entspringe meinem Fahrzeug und jogge, ohne mich um das wenig feine Geschimpfe zu kümmern, das aus dem geöffneten Autofenster des Schönlings dringt, auf das wie ein Ameisenhaufen umwuselte Gebäude zu.

Natürlich hätte ich auch weiter herumkurven und meinen Wagen danach in drei Kilometern Entfernung abstellen oder mich bei der Person in dem hochpreisigen Oberklassewagen zumindest entschuldigen können. Wahrscheinlich wäre ich bei Letzterem allerdings erstickt – an den Worten, mit welchen ich das vorgetäuschte Schuldgefühl auszudrücken versucht hätte.

Nach einem lautstarken Streit mit dem Einkaufswagen, der erst nach der Androhung, ihn verschrotten zu lassen, meinen Jeton akzeptiert und den Haken vom Vordermann freigibt, und dem unfallfreien Passieren der riesigen, rotierenden Eingangstüre, schiebe ich, einen gehetzten Blick in den, die Regale in Blitzgeschwindigkeit absuchenden Augen, im Trabtempo die leicht rechtsdrallige Shoppingkutsche durch den mit hektischer Atmosphäre aufgeladenen Supermarkt.

Es wäre machbar gewesen, mit einem coolen Gesichtsausdruck zehn Einkaufswagen durchzuprobieren und nur jenen an mich zu nehmen, der auch gerne mit mir mitgekommen wäre – dabei hätte ich vermutlich vor lauter Zorn einen stressbedingten Herzinfarkt erlitten.

Beinahe nur noch auf den Zehennägeln stehend dehne ich ächzend meinen Körper im Bestreben, ein Coke-Zero vom Himalaya des Getränkegerüsts zu fingern, doch dann verliere ich die Lust auf das außerplanmäßige Stretching, vermutend, dass die Flasche ohnehin Übergewicht bekommen und mir auf den Kopf fallen würde, und bitte einen der Angestellten mir zu dem gewünschten Produkt zu verhelfen. Ich suche mir  dazu eine Servicekraft aus, die nicht größer ist als ich – so viel Zeit muss sein.

Selbstverständlich könnte ich auch selbst weiter stretchen und mir dabei etwas verrenken. Zumindest aber wäre es fair, mir den Riesen unter den Regalbetreuern zu greifen, um ihm seine Aufgabe zu erleichtern. Doch warum sollte ich? Der Tag war für mich bereits anstrengend genug und ich habe heute definitiv keine Lust mehr, darüber nachzudenken, wie ich anderen Menschen das Leben erleichtern könnte, wenn mir niemand denselben Dienst erweist.

Ich zische weiter und als ich gerade überlege, ob sich mein Darm über ein Blähbauchreduktions-Joghurt freuen würde, ertönt neben mir so lautes Sirenengeheul, dass ich vor Schreck beinahe die Gesundheitsbakterien fallen lasse.
„Guzi, guzi, was hadu denn?", erklingt im selben Moment die Stimme einer jungen Frau, woraufhin das Kind, bereits hochrot angelaufen, noch ein wenig lauter plärrt – vielleicht einfach nur so, vielleicht aber auch, weil es wie ein intelligentes Wesen und nicht wie ein Vollidiot nach dem Grund des geäußerten Missfallens gefragt werden möchte. Kurz hoffe ich, dass sich jetzt die Mutter des Schreihalses ebenfalls lautstark kreischend auf den Boden wirft, doch bedauerlicherweise ist das Leben kein Werbespot. Demonstrativ empört die Augen rollend halte ich mir die Ohren zu, während die junge Frau weiter in Babysprache auf den Kleinen einredet.

Es wäre natürlich weit vernünftiger, den Angriff auf mein Trommelfell höflich zu ignorieren. Ich könnte auch zuckersüß fragen, was den kleinen Hosenscheißer denn so zornig macht – Fakt ist jedoch, es interessiert mich gar nicht. Und ich werde bestimmt auch nicht der Mutter zuliebe so tun, als würde ich es genießen, wenn mein Gehörgang malträtiert wird. Es nervt, und das kann sie ruhig sehen. Dass sie allerdings ebenfalls genervt ist – von ihrem eigenwilligen Schreihals oder womöglich auch von mir –, kann ich wiederum sehen. Auch ok!

Als ich weiterkurve, werde ich in einem der Gänge mit einem Hindernisparcours in Form von überall herumstehenden Kartons und Schachteln überrascht – wahrscheinlich ein Extra-Service der Geschäftsleitung für gelangweilte Kunden.
Nach einigen, natürlich unabsichtlichen, Zusammenstößen mit den Behältnissen, im Zuge derer es einmal auch gehörig scheppert, arbeite ich mich, ohne einen Blick zurück

auf die Essiggurken im Scherbenhaufen zu werfen, zu den Kassen vor und harre gespannt der unvorhergesehenen Probleme, die wieder auftreten und eine flüssige Abfertigung der Kunden verhindern würden.

Natürlich hätte ich mich in Slow Motion durch den Gang arbeiten und die Verpackung sachte umrunden können, aber wer so achtlos mit dem Zeitmangel einer Kundin umgeht, den bestraft nun einmal das Leben.

Und dann ist es so weit: Der Vorderste in der Schlange der von mir erwählten Zahlstelle, offensichtlich ein Bargeldverweigerer, weiß den Code seiner Karte nicht und kramt verzweifelt in seiner Jackentasche herum, wo er wahrscheinlich einen Zettel mit den bewussten Zahlen, die ihn vor einer Blamage und die Leute hinter ihm vor einem Nervenzusammenbruch retten sollen, vermutet. Als er endlich mit triumphierendem Blick einen Papierfetzen aus der Geldbörse zieht, atmet die Schlange hörbar auf. Die alte Dame, die als Nächste an der Reihe ist, findet es großartig, mit der netten Kassiererin über das Wetter zu plaudern, die Frau dahinter bemerkt in der Zwischenzeit, dass sie vergessen hat, die Tomaten abzuwiegen, woraufhin sie ihren gelangweilt dreinschauenden, wohlbeleibten Göttergatten zurück in die Gemüseabteilung scheucht, was dieser mit einem Grunzen zur Kenntnis nimmt, und der im Schneckentempo davon marschiert, nicht ohne beim Vorbeiquetschen den anderen Wartenden extrem nahezukommen. Die alte Dame hat währenddessen ihren meteorologischen Vortrag beendet und beim Bezahlen ihr ganzes Kleingeld an die Frau gebracht, was die Gattin des Grunzers leicht unrund werden lässt, da von ihrem Mann noch jede Spur fehlt. Endlich taucht der Gemahl wieder auf und bahnt sich rempelnd den Weg nach vorne zu seiner Ehefrau.

Als an der Nebenkasse wieder das Baby zu brüllen beginnt, verliere ich langsam die Geduld und frage meinen Vordermann, der gelassen, beinahe schon bedächtig seine Einkäufe auf dem Band zu einer Art Kunstwerk drapiert, zuckersüß, ob ich ihm bei der Gestaltung der Lebensmittelpyramide zur Hand gehen soll. Ohne auf mein Hilfsangebot zu reagieren, arbeitet der Phlegmatiker weiter an seinem kreativen Projekt, während ich meine Aufmerksamkeit samt Genervtheit mittlerweile auf meinen Hintermann bündle, der mir seinen Einkaufswagen in den Allerwertesten gerammt hat.

Ja, Gutmenschen, vor allem meditativ veranlagte, bleiben in solchen Momenten absolut gelassen, sie akzeptieren die liebenswerten Eigenheiten ihrer Mitmenschen und denken in solchen Situationen wahrscheinlich an einen friedlich plätschernden, glasklaren Gebirgsbach oder an in sich im lauen Lüftchen wiegende Sommerblumen, die von stoisch summenden Insekten umschwirrt werden. Vermutlich lächeln sie dabei sogar und bemitleiden ihre Supermarktfreudensgenossen, die sich den Alltag mit Ungeduld und Intoleranz verbittern, damit sinnlos Energien verpulvern und von all dem Ärger Verstopfung oder Schlimmeres bekommen. Und wer kein Esoteriker ist, könnte zumindest die Klappe halten. Aber ich bin kein Gutmensch mehr und war nie Esoterikerin.

Als das Kind nebenan immer noch schreit, die Kassiererin zu ermüden scheint, was sich in immer langsamer werdenden Handbewegungen beim Scannen der Waren zeigt, und ich von drüben ein „Bububu, warum tust du denn weini, weini?" höre, will ich auch nur noch weini, weini.

Geschieht mir recht, wenn ich jetzt fünf Jahre früher sterbe, denke ich und rufe der drallen Blondierten am Drehstuhl zu: „Haben Sie bald Feierabend?" Als sie erfreut nickt, strahle ich sie mit einem „Gott sei Dank" an, dem ich ein „Na dann: Tempo, Tempo!" anfüge.

Endlich habe ich es geschafft und rolle meinen rechtsdralligen Einkaufswagen aus dem Markt auf den Parkplatz. Dort treffe ich auf den lackierten Businesstypen, der nun eine Frau im Schlepptau hat, die ebenfalls eine Sonnenbrille und wie er Designerklamotten, außerdem hellrotes Lipgloss und einen totgesprayten Haarpalast auf dem Kopf trägt. Als ein junges Mädchen eine Münze aufhebt, die der Tussi aus der rotkralligen Hand gefallen ist, brüllen die beiden unisono: „Vielen Dank, liebes Kind!"

Tja, und ich hebe Münzen nur dann auf, wenn die Person, der sie abhandengekommen sind, mir auch sympathisch oder bewegungsunfähig ist – denn ich handle nicht wie ein programmierter Roboter, der sich (wie in diesem Fall) bückt, wenn es klimpert, sondern entscheide von Fall zu Fall, wem ich behilflich bin. Ich mache es, wann ich will, wo ich will und bei wem ich will, weil es glücklicher macht, selbstbestimmt zu reagieren, als Zeit seines Lebens ein durch die Erziehung geformtes, wie ferngesteuert reagierendes „liebes Kind" zu sein.

Im Mikrokosmos

Im Familien- und Freundeskreis, also im individuellen Mikrokosmos, in dem jeder Mensch meistens ohne Sicherheitsnetz schwebt, legt jede Frau üblicherweise ein ganz spezielles Sozialbenehmen an den Tag. Dazu zählen diverse antrainierte Verbalmuster wie leere Sprachhülsen, platte Sprüche, halbherzige Beschwichtigungs- und Aufmunterungsversuche, ebenso der gekonnte Einsatz von Aber-Sätzen wie „Eigentlich geht mich das ja gar nichts an, …", „Ich will mich ja nicht einmischen, …" oder „Du musst nicht darüber sprechen, …", die man natürlich unvollendet lässt, um das Gegenüber in Sicherheit zu wiegen.

Diese unbewussten oder taktischen Manöver im Kommunikations-Schlachtfeld innerhalb des Familien- und Freundeskreises dienen manchmal dazu, Harmonie zu säen beziehungsweise diese zu erhalten. Ja, manchmal.

Allerdings sollte man sich eingestehen, dass es auch andere Gründe für die Verwendung oben genannter Verhaltensmuster im mikrokosmischen Verbalraum gibt:

Blabla-Redensarten werden häufig zu einem Zeitpunkt eingesetzt, an dem wir Frauen beispielsweise das Gejammer der Freundin nicht mehr hören können und zu feige sind ihr das direkt ins Gesicht zu sagen – wobei wir uns dabei auch nicht selten einreden, dass die betreffende Person es doch eigentlich merken müsste, wenn man nicht mehr konstruktiv an ihren Problemen mitarbeitet und ihr Geraunze einem bei einem Ohr reingeht und beim anderen ohne Zwischenstopp wieder rauskommt.

Aber-Sätze wiederum, oft begleitet von mitleidigen oder besorgten Blicken, integrieren wir dann gerne in ein Gespräch, wenn wir bestrebt sind davon abzulenken, dass es uns selbst gerade ins offene Seelenfenster regnet. Oder weil wir uns an einem kleinen Skandälchen im direkten Umfeld laben möchten, da der Promiklatsch, so spannend er auch manchmal sein mag, emotional doch meilenweit entfernt ist.

Natürlich bietet dieser engste aller sozialen Rahmen auch reichlich Platz für verbale Seitenhiebe – diese dürfen Sie generell aber vor allem im Bussi-Bussi-Umfeld verteilen, da Sie gerade diesen Menschen ja nicht in den Hintern kriechen müssen.

Es heißt zwar „gute Freunde beruhigen dich nicht, sie regen sich mit dir zusammen auf", doch das ist meines Erachtens nur ein Teil der Wahrheit. Der andere lautet: „Mich beruhigt es, wenn ich mich über meine Freunde aufregen kann." Denn bei diesen Personen handelt es sich, ebenso wie bei Familienmitgliedern, in keinem Fall um eine schützenswerte Spezies – nur weil sie zufällig mit Ihnen verwandt sind und sich ein paar Gene mit Ihnen teilen oder das Glück haben, sich aus bekanntschaftlichen Gründen im selben Mikrokosmos aufzuhalten wie Sie –, auch wenn man die meisten dieser Menschen liebt und Fremden gegenüber wie eine Löwenmutter ihre Jungen verteidigen würde.

Allerdings ist es gerade in diesem Bereich der gemeinschaftlichen Existenz auf diesem Planeten manchmal auch klüger, einfach die Klappe zu halten und sich tot zu stellen – nicht etwa aus Angst vor der Auseinandersetzung oder der eigenen Courage, sondern weil es sich hin und wieder anbietet, eine Situation schweigend zu meistern. Und weil sicher auch Sie zum Beispiel der herzkranken Oma einen frühzeitigen Tod, der sie nach einer rotzfrechen Aussage ereilen könnte, ersparen wollen.

Wenn die Mutter mit der Tochter

Die Wurzel allen Übels in der Beziehung zwischen Müttern und Töchtern ist laut dem Psychoanalytiker Sigmund Freud der männliche Penis.

Die Penislosigkeit der beiden Frauen macht diesem Zweigenerationengespann extrem zu schaffen, da ein Mädchen unbewusst einen gewissen Neid auf dieses Stückchen Mann entwickelt, das einen gewissen Status verkörpert und damit verbunden Macht symbolisiert, und der „kastrierten" Mutter Schuld an der eigenen „Unvollkommenheit" gibt. Selbst wenn die Tochter dieses Trauma überwindet und auch den einige Jahre später folgenden Ödipuskomplex (den der Schweizer Psychiater C. G. Jung Elektrakomplex nannte) geistig unbeschadet übersteht, bleibt das Verhältnis zur Mutter laut Freud stets gespannt.

In den Alltag übertragen bedeutet das: Der Papa (oder ein anderer Mann) spricht das letzte Wort, weil er einen Penis hat, und die Tochter ist sauer, weil sie dank ihrer Mutter, die sie geboren hat, nur eine Frau ist und daher in der Gesellschaft benachteiligt wird – alles das ist angeblich tief in den Genen verwurzelt und läuft im Unterbewusstsein aller Beteiligten ab.

Meinem Verständnis nach dürfte es, wenn man es von dieser Seite betrachtet, jedoch keine Probleme zwischen Mutter und Tochter geben, da es sich laut dieser Theorie ja bei beiden um zwei kastrierte Frustbuchteln handelt, die als Leidensgenossinnen wie Pech und Schwefel zusammenhalten und sich solidarisieren müssten. Ich kann dieser Analyse, mit welcher die Schwierigkeiten innerhalb einer der engsten aller Bindungen im Familienuniversum zu erklären versucht wird und die auch so manche Hardcore-Feministin begeistern dürfte, beim besten Willen nicht nachvollziehen.

Für einen weit sinnvolleren Ansatz halte ich jenen von der Autorin Bärbel Wardetzki, die in ihrem Buch „Weiblicher Narzissmus: Der Hunger nach Anerkennung" über die Lebensnotwendigkeit der Abnabelung von der Mutter schreibt: „Der zentrale Faktor im Leben selbstwertschwacher Frauen ist der Kampf zwischen Eigenständigkeit und Abhängigkeit (...). Das ‚gute' Kind passt sich an und trennt sich nicht, das ‚böse' ist wütend und will eigenständig werden, riskiert aber dadurch, die mütterliche Unterstützung zu verlieren (...). Es gibt also entweder nur Anpassung oder Autonomie, aber nicht beides zusammen. Im Erleben der Frau widersprechen sie sich aufgrund der frühen Erfahrungen, in denen Liebe und Zuwendung mit dem Aufgeben von Eigenständigkeit und Individualität verbunden war. Und das muss Beziehungen zum Scheitern bringen. Die erwachsene Frau wird in einer intimen Beziehung entweder mit Selbstaufgabe reagieren oder alleine bleiben. Sie hat nicht gelernt, eigenständig innerhalb einer Beziehung zu sein. Da, wo Liebe und Autonomie zwei sich ausschließende Erlebnisweisen darstellen, können sie nur alternativ gelebt werden, verbunden mit den entsprechenden Beziehungsproblemen (...). Schneider-Henn spricht im Zusammenhang mit der Aggressionshemmung von der ‚braven Tochter, die keine Probleme macht und lieb ist' (...). Sie demonstriert das Bild einer angepassten und von der Meinung anderer abhängigen Frau, die besser weiß, was andere bedürfen, als was sie selbst braucht."

Doch auch wenn ich selbst die Beziehung zu meiner Mutter nur hin und wieder als problematisch empfinde, scheine ich diese Abnabelung gut hinbekommen zu haben – größtenteils zumindest.

Zu den kritischsten Momenten zwischen meiner Mutter und mir kommt es fast immer im Laufe unserer Zweikaufsbummel, vor allem dann, wenn dabei nicht nur die Schaufenster inspiziert, sondern auch tatsächlich etwas erstanden werden soll – handelt es sich dabei um Kleidungsstücke, verschärft sich die Situation drastisch und spitzt sich zu, wenn beide gleichzeitig dieses Ansinnen hegen.

Zuerst gehen wir morgens essen und ich bin aufgrund des reichhaltigen Angebots, das uns am Frühstücksbüffet erwartet, zahm wie ein Stoffhund – erschreckend, wie friedlich ich während der Nahrungsaufnahme sein kann –, was sogar meine Mutter anerkennend feststellt. Anscheinend will sie mich dann aber doch aus der Reserve locken und fragt mich während des Verzehrs von zwei Semmeln mit Wurst und Käse mehrmals, ob ich mir wirklich genug zu essen genommen hätte, und dann nach Beendigung der üppigen Mahlzeit will sie wissen, ob ich auch sicher satt sei. Vollgefressen nicke ich matt und halte ihr zugute, dass Mütter die Fütterambition ihren Kindern gegenüber nie ablegen.

Im Einkaufszentrum angekommen wird dann zuerst einmal ein Spießermodegeschäft, eine Boutique mit exklusiver Mode für die Frau ab 60, die denkt, je teurer, desto mehr Neid von den Freundinnen, angesteuert. Nach etwa zehn Minuten zwischen violetten Rüschen und blassrosa Stickereien sinke ich auf einen der für gelangweilte Ehemänner und kollabierende Töchter bereitgestellten Sessel und beobachte gelangweilt eine Kundin, ein wogendes Schlachtschiff mit einem grauen Zelt bekleidet, das in eine der Kabinen einläuft und diese nach diversen Ächzern hinter zugezogenen Vorhängen, um nichts attraktiver in einen gelben Hosenanzug gezwängt, wieder verlässt. Danach dreht sich die voluminöse Dame mehrmals vor dem Spiegel um sich selbst und verkündet schließlich mit anklagender Miene und verständnislosem Kopfschütteln, untermalt von theatralischen

Stoßseufzern: „Normalerweise habe ich Größe 40, ich versteh' gar nicht, warum die Hose so eng ist." In Ermangelung einer herumstehenden oder geflissentlich herbeieilenden Verkäuferin, die beschwichtigend auf die Kundin einwirken und ihr den betreffenden Hosenanzug, in dem die Dame aussieht wie ein fetter Kanarienvogel, schönreden könnte, antworte ich: „Vermutlich, weil Sie zugenommen haben oder weil Sie sich gerne selbst belügen." Manchmal ist es absolut legitim, wenn Menschen nicht nur einen Spiegel zur Begutachtung ihrer Physis vor Augen haben, sondern auch einen in die Psyche gehalten bekommen, damit sie in der Lage sind, etwas mehr als nur ihre Proportionen oder ihr Outfit zu checken.

Ich hätte in dieser Situation dem Kanarienvogel natürlich auch ein Kompliment à la „Sie sehen ganz bezaubernd aus und auch die Farbe steht Ihnen großartig" machen oder die Bekleidungsindustrie mit den Worten

"Das kenne ich, die tapferen Schneiderlein verteilen Größenangaben so willkürlich, wie die Behörden Ausländer abschieben" verunglimpfen und die Kundin damit beruhigen können. Vermutlich wäre der erste Freundlichkeitsakt nicht nur für das Schlachtschiff ein emotionaler, sondern auch für den Laden ein finanzieller Zugewinn gewesen, während der zweite eher ausschließlich beschwichtigend gewirkt hätte. Doch wozu lügen, wenn die Wahrheit in diesem Moment eine echte Erkenntnis bringt – nämlich die, dass die Frau einfach dick ist und entweder dazu stehen und sich dementsprechende Kleidung aussuchen oder abnehmen sollte.

Ich ignoriere den Umstand, dass mich gleich drei Menschen mit krebsroten Gesichtern entgeistert anstarren: ein wütend gewordenes Schlachtschiff, das immer noch aussieht wie ein fetter Kanarienvogel, aber jetzt wie einer, dem man die Luft abpresst, meine peinlich berührte Mutter und eine zuerst wahrscheinlich in Deckung gegangene und nun plötzlich hinter einem Regal hervorgekrochene Verkäuferin. Meine Mutter zerrt mich beschämt aus besagtem Geschäft und dackelt dann hinter mir her in einen Laden meiner Wahl, in dem ich auch rasch fündig werde, woraufhin ich vollbepackt Richtung Umkleidekabinen verschwinde. Hatte ich angesichts der Schnäppchen gerade noch gute Laune gehabt, vergeht mir diese beim Entkleiden wieder einmal schlagartig: Warum um alles in der Welt ist das Licht auf diesen rund drei Quadratmetern der Freude derart fies und leuchtet professionell jede einzelne Delle an den Oberschenkeln aus? Ich vertrete ja sowieso die Meinung, dass Klamottenläden die Spiegel in den Kabinen supergünstig von ruinösen Lachkabinetten kaufen, denn wieso hätte ich sonst plötzlich mindestens drei Kilo mehr auf den Hüften? Ich gehe sogar so weit zu behaupten, dass alle Bekleidungsgeschäfte, um gleich zwei Fliegen mit einer Klappe und teuflischer Hinterlist zu erschlagen, außerdem auch noch mit Herstellern von Schlankmacherprodukten paktieren – ja, so muss es sein. Und als wäre ich nach der Erkenntnis, dass alle drei Teile zwar billig, aber für mich nicht körperkompatibel sind, nicht schon genug genervt, schiebt sich, während ich mich gerade aus der letzten Hose schäle, auch noch das grau gelockte Haupt meiner Mutter durch die Vorhangteile in die Kabine. Sie sieht dabei aus wie eine Schildkröte, die ihren Kopf aus dem Panzer fährt, um die Gegend auszukundschaften. Über den Brillenrand hinweg fragt sie fröhlich: „Und, Schätzchen? Passt alles?" Bei diesen Worten weitet sie den Stoffspalt auf die Breite eines Elefanten, sodass mich alle in der Nähe der Garderobe befindlichen Menschen in Unterhosen bewundern können. „Wenn du spannen willst, geh' in die Männerumkleide", springe ich meiner Mutter verbal ins Gesicht und wische ihr, als ich den Vorhang mit einem heftigen Ruck und derb fluchend zuziehe, beinahe die Brille von der Nase.

Es wäre vermutlich mütterfreundlicher gewesen, an ein liebes Bärchen zu denken, das nach dem Winterschlaf neugierig den Kopf aus der Höhle streckt, und danach höflich darum zu bitten, dass das Bärchen den Vorhang nicht aufreißt, wenn ich halbnackt in der Kabine stehe. Aber so viel Selbstbeherrschung in so knappem Outfit hätte mich wahrscheinlich drei Monate meines Lebens gekostet.

Angesäuert wie eine Zitronenlimonade zische ich dann aus der Kabine, werfe die unmöglich geschnittenen Kleidungsstücke in die Arme der erstbesten Verkäuferin, die meinen Weg kreuzt, und zerre meine Mutter aus dem Geschäft, die auf dem Weg nach draußen fragt: „Hast du heute schlechte Laune, mein Kind?" Daraufhin möchte ich mich auf der

Stelle entleiben, während mir wieder einmal bewusst wird, dass Mütter ihre Töchter so lange nerven werden, bis eine von beiden das Zeitliche segnet.

Würde ich nun nicht schnell einmal aussäuern und mich für einen kurzen Moment meinen Selbstmordgedanken hingeben, könnte folgende Situation nie entstehen:

Ich fange mir einen Lachanfall ein, als meine Mutter mich ehrlich besorgt mustert, und drifte in diesem unvorhergesehenen Heiterkeitsrausch schwankend so stark nach links, dass meine Mutter, von mir dabei angerempelt, beinahe in den Armen eines jungen Punkers landet, der dafür wenig Verständnis aufbringt, woraufhin ich ihm prophezeie, dass er, wenn er einmal groß ist, sicher Bankkaufmann wird. Und wieder wird gezerrt – von meiner Mutter an mir, um mich aus dem Blickfeld des Pubertierenden mit der Metallfresse zu befördern, der uns im tiefsten Proloslang, welchen man an den gefolterten Vokalen erkennt, nachpöbelt. „Mit dir muss man sich nur genieren", gluckst Mama und ich weiß, dass sie in diesem Moment meint: „Mit dir wird es nie langweilig!"

Familienfeier inklusive Systemabsturz

Eine Familie besteht (ebenso wie jeder Freundes- oder Kollegenkreis) aus Menschen mit unterschiedlichsten Charakteren und somit aus, zumindest an ihrer Oberfläche gemessen, Stereotypen und ihren Mischformen, was sich oft aber nur dann herauskristallisiert, wenn man die Personen häufig trifft. Zu Studienzwecken befinden sich idealerweise alle an einem Ort, beispielsweise bei Familientreffen, wobei einem diese klischeehaften Untiefen zeitweise unheimlich auf die Nerven gehen können.

Allerdings ist neben der erfreulichen Tatsache, dass auf diese Weise niemals Langeweile aufkommt, das Schöne an diesem Umstand, dass wir jederzeit in einem Fundus an peinlichen Verhaltensauffälligkeiten wühlen und uns darüber amüsieren können.

In meiner Familie steht wieder einmal eine große Feier im Kalender aller mütterlicherseits Betroffenen und so versammeln sich an einem Samstagnachmittag Kinder, Eltern, Großeltern sowie Brüder und Schwestern, dazu Cousins und Cousinen zum lauschigen Beisammensein im Haus meiner Großeltern, das sich in einem winzigen Dorf im Waldviertel neben einem Kuhstall befindet.

Meine Tante Traude, ihres Stereotyp-Zeichens *Meckerin*, hält eine Art Begrüßungsansprache. Mit Meckerern ist man gerne in der Öffentlichkeit unterwegs, kann man sich dabei doch gemütlich zurücklehnen und den anderen großzügig jede einzelne Beschwerde, die einem selbst auf der Zunge liegt, vorbringen lassen – eine gelungene Symbiose: Der Meckerer sucht sowieso nach Gründen, warum zum Beispiel das Lokal unerträglich und der Kellner inakzeptabel ist, und man erweist ihm also nur einen Freundschaftsdienst, wenn man Kritikpunkte vorbringt, erspart sich aber den Aufwand, selbst in Aktion treten zu müssen, und riskiert somit nicht sich irgendwo oder bei irgendjemandem unbeliebt zu machen oder sich gar ein Lokalverbot einzuhandeln. Bei einer Familienfeier ist der Meckerer jedoch eher schwer zu ertragen, da er an allem etwas auszusetzen hat, in diesem speziellen Fall trifft es mich und mein Outfit, das Tante Traude zu burschikos erscheint, weshalb kein Mann bei mir ein zweites Mal hinsehen würde.

Onkel Karli, Tante Traudes Mann, ist eine gelungene Mischung aus *Prahler* und *Playboy*, selbstverständlich kann er als verheirateter Mann nur den ersten Teil seines Stereotypen-Daseins ausleben, zumindest offiziell. Als Prahler besitzt er und ermöglicht seiner Familie alles, was man für Geld kaufen kann, ein Umstand, den er seinem großartigen Job zu verdanken hat, in dem natürlich nur tolle Leistungen honoriert werden. Unnötig zu erwähnen, dass ein Prahler Statussymbole liebt und ohne Prestige nicht adäquat existieren kann. Als selbsternanntes Glückskind der Nation muss es ihm stets prächtig gehen, das gehört zu seinem Image. Onkel Karli ist natürlich auch ein Narzisst, wie er im Buche steht. Als Playboy besticht er mit seinem unwiderstehlichen, niemals versiegenden oder gar versagenden Charme, der jedes weibliche Wesen fast automatisch auf den Rücken fallen und vor Erwartung hecheln lässt. Mein Onkel testet und reizt seine Fähigkeiten vorzugsweise bei Kellerinnen aus statt bei Frauen, die zwar aus rein professionellen Gründen ohnehin freundlich zu sein haben, zu ihm allerdings stets noch weit netter sind – behauptet er. Onkel Karli lässt auch heute wieder die Funken sprühen, die auch mich erwischen, als er mir versichert, dass er für mich den richtigen Mann finden würde, der dann so wäre wie er, damit ich bis an mein Lebensende glücklich sein könnte.

Mein Cousin Christoph, der Sohn der Meckerin und des Prahler-Playboys, ist wiederum ein Archaiker. Mit ihm bin ich schon in Situationen geraten, die für niemanden vorhersehbar waren, was deshalb passieren konnte, weil diese Sorte Mensch absolut unberechenbar ist – das geht von plötzlich auftretendem brunftigen Verhalten innerhalb des Freundeskreises bis hin zur kurzfristigen Schaffung eines Feindbildes in Gestalt des besten Kumpels zum Zwecke der physischen Kräftemessung. Mein Cousin, dessen ganz spezielle Eigenheit darin liegt, sich beim Wasserlassen die Hose bis in die Kniekehlen zu schieben, das allerdings, ohne sich danach auf einer Muschel niederlassen zu wollen (denn so eine Sorte Mann würde natürlich niemals im Sitzen pinkeln), ist einmal, als er seine volle Blase in einen Busch entleerte, mit tiefhängender Jeans und nacktem Hintern vornüber in die Pflanze gekippt und konnte sich aufgrund übermäßigen Alkoholkonsums nicht mehr hochrappeln. Ich musste ihn, selbst nicht mehr nüchtern und unter Lachkrämpfen, aus dem Gebüsch zerren, ahnend, dass ich den Anblick seiner in der Nacht weiß leuchtenden Rückseite niemals mehr in meinem Leben würde verdrängen können. Christoph benimmt sich bei diesem Familientreffen jedoch relativ zivilisiert, was am Beisein seiner Eltern liegen mag.

Meine Tante Elisabeth, die dritte Tochter meiner Großeltern neben Tante Traude und meiner Mutter und mittlerweile bekennender Single, ist wiederum ein *Gutmensch* und manchmal fast ein wenig inspirierend, vor allem dann, wenn man gerade wieder einmal jemanden hassen möchte. Meist ist ihr Verhalten aber eher frustrierend, weil man viele Anteile von einem selbst in dem Gutmenschen erkennt, die man mittlerweile ignoriert, weil es sich dabei um ein von den meisten Personen nicht wertgeschätztes Verhalten handelt – denn wer würde nicht am liebsten den ganzen Tag lang nur Liebe säen und „free hugs" auf der Straße verteilen? Der Gutmensch trägt nicht nur stets eine rosarote Brille, auch ohne dabei dauerverknallt zu sein, sondern sieht durch sie hindurch fast ausschließlich ein Schlaraffenland, in dem die Natur intakt ist und alle Lebewesen eine weiße Seele besitzen.

Ihre Tochter, meine Cousine Jasmin, gilt als die *Besserwisserin* der Familie, die manchmal tatsächlich wenigstens halb so klug ist, wie sie vorgibt zu sein. Sobald man aber genug mit ihr diskutiert hat, während sie, ohne die aufgekommene Langeweile zu bemerken, weiterdoziert, bemerkt man leider schnell, dass Jasmin einen Stock im Hintern und nichts für unbeschwerte Blödeleien und Gesprächsthemen übrig hat, die sich abseits der Wissenschaft bewegen.

Den Sohn von Tante Elisabeth, Alfred, kann man als

Laienpsychologen bezeichnen. Im Rahmen seines Seelenknacker-Daseins meint mein Cousin, er hätte Einblick in alle noch so tiefen Abgründe der Menschheit, und steckt daher seine Nase tief in die Angelegenheiten seiner Gesprächspartner wie Perverse selbige in getragene Frauenunterwäsche. Laienpsychologen fühlen sich offensichtlich nur dann wohl, wenn sie analysieren und Ratschläge verteilen können, und finden sie kein Problem, das es zu bearbeiten gilt, erfinden sie eines. Nicht selten versuchen sie sich auch als Traumdeuter und wühlen dabei mit großem Genuss und ebenso großem Dilettantismus im Unterbewusstsein ihres Gegenübers herum.

Meine Oma Juli ist eine *Jammerin*, eine äußerst mühsame Zeitgenossin, die vor allem ein kaum versiegender Redefluss charakterisiert – immer wieder vorkommende Worte in dieser verbalen Auskotzerei lauten „gestresst", „benachteiligt" und „ungerecht" –, der anscheinend den eigenen Gehörsinn wie auch die Aufmerksamkeitsgabe lahmlegt, da ein Jammerer alles kann, nur nicht echtes Interesse am Gegenüber zeigen und die Klappe halten, wenn sich eine andere Person einmal alles von der Seele reden möchte. Meist ist dieser Typ gleichzeitig auch ein Egozentriker, oft auch ein Egoist (wobei Egoismus weit angenehmer und leichter zu ertragen ist als Egozentrik). Heute jammert Oma, dass ihr die Füße weh tun, und bezeichnet gleich darauf den Umstand, dass ich noch immer nicht unter der Haube bin, als Weltuntergang. Als sie beim Lamentieren eine Pause macht, erklärt ihr Alfred ganz exakt, warum das so ist, und wirft mit der Diagnose „Bindungsunfähigkeit aufgrund frühkindlicher Prägung" um sich.

Mein Opa Pepi wurde, eventuell gezwungenermaßen, zum *Scherzkeks*, der manchmal nur schwer auszuhalten ist, weil er dazu neigt, mehr schlechte als gute Witze zu erzählen und maximal halblustige Situationen bis zu jedermanns

Spaßtoleranzgrenze auszureizen. Die wirklich komischen Bemerkungen oder Begebenheiten hingegen können typische Scherzkekse nicht einmal dann als solche erkennen, wenn diese ihnen auf die Schulter klopfen würden. Dieser Typ Mensch neigt außerdem dazu, sich – der eigenen Peinlichkeit dabei nicht bewusst – für einen Lacher aus dem Kreis seiner Freunde selbst zu verarschen. Leider fährt sogar bei solchen Aktionen fast immer der Humor im Zug kilometerweit an der Situation vorbei und winkt heraus. Heute hat Opa mich auf der Schaufel und amüsiert sich prächtig über meine verpatzte Haarfarbe, die statt rot hellorange durch den großelterlichen Wintergarten leuchtet, als säße ich auf einer Lampe.

Während meine Eltern, ihres Zeichens Jammerin und Besserwisser, sich ob der Worte „frühkindliche Prägung" etwas beleidigt geben, erleide ich einen totalen Systemabsturz – nichts geht mehr. Ich bekomme zwar mit, was meine Verwandten reden, doch die Verbindung zwischen Ohren und Gehirn scheint plötzlich blockiert zu sein, woran auch ein spastisches Zucken meinerseits nichts ändert. Als daraufhin irritierte Blicke auf mein Gesicht treffen, erkläre ich in aller Seelenruhe, dass ich meinen neuen Freund verschwiegen hätte, um die Familie zu schonen. Es handle sich dabei um einen 85-jährigen reichen Knacker, den ich jede Nacht beglücken würde, in der Hoffnung, dass sein Röcheln beim Orgasmus bald in eines, das sein Ableben laut untermalen würde, überginge, da ich ihn schon vor Wochen in Form sexueller Erpressung genötigt hätte, mir einen Teil seines Vermögens zu hinterlassen. Dann werfe ich noch ein „Tschüss, muss jetzt ohnehin gehen, der alte Knacker wartet schon mit heruntergelassener Hose auf mich" in die Lautlosigkeit des betretenen Schweigens und verlasse das Haus neben dem Kuhstall. Zuletzt rufe ich hinein: „Und die Karotte auf meinem Kopf trage ich mit Stolz!" Im Fortgehen vernehme ich noch das empörte Aufjaulen von Tante Traude und einsetzendes Stimmengewirr und freue mich darüber, dass der Ohren-Hirn-Kanal wieder einwandfrei funktioniert.

Ich hätte auch still sein oder ausgiebig fluchen können, doch so ist es lustiger – bis heute, denn der alte Knacker lebt immer noch, wenn auch nur in der Vorstellungskraft meiner Verwandten.

Der Schwiegerdrache

Abgesehen von fiesen Redensarten wie „Schwiegermütter und Schweinsbraten sind nur kalt gut" (Deutschland), weisen Sprüchen wie „Lobe den Brunnen, in den deine Schwiegermutter gefallen ist, aber schöpfe kein Wasser daraus" (Andalusien), bösen Witzen wie „Das Idealgewicht der Schwiegermutter: 4,5 Kilo – inklusive Urne" (universal gültig) und umgangssprachlichen Benennungen von Gebrauchsgegenständen (unter anderem heißt eine Klammer, die sich mit vier spitzen Haken in einen elastischen Verband krallt und ihn fixiert, auch „Schwiegermutter") gilt es als erwiesen (weltweite Umfragen bei Schwiegertöchtern), dass bis zu 30 Prozent aller Frauen die Beziehung zu ihrem Partner durch das problematische Verhältnis zu dessen Mutter als gefährdet bezeichnen. (Gratulation an dieser Stelle an die übrigen 70 Prozent!) Experten berichten von der Annahme, dass weltweit bei rund 12 Prozent aller Scheidungen die Schwiegermutter und deren Einfluss auf die Ehe eine tragende Rolle spielen. Schwiegersöhne leiden allerdings deutlich seltener unter ihren Schwiegermüttern als Frauen – die erzählen am Stammtisch dafür gerne deftige oder gemeine

Schwiegermutterwitze, was meiner Meinung nach eine sehr sinnvolle Vorgehensweise ist, um Frust abzubauen. Schuld an den häufig unüberbrückbaren Differenzen zwischen den beiden Frauen im Leben eines Mannes sind, wie so oft, unsere evolutionären Wurzeln, was bedeutet, dass wir Menschen auch in diesem Bereich der Steinzeit noch nicht vollständig entwachsen sind – dieser Ansicht sind jedenfalls Evolutionstheoretiker. „Damals" haben die männlichen Wesen nämlich mit so vielen Frauen wie möglich Kinder gezeugt, um die eigenen Gene an Dutzende von kleinen Menschlein weiterzugeben, was dem jeweiligen Clan einen evolutionären Vorteil verschaffte. Dieses Verhalten in grauer Vorzeit dient den vom „lieben Gott" angeblich Erstgeschöpften übrigens, neben übermäßigem Alkoholkonsum, bis heute als häufigste Ausrede für ihre Seitensprünge. Ob die maskulinen Fellträger vor Millionen von Jahren womöglich auch dauernd besoffen waren, wenn sie wie die Karnickel in der Gegend herumgevögelt haben, ist nicht bekannt.

Die Schwiegermama des 21. Jahrhunderts ist, vermutlich unbewusst im Hinblick auf ihre eigene Unsterblichkeit, bestrebt, dass der Bub es seinen Urahnen gleichtut und die familiären Gene ausstreut wie der Landwirt die Saat, weshalb sie jede seiner längerfristigen Partnerinnen irgendwann vertreibt, damit der Sohnemann sich einer anderen zuwenden kann. Der liebe Junge soll sich einfach nicht (und schon gar nicht zu früh) nur an eine Frau, die sowieso grundsätzlich die falsche ist, binden, sondern weitersäen.

Psychologen hingegen sagen, es sei schlicht Eifersucht im Spiel, da der Sohn häufig eine Art Partnerersatz darstelle. Und keine Frau der Welt kann schließlich die Rolle des „liebenden Weibes" so perfekt spielen und sich so aufopfernd um den Bub kümmern wie die Mama.

Grob unterteilt gibt es, neben einigen wenigen, die ihren Kindern und deren Anhang nicht das Leben schwer machen, drei Arten von Schwiegermüttern: die, die offen kritisieren („Du kannst doch gar nicht richtig kochen!"), die, die hinter dem Rücken der Schwiegertochter Intrigen spinnen („Das sieht doch ein Blinder mit Krückstock, dass das Kind nicht von dir ist!"), und die, die dem Sohn ein schlechtes Gewissen einimpfen („Ich dachte, ich bin immer bei euch willkommen, wo ich doch so viel für dich getan habe!"). Die dritte Gattung ist die schlimmste, denn Kritik kann man ignorieren und Intrigen sollten einer stabilen Partnerschaft eigentlich nicht schaden können, aber eine mitleidheischende, die Zuneigung des Sohnes zu ihren Gunsten ausnutzende Schwiegermutter, die ständig überall dabei sein möchte und permanent Aufmerksamkeit fordert, ist eine Katastrophe – einziger Vorteil: So ein Verhalten legen meist nur frustrierte alleinstehende Frauen an den Tag, weshalb man bei der Männerwahl von vornherein darauf achten sollte, dass der potenzielle Schwiegervater noch nicht unter der Erde ist und sich guter Gesundheit erfreut.

Sicher ist: Unsere Schwiegermütter können wir niemals mit Brachialgewalt vom Weg, der als Einbahnstraße zu ihrem Sohn führt, abdrängen, sondern sie nur mit einer List umleiten und dann auf Spur halten.

Mein Schwiegerdrache, Helene, ist ein Mischling aus den drei verschiedenen Typen: Zwar nicht alleinstehend kehrt sie Intrigen spinnend (einmal behauptete sie, ich wäre in einen Bankraub verwickelt gewesen, da ich mich zum Zeitpunkt des Verbrechens mit einer dunklen Sonnenbrille vor dem Geldinstitut „herumgetrieben" hätte) und ständig alles kritisierend, was mich betrifft – wer tätowiert ist, kann in ihren Augen nur ein Rowdy sein, womit auch gleich der Zusammenhang mit dem Bankraub hergestellt wäre –, wie ein Bumerang immer wieder zu uns zurück und belagert unsere Zweisamkeit. Einer vernünftigen Kommunikation über ihr Verhalten ist sie nicht zugänglich und als ich mich in letzter Verzweiflung auf mein niedrigstes Niveau begeben und Helene unflätig beschimpft hatte, flüchtete sie weinend zu ihrem Sohn, was mir eine Woche Sexentzug bescherte.

So beschließe ich in höchster Not und mit dem festen Willen, mich gegen den Drachen zu wehren, auch wenn mein Partner mich auf Knien anfleht mich doch mit seiner Mama zu vertragen (was jedoch absolut außerhalb meines Interessensbereiches liegt), meiner Schwiegermutter einen herzhaften Streich zu spielen, den sie so schnell nicht vergessen wird. Mein Mitspieler ist, ohne es zu wissen oder auch nur zu ahnen, mein lieber Schwiegervater Peter.

So beginne ich jede Menge Zeit mit Peterchen zu verbringen, verlasse das Haus, wenn Helene bei uns auftaucht, nicht ohne zu erwähnen, dass ich mich in der Zwischenzeit um „meinen lieben Schwiegerpapa" kümmern werde. Ich tauche allerdings immer öfter auch dann im Haus der beiden auf, wenn Helene daheim ist, verschwinde dann mit Peterchen im Keller, um mit ihm die Freuden seines Heimkinos zu genießen (Helene hasst Zombiefilme, ich hingegen finde sie von Mal zu Mal amüsanter), mache meinem Schwiegervater zuckersüße Komplimente im Beisein seiner Frau – wie gut er für sein Alter doch aussähe und wie fit er im Gegensatz zu vielen anderen älteren Männern in seinem Alter noch sei –, bringe Peterchen hin und wieder Mehlspeisen vorbei, die er eigentlich nicht essen darf stecke ihm Zigarren zu, die er eigentlich nicht rauchen darf, und fülle ihn mit seinem Lieblingswhiskey ab, den er eigentlich nicht trinken darf. Einmal führe ich ihn bei einem Stadtbummel sogar in einen Sexshop, in dem wir einen riesigen, goldfarbenen Dildo für Helene erstehen, den meine Schwiegermutter vor lauter Wut über das Mitbringsel ihrem Mann daraufhin fast in den Hals schiebt, anstatt sich selbst damit zu vergnügen.

Ich hätte selbstverständlich auch um die Zuneigung meiner Schwiegermutter kämpfen, mich dabei zurücknehmen und verstellen, ihre Gemeinheiten ignorieren, Verständnis für ihre Verlustängste aufbringen und die steinzeitbedingten Wünsche respektieren – oder zumindest so tun, als ob – können. Bestimmt wäre ich dann die beste Schwiegertochter der Welt für Helene gewesen, zeitgleich aber auch die frustrierteste Frau und Partnerin der Welt.

Als Helene meine Besuche und die sich häufenden Vollräusche ihres Mannes satt hat und Peterchen noch dazu einen ungünstigen Befund vom Arzt erhält, seine Leber- und Zuckerwerte betreffend, bittet meine Schwiegermutter inständig darum, mich wieder mehr um meinen Partner, also um ihren Sohn, zu kümmern. Schweren Herzens küsse ich Peterchen inbrünstig auf die Wangen und erkläre ihm, dass wir uns nun wahrscheinlich nicht mehr so oft sehen werden, was ihn dazu veranlasst, mir zum Abschied zuzuflüstern: „Du kannst mich doch jetzt mit dem Drachen nicht wieder alleine lassen."

Doch, kann ich, allerdings nicht ohne ihm zu gestehen, was vor sich gegangen ist. Er hat es sich schon zusammengereimt, wie sich herausstellt, und aus Freude an meiner Gesellschaft mitgespielt.

Drei Monate später trenne ich mich dann von meinem Partner – aber nicht wegen Helene und auch nicht wegen Peterchen, sondern einfach nur deshalb, weil der Typ ein Muttersöhnchen ist.

Die Hormonschleuder

Neben „normalen Mamas", die ihren Job wirklich gut machen, konservativen Gebärmaschinen und übermotivierten Supermuttis gibt es auch noch jene Frauen, die sich damit abgefunden haben, dass Minimenschen als Verkörperung unserer Existenzsicherung zu akzeptieren sind und ihre Anwesenheit auf dem Planeten Erde als Rassenbestandsgaranten daher unvermeidbar ist – außerdem sind Kinder der Beweis dafür, dass Menschen Sex haben, also das Ergebnis eines höchst angenehmen Zeitvertreibs. Doch genau diese Frauen, die Kinder tolerieren und unter Umständen sogar mögen, gehen selbst meist nur selten in Produktion – nicht unbedingt aus Angst vor dem Verlust der Karriere oder einer Figurentgleisung oder mit der Rechtfertigung, das Neugeborene nicht den zunehmenden Schlechtigkeiten auf dieser Welt aussetzen zu wollen, sondern einfach aus Überzeugung. Und weil es auch nicht notwendig ist, dass jeder Mensch sich fortpflanzt.

Ich gehöre zu dieser Sorte Frau.

Meine Freundin Sarah hingegen wollte schon schwanger werden, als gerade ihre Pubertätspickel einzutrocknen begannen und sie langsam Busen ansetzte. Mit 18 tickte ihre biologische Uhr schon ziemlich laut, mit 20 war Sarah bereits eine lebende Zeitbombe. Jetzt, weitere sieben Jahre später, hat sie endlich einen Typen an der Hand, der sie zwar nicht beringt, aber ihr zumindest zu einem Kind verhilft.

Als ich höre, dass meine Freundin endlich Mutter wird, mache ich mich sofort mit einer Flasche Orangensaft auf den Weg, um zu gratulieren, finde allerdings anstatt einer glücklichen Mama in froher Erwartung, eine rotäugige, blasse Sarah vor, die in ihrer Wohnung sitzt und lamentiert – die biologische Uhr ihres Typen zeigt nämlich permanent Partytime an, und so lässt er Sarah, die, weil sie öfter kotzt, als die Klos in den Lokalen frei wären und sich außerdem plötzlich sogar vor Zigarettenrauch ekelt, jetzt nicht mehr als sozial integrierbar gilt, fast jeden Abend alleine zu Hause sitzen. Da ich den Kerl sowieso für einen Trottel halte, fluche ich einmal kräftig, während sich Sarah in den Kübel neben der Couch übergibt, und lästere dann ein wenig. Zuletzt lachen wir gemeinsam, zwischendurch weint meine Freundin, was wir den Hormonen in die Schuhe schieben, und dann ist wieder alles in Ordnung.

Die nächsten Monate habe ich wenig Kontakt mit Sarah, und zwar deshalb, weil meine Freundin nicht nur immer dicker, sondern auch immer träger – leider nicht nur körperlich – und weinerlicher wird, als trüge sie ein todbringendes Geschwür im Bauch anstatt eines Babys. Sarah lacht nicht mehr, ist uninteressiert an allem außer an ihrer Befindlichkeit und fordert uneingeschränkte Aufmerksamkeit wie auch den höchsten Grad an Verständnis für ihren „Zustand" von ihren Mitmenschen. Wenn ich mit ihr telefoniere, leide ich nach fünf Minuten an einer geistigen Scheinschwangerschaft, so plastisch schildert sie ihr Leid, fünf Minuten später bin ich depressiv, weil das Leben ganz generell so furchtbar ist, und weitere fünf Minuten später stehe ich kurz davor, für das Aussterben der menschlichen Rasse oder für das externe Heranreifen von Babys zu plädieren, nur damit keine Frau auf dieser Welt jemals wieder die Qualen einer Schwangerschaft am eigenen Leib erfahren muss.

Fünf Wochen vor der Geburt bringe ich den höchsten Grad an Verständnis anstatt für Sarah mittlerweile für den Trottel auf, der zu diesem Zeitpunkt, von seiner Freundin emotional zum Krüppel gemacht und an einer Schwangerschaftsphobie, die er wahrscheinlich nie wieder loswerden wird, leidend, endgültig das Weite sucht, wie mir Sarah am Telefon erzählt.

Ich müsste in dieser Situation womöglich zu meiner Freundin halten und dem Trottel die Pest an den Hals wünschen, doch diese Heuchelei würde als negative Schwingung vermutlich direkt in Sarahs Bauch schießen und dem Baby schaden. Und das kann ich unter keinen Umständen verantworten.

Doch dann, plötzlich, drei Wochen vor der Geburt schlägt die Stimmung meiner Freundin ins fast genaue Gegenteil um, sie ist beinahe durchgehend euphorisch, auch wenn sie verbal einseitig bleibt …, nur dass sich ihr sprachliches Universum nicht mehr länger in Schwarz-Weiß und eindimensional um ihr tristes Schwangerschaftsdasein, sondern ab sofort in allen Farben und in 3D um den neuen Erdenbürger in ihrem Leib dreht. Anfänglich bin ich noch bestrebt partiell mit Sarah mitzufühlen, zuletzt muss ich mir aber eingestehen nur noch genervt zu sein und hoffe inständig darauf, dass die Natur ein Einsehen hat und das Baby pünktlich auf die Welt schickt.

Und dann ist es endlich so weit. In der Annahme, dass sich nach der Geburt der kleinen Lisa das Verhalten meiner Freundin langsam wieder normalisieren wird, besuche ich sie im Krankenhaus. Zuerst freue ich mich noch, dass Sarah wieder die Alte, nur mit Anhang, zu sein scheint, aber nach einer halben Stunde auf dem harten Spitalsstuhl, umgeben von rotwangigen, aufregungsplappernden Müttern und vor Stolz brustgeschwellten Erzeugern, wobei Erstere, wie auch meine Freundin, ausschließlich über den Geburtsvorgang, Babykacke und Milchqualität sprechen, während sich Letztere, immer noch blassgrün im Gesicht vom Beinahe-Kollaps im Kreißsaal, zu erholen scheinen, schmerzen nicht nur mein Hintern und mein Kopf, mir wird noch dazu übel von dem Geruchsgemisch aus Nachgeburtsschweiß und Babyabsonderungen.

Ich könnte versuchen mich angepasst zu verhalten, doch dann würde mir vermutlich Milch einschießen, obwohl mir aufgrund des Aromas im Raum eher nach Etwas-von-mir-Geben ist. Da ich jedoch den allgemeinen Glücksrausch der frischgebackenen Eltern (mir fällt in dem Moment ein, dass dieser Ausdruck vermutlich daher kommt, dass der Braten aus der Röhre entfernt wurde – dann müsste es allerdings „frischgebraten" heißen) nicht beeinträchtigen möchte, lasse ich mir nichts anmerken und verabschiede mich.

Eine Woche später kündige ich meinen Besuch bei Sarah zu Hause an, dieses Mal mit einer Plüschrassel und einem Kapuzenstrampler inklusive Hasenohren für das Kind, Lavendelöl zur Beruhigung für meine Freundin und einer Flasche Wodka für mich bewaffnet. Nachdem eine Stunde vergangen ist, von der Lisa und ihren Befindlichkeiten 59 Minuten und mir eine einzige gewidmet wurden, ich etwa 30 „Ist sie nicht süß?" mit „Ja" beantworten musste, ich Sarah beim Busenquetschen zuschauen durfte, als sie Milch abgepumpt hat, und drei Kotzflecken meine neue Bluse zieren, weiß ich wieder ganz genau, warum ich kein „5 S", ein Wesen, das nicht mehr macht als sabbern, schmatzen, schreien, speiben und … A-A, in meinem Leben haben will. Und nein, Lisa ist nicht süß, sie hat eine Glatze und rote, schuppige Haut, das Kind ähnelt quasi einem echsenartigen Außerirdischen – es sieht also aus wie ein Neugeborenes, so wie andere frischgeschlüpfte Babys, mit vielleicht minimalen Abweichungen, eben aussehen. Ich möchte außerdem auch nicht den Verlust meiner Muttersprache bei der Kommunikation mit einem Säugling erleiden, ein Phänomen, das offensichtlich allen Müttern dieser Erde eigen ist (ich hätte vermutlich Angst, dass mir das bleibt).

Ohne Verständnis für die vermutlich hormonbedingte Linsentrübung und die hoffentlich vorübergehende Verbalverblödung meiner Freundin mache ich mich dann relativ rasch aus dem Staub, jedenfalls noch bevor mir meine Freundin das rote Kreischbündel erneut in den Arm drücken kann, in der Annahme, mich damit zu beglücken.

„Bis in etwa drei Jahren, wenn das mit dem ‚süß' stimmt, ich also nicht mehr lügen muss und dein Kind einen größeren Wortschatz hat als du momentan", verabschiede ich mich von Sarah und ersuche sie beim Gehen noch doch bitte Verständnis für meine Befindlichkeit aufzubringen.

Ich habe einfach keine Lust darauf, das allgemein vorherrschende Klischee, dass jede Frau Babys toll finden und einen angeborenen Mutterinstinkt haben muss, nur weil sie eine Gebärmutter ihr Eigen nennt, zu bestätigen und angepasst zu schwafeln. Auch diese Heuchelei hätte dem Baby mit Sicherheit geschadet, da es viel zu früh mitbekommen hätte, wie dreist Menschen anderen etwas vorspielen können, nur um niemanden zu enttäuschen oder frauenkonform zu handeln.

Meine ausgebrannte Freundin

Laut Wikipedia befindet man sich mit einem Burn-out-Syndrom, das keine Krankheit, sondern ein Problem der Lebensbewältigung darstellt, in einem zumeist durch Stress im Beruf ausgelösten Zustand emotionaler Erschöpfung mit reduzierter Leistungsfähigkeit und Belastbarkeit, der zu Aggressivität, Depressionen, erhöhter Suchtgefährdung und psychosomatischen Erkrankungen führen kann.

Es handelt sich also um einen Zustand, in dem ich mich als arbeitender Mensch jeden Tag, einmal mehr, einmal weniger, abends befinde, auch wenn ich derzeit noch mit keinerlei Folgeerscheinungen zu kämpfen habe – ich schlage niemanden und auch keine Teller zu Bruch, falle gegen Mitternacht erschöpft in mein Bett, aber in keine schwarzen, meine Seele verschlingenden Löcher, bin, wenn auch hin und wieder angeheitert, nicht dauerbesoffen und bis auf einige verlorene Kämpfe gegen gängige Virenangriffe auch größtenteils gesund.

Eines Tages, ich befinde mich gerade auf dem Weg in Richtung oben beschriebenen Zustands, läutet gegen 23 Uhr mein Handy: Meine Freundin Maria schluchzt am anderen Ende des Funksignals, dass ich sofort zu ihr kommen müsse, sie fühle sich ganz schrecklich und ihr Redebedarf sei so enorm, dass sie gleich platze und sich dann ihre Eingeweide auf der schönen, neuen, weißen Couch in ihrem Wohnzimmer verteilen würden, was zur Verhaftung ihres Gemahls führen könnte, wenn man beim Anblick dieser Sauerei die Todesursache falsch deutete.

Ich fragte noch nach, ob ich sicherheitshalber meine Putzsachen zusammenpacken soll, springe dann aber, nach einem hysterischen Kreischen, das aus dem Telefon direkt in mein Ohr schießt und von dem ich mir einen vorübergehenden Tinnitus erwarte, lieber doch sofort zuerst in mein Gewand und dann in ein herbeigerufenes Taxi und mache mich auf den Weg zum Higherclassdomizil meiner Freundin.

Maria empfängt mich im rosa Seidenpyjama und desolaten Make-up. Heulend schiebt sie mich ins Wohnzimmer, in dem ein Riesenflatscreen die Nachrichten brüllt, bugsiert mich in einen Miniaturschaukelstuhl, der meinen Körper aufgrund zu großen Schwungs, als ich darauf plumpse, beinahe wieder abwirft, und lässt sich selbst inmitten der ledernen Sofalandschaft vor einem Glas mit brauner Flüssigkeit und einigen Eiswürfeln, an dem sie theatralisch seufzend nippt, nieder. „Ich habe ein Burn-out", verkündet sie dann dramatisch und streicht sich mit beklunkerten Fingern eine Haarsträhne aus dem rötlich glänzenden Gesicht. „Besser ausgebrannt als abgebrannt", lasse ich mit einem vielsagenden Blick auf Flatscreen und Sofa verlauten.

Aufgrund von Müdigkeit und dem Mangel an Verständnis dafür seitens meiner Freundin ist es mir nicht möglich, eine Phrase zu dreschen und artig „Du Arme, das ist ja furchtbar!" zu sagen, aber auch deshalb nicht, weil es an der Situation nicht das Geringste ändern würde – ich werde vermutlich in Kürze Informationen erhalten, die mich momentan mit Sicherheit so wenig interessieren wie die Frage, ob im Sommer neue Eissorten auf den Markt kommen. Erschienen bin ich nur deshalb, weil man anwesend sein sollte, wenn Freunde zu platzen drohen.

Maria funkelt mich böse an. „Ha, ha, sehr lustig! Du weißt doch gar nicht, wie es ist, wenn man Tag und Nacht ackert und nie dafür gelobt wird!", keift sie dann lautstark. „Woher sollte ich das wissen? Auf meiner Schulter sitzt schließlich ein kleiner Gnom, der mir permanent ins Ohr säuselt, welch großartige Arbeit ich leiste." Verständnislos schaut mich meine Freundin an und fragte dann mit gefährlich leiser Stimme: „Reden wir jetzt von dir oder von mir?" Noch bevor ich antworten kann, höre ich die ganze tragische Geschichte ihres bemitleidenswerten Daseins: In der neuen Firma, in der Maria nun seit sieben Monaten als Eventmanagerin tätig ist, hält offensichtlich jeder, inklusive Chef, ihre Leistungen für selbstverständlich, keiner erwähnt jemals, wie toll sie alles im Griff hat und wie unentbehrlich sie bereits geworden ist. Bevor die Tirade kein Ende nimmt, hake ich nach: „Wie viel verdienst du?" „Viel!" „Wie lange arbeitest du?" „Von 9 bis 16 Uhr, manchmal bis 17 Uhr." „Wirst du gemobbt?" „Nein, natürlich nicht!" „Wirst du sexuell belästigt?" „Um Gottes willen, nein!" „Magst du deine Arbeit?" „Sehr sogar!" „Was ist dann los?" „Aber das hab ich doch gerade vorher erzählt ..." „Maria, erstens einmal bin ich der Meinung, dass von zehn Menschen, die behaupten, ein Burn-out zu haben, nur einer wirklich darunter leidet – die anderen hassen ihren Job, sind nicht beliebt bei den Mitarbeitern oder dem Chef, sind neidisch auf Besserverdiener oder generell mit ihrem Leben unzufrieden. Also entweder du musst dein Leben von Grund auf renovieren oder du bist in den Chef verknallt, der in dir nur eine Angestellte sieht!"

„Er ist wirklich süß", höre ich jetzt eine kleinlaute Maria piepsen. „Und das nennst du ein Burn-out? Teufel noch einmal!" Wütend springe ich auf, woraufhin der wippende Miniaturschaukelstuhl beinahe auf die Schnauze fällt, nehme Marias Glas und daraus einen kräftigen Schluck Whiskey und schreie meiner Freundin entgegen, dass wir das nächste Mal gleich von Anfang an über den süßen Chef sprechen können und nicht über eine eingebildete Ausgebranntheit. Und das bitte, ohne mich vorher in Sorge zu versetzen, und auch nur dann, wenn ich nicht gerade übermüdet bin.

Dass ich ihr in diesem Moment am liebsten eine knallen würde, obwohl ich Pazifistin bin, behalte ich für mich. Auch wenn ich natürlich weit gelassener auf die eingebildete Krankheit meiner Freundin hätte reagieren können, wäre mir das nicht in den Sinn gekommen, weil sie nach dieser unnötigen Panikmache keinerlei Schonung verdient.

„Und jetzt bringst du mich nach Hause. Keine Widerrede!", pfauche ich.

Ich könnte jetzt zwar auch schlaftrunken zum Taxi taumeln, das ich herbeitelefonieren würde, aber Strafe muss sein.

„Wieso bist du denn so aggressiv", will Maria dann wissen, „hast du etwa auch ein Burn-out?"

Stutenbissigkeit

Heutzutage haben die meisten Frauen nach ihrer Pubertät nicht mehr eine einzige beste Freundin, sondern sind Teil eines ganzen Stalls voller Mädels – allerdings handelt es sich dabei nicht um einen Hühnerstall, wie es häufig heißt, sondern, da es aufgrund von häufig auftretenden Eifersüchteleien, Missgunst und Konkurrenzdenken nicht selten zu tollwutartig um sich greifender Stutenbissigkeit (Begriff aus der Verhaltensbiologie: Rangauseinandersetzung unter weiblichen Pferden) kommt, um einen Pferdestall.

Auch wenn wir unsere Freundinnen mögen und gerne um uns haben, kommt es innerhalb der Gruppe eben auch immer wieder zu Reibereien inklusive Verbalschnappattacken, wobei es sich dabei eher selten um offen ausgetragene Streitigkeiten, sondern fast immer um subtile Sticheleien und hinterlistige Bösartigkeiten handelt. Nebenbei bemerkt: Wie oft hört man von Männern, dass es genau deshalb so schwierig sei, die Mädelsclique der Partnerin zu ertragen oder mit einer Horde weiblicher Mitarbeiter klarzukommen, und dass sie selbst ihre Konflikte im Freundes- oder Kollegenkreis ganz anders, nämlich viel direkter, lösen würden. Das ist falsch – auch Männer können heimtückisch sein und einen (wenn vielleicht auch nur vermeintlichen) Rivalen mit fiesen Bemerkungen (für Subtilität sind sie dabei allerdings meistens zu blöd) oder anderen „Hinten-rum-Attacken" (dafür, dass man ihnen danach nicht auf die Schliche kommt, sind Männer ebenfalls zu blöd, sie schaffen es sogar, sich selbst zu enttarnen, weil sie sich mit ihrem gelungenen Angriff aus dem Hinterhalt meist noch bei anderen brüsten) zur Strecke bringen. Die Zeiten der Auge-in-Auge-Duelle, im Boxring oder auf dem Männerklo zum Längenvergleich sind vorbei. Ebenso falsch ist übrigens auch die, natürlich ebenfalls von den Männern vertretene, Meinung, dass nur Frauen tratschen und Gerüchte verbreiten! Zeigt mir einen diskreten Mann und ich zeige euch ein Kaffeehaus auf dem Mond.

Fakt ist, dass sich das „starke Geschlecht" diese „typisch weiblichen" Eigenschaften von uns abgeschaut und angeeignet hat und sich damit ebenso gerne die Zeit vertreibt beziehungsweise sich diese zunutze macht wie wir Frauen. Da, wie bereits angedeutet, Männer jedoch selten subtil sein können, sind es tatsächlich die kleinen, fiesen Sticheleien, die man als frauentypisch bezeichnen kann und die zum Sozialverhalten innerhalb einer Mädelsclique gehören wie die Wangenbussis beim Begrüßen. Sticheln, die hohe Kunst, eine Gemeinheit zuckersüß zu verpacken und total harmlos erscheinen zu lassen, als wäre sie völlig unbeabsichtigt unter der Gürtellinie gelandet, will jedoch gelernt sein. Ich gehe sogar so weit zu behaupten, es muss ein gewisses Grundtalent vorhanden sein, um einen solchen Seitenhieb, getarnt etwa als wohlgemeinten Ratschlag, geschickt zu platzieren, damit die spitze Bemerkung auch tatsächlich, wie geplant, am Ego der Freundin ritzt – was wiederum bedeutet, dass man den Grad der Subtilität dem IQ der betreffenden Person anpassen muss.

Viel einfacher hingegen läuft die Sache mit der Hinterlist, auch Heimtücke genannt. Anregungen, wie man einer seiner „Süßen" (wobei natürlich alle Freundinnen mit Kosenamen bedacht werden, manchmal sogar alle mit demselben), vorerst unbemerkt, eins auswischen kann, weil diese beispielsweise essen kann, was sie will, ohne zuzunehmen, finden Sie unter anderem in der Werbung, wenn Sie diese den Gegebenheiten und eigenen Bedürfnissen anpassen und dabei dementsprechend interpretieren. Heißt es dort nämlich, „65 Prozent der Frauen würden diesen Lippenstift auch ihrer Freundin empfehlen", muss das nicht bedeuten, dass man das tun würde, weil man selbst damit zufrieden ist, sondern es kann auch gemeint sein, dass man diesen Tipp abgibt, weil exakt diese Farbe die „Süße" in ein äußerst unvorteilhaftes Licht rückt und blass wie einen Vampir mit Blutvergiftung aussehen lässt.

Auch im Kreis meiner Stuten gibt es eine Frau, Rosi, die permanent verbale Tiefschläge verteilt, hauptsächlich an mich – mir beispielsweise erklärt, wie entzückend knabenhaft ich mit meiner neuen Kurzhaarfrisur aussähe, und dabei einen bedeutsamen Blick auf meine nur gering ausladende und in ihren Augen daher offensichtlich wenig einladende Auslage wirft –, sodass ich mehr Zeit mit Ausweichen verbringe als damit, bei gemeinsamen Unternehmungen mit den Mädels Spaß zu haben. Daher suche ich nach einer Möglichkeit, der Freundin mit dem unschlagbaren Sticheltalent das Maul zu stopfen, natürlich ohne dabei großes Aufsehen zu erregen, damit die anderen nicht am Ende noch glauben, ich sei der Störfaktor in der Gruppe. Ich könnte Rosi natürlich auch aus der Gruppe mobben, aber da sie eine Freundin und bis auf diese eine lästige Angewohnheit eigentlich eine nette Frau ist, möchte ich mir das als allerletzten Schritt vorbehalten.

Ich will mir für mein Vorhaben allerdings keine ausgefeilte Strategie zurechtlegen oder einen energieaufwendigen Plan schmieden, denn das ist mir die „Süße" auch wieder nicht wert. So beschließe ich zu warten und ihren Tiefschlägen weiterhin auszuweichen, bis sich die perfekte Gelegenheit zur vorübergehenden Eliminierung der betreffenden Person ergibt, für den ultimativen Knock-down als Reaktion auf ihre Sticheleien, die nicht einmal originell oder gar verletzend, sondern einfach nur lästig sind, um im richtigen Moment in die Handlungsoffensive zu gehen.

Ich könnte natürlich darauf hoffen, dass der „liebe Gott" meine Arbeit macht und Rosi nach deren Ableben am Himmelstor abweist oder dass ihr Karma sie im nächs-

ten Leben keine ruhige Minute verbringen lässt und ihr beispielsweise Kinder beschert, die so lästig sind wie Fliegen, die an einem Energy Drink genippt haben, oder ihr einen Chef vor die Nase setzt, der über eine ähnlich niedrige Reizschwelle verfügt wie ein Stier mit Hämorriden. Aber eine böse Frau nimmt die Sache selbst in die Hand – im Hier und Jetzt. Und ihr Verhalten ignorieren kommt nicht infrage, da es mich in meiner Lebensqualität beeinträchtigt – und genau das habe ich nicht vor zu tolerieren.

Die mentale Vorbereitung auf den vernichtenden Gegenschlag treffe ich täglich, indem ich der Frau jeden Morgen theoretisch körperliche Höchstbeschwerden zufüge, und zwar mit giftigen Pflanzen. Man muss dazu nur wissen, welche Blumen und Sträucher aus Feld, Wiese, Wald, Garten oder Park (Tipp: Christrose, Eibe, Holunder, Hyazinthe, Kirschlorbeer, Maiglöckchen, Oleander, Rhododendron und Seidelbast) sich besonders gut dazu eignen und wie sie wirken, damit man die Vorstellungen auch mit realistischen Bildern anreichern kann – und kaum etwas ist befriedigender, als eine Nebenbuhlerin in einer skurrilen Gesichtsfarbe mit vor Schmerz verzerrter Miene kotzend über der Klomuschel hängen zu sehen. Manchmal töte ich Rosi sogar (mit dem unbarmherzigen Gewächs Eisenhut) oder verpasse ihr zumindest verstörende Halluzinationen (mit der etwas harmloseren Pflanze Fingerhut).

Es gäbe natürlich auch die Möglichkeit, der lieben Freundin im Gedanken ganz viel Licht und Liebe zu senden, was mir aber keinerlei Genugtuung bringen und wo ich mir bei der telepathischen Tätigkeit außerdem dämlich vorkommen würde.

Rosi erfährt natürlich nichts von meinen Fantasien und piekst weiter, wobei ich ihr beliebtestes Opfer bleibe.

Und dann ist der Moment gekommen, als die „Süße" verkündet, dass sie sich den Namen ihres Freundes Paul auf den Oberarm tätowieren lassen möchte, obwohl ihr der Stall dazu abrät – ich natürlich auch.

In unserer Stadt gibt es nur einen einzigen dermalen Zeichenkünstler, Fritz, und dieser ist praktischerweise der Freund meiner Cousine. Der Tintenspritzer mag mich, so wie ich ihn, daher bereitet es mir keine großen Umstände, ihn dazu zu überreden, den Oberarm einer bestimmten Person etwas anders zu gestalten, als diese sich das wünscht, allerdings nicht, ohne mich vorher mit einem Anwalt beraten zu haben (ebenfalls ein Bekannter von mir), was im schlimmsten Fall an Schmerzensgeld zu bezahlen wäre – es ist leistbar, stelle ich zufrieden fest.

Fünf Tage später prangt „Faul" statt „Paul" auf Rosis Haut, knapp unter dem Schultergelenk.

Als unsere Stute mit ihrem (verdeckten) Tattoo im Stall auftaucht und jede ihre neueste Errungenschaft sehen will, enthüllt sie diese nach einigem Zögern, während sie auf den dilettantischen Hautritzer schimpft, und erntet jede Menge (teilweise gespieltes) Mitleid von den Mädels, das nach der ersten Entrüstung über den Pfusch in verhaltenes Lachen übergeht. Ich hingegen wiehere von Anfang an wie ein Pferd und lasse zwischendurch immer wieder ein paar böse Bemerkungen vom Stapel, ohne mich dabei zu enttarnen selbstverständlich. Ob Rosi dennoch ahnt, dass ich hinter diesem „Hoppala" stecke, bleibt ungewiss. Tatsache ist jedoch, dass die „Süße" seit diesem Erlebnis relativ handzahm ist und ihre Sticheleien sein lässt – zumindest mir gegenüber. Mission erfüllt!

Rosi bittet mich ein paar Wochen später sogar um Entschuldigung für ihr „früheres" Verhalten und fragt: „Vergessen und vergeben?", woraufhin ich antworte: „Das Vergeben kannst du vergessen, ich bin nicht Jesus und hab auch kein Alzheimer."

Ich könnte die Entschuldigung natürlich auch annehmen, doch das will ich gar nicht, denn ich bin mir sicher, dass Menschen oft viel zu leichtfertig verzeihen oder zumindest denken, dass sie das tun, wenn sie beleidigt, gekränkt oder sogar verletzt wurden. Heilung bringt das keine. Besser, man steht dazu, dass man diese eine Sache nicht entschuldigen kann, allerdings ohne sie immer wieder aufzuwärmen.

Schmerzensgeld muss ich übrigens keines bezahlen, da Fritz klug genug war meiner Freundin glaubhaft zu versichern, dass ihre Zeichnung, die längst im Altpapiercontainer liegt, eine gewisse Lücke aufgewiesen und er das Wort einfach nur so übertragen hatte, wie es auf ihrem Zettel zu lesen gewesen war, und er Motive sowieso generell nie hinterfrage.

Meine Freundin Thomas

„Freundschaft ist eine Seele in zwei Körpern", sagte Aristoteles, doch ob der Philosoph, als er diese Weisheit von sich gab, auch miteinkalkulierte, dass diese beiden Leiber unterschiedlichen Geschlechts sein können, ist leider nicht überliefert. Ebenso wenig ist klar, ob der kluge Mann Sex in einer Freundschaft ausschloss und die schönste aller Beziehungen auf eine rein platonische Ebene hob oder ob er Geschlechtsverkehr großzügig zu dulden gewillt war.

Über kaum ein anderes Thema wird so emotional und kontrovers diskutiert wie über die Frage, ob eine – rein oder vorwiegend – platonische Freundschaft zwischen Mann und Frau möglich sei.

Die einen vertreten die Ansicht, dass das Geschlecht bei inniger Zuneigung keine Rolle spiele und eine sexuelle Anziehung nicht zwangsläufig gegeben sein müsse, nur weil man theoretisch ineinander fallen und auch passen könnte, unabhängig davon, ob sich einer oder beide in einer Beziehung mit jemand anderem befinden. Diejenigen, die fest davon überzeugt sind, dass so etwas auf Dauer nicht funktioniert, weil irgendwann im Laufe dieser Freundschaft einer „mehr" will, wobei damit keineswegs nur Sex, sondern auch eine Partnerschaft gemeint ist (was unweigerlich zu Problemen und meistens sogar zur Beendigung der Freundschaft führen würde), argumentieren mit den Begriffen „Urinstinkt" und „nicht unterdrückbarer hormoneller Steuerung", die auch den klarsten Verstand und den festesten Willen auszuschalten vermögen. Das würde also bedeuten, dass Männer und Frauen ausschließlich triebhafte Geschöpfe sind, die nicht nur mit jedem geschlechtskompatiblen Lebewesen kopulieren, sondern es gegebenenfalls auch unter die Haube zerren wollen.

Für mich hat der Ansatz der negativ zur Freundschaft zwischen Mann und Frau eingestellten Menschen zwei rostige Haken: Wenn wir so darauf versessen sind, unsere Körper zu vereinigen, und eventuell irgendwann auch eine Partnerschaft anstreben, sobald wir jemanden mögen und mit dieser Person befreundet sind, warum sollte diese Beziehungszukunft dann nur einer von beiden anpeilen (und streben beide nach „aus Kameradschaft wird Liebe", gibt's auch keine Probleme)? Außerdem wäre dann, folgte ich der Argumentation der Leugner des Freundschaftsmodells Mann/Frau, auch eine Kumpanei zwischen einer homosexuellen Person mit einem Menschen gleichen Geschlechts nicht möglich, da diese beiden potenziell ebenso ein Paar werden könnten.

Eine meiner besten Freundinnen seit mittlerweile über 20 Jahren heißt jedenfalls Thomas und ist ein Mann – und wir hatten noch niemals Sex und werden auch bestimmt niemals eine partnerschaftliche Beziehung führen. „Igitt" und „oh Gott, nein, niemals"!

Ich bin oft, viel und gerne mit Thomas, von mir genannt TomTom (weil er im Gegensatz zu mir – ich finde in einem mir fremden, großen und gut besuchten Lokal nach dem Aufsuchen der sanitären Anlagen nicht einmal zu meinem Sitzplatz zurück – über einen ausgezeichneten Orientierungssinn verfügt), zusammen. Wir verstehen uns nicht blind, aber dafür taubstumm, sitzen oft da, ohne zu kommunizieren, im stillen Einklang mit unserem Bier. Oder aber wir lachen und lästern über die Protagonisten um uns herum, während wir die Szenerie von der Empore in unserem Stammlokal aus von oben herab betrachten, genauso wie Waldorf und Stadler, die beiden alten Knacker auf dem Balkon der Muppet Show. Mit TomTom kann ich meine männlichen Wesensanteile ungezügelt ausleben, ohne dass dabei meine weibliche Seite zu kurz kommen würde, während ich seine weibliche Seite zum Schwingen bringe, ohne ihn zu kastrieren.

Diese symbiotische Beziehung zwischen mir und TomTom bleibt jedoch selten unkommentiert und wird noch seltener als das respektiert, was es ist: Wir sind zwei Individuen unterschiedlichen Geschlechts, die sich lieben und tief verbunden fühlen, ohne in einer Partnerschaft leben oder Sex miteinander haben zu wollen. Wahrscheinlich sind viele auch deshalb irritiert, weil TomTom und ich oft heftig miteinander flirten – einerseits weil es Spaß macht, andererseits um diejenigen zu provozieren, die immer schon behaupteten: „Da geht doch was! Und wenn nicht heute, dann ein anderes Mal." Ich meine, dass frühestens dann etwas geht, wenn wir beide alt und verschrumpelt sind und uns absolut niemand anderer mehr haben will. Frühestens dann!

An einem lauen Freitagabend sitzen wir beide wieder einmal im Schanigarten der City-Bar unserer Stadt und nippen an eiskaltem Gin Tonic, während sich auf der Terrasse des Nobelschuppens gegenüber die männliche High Snobiety der Umgebung versammelt. Unter den Schlipsträgern befindet sich auch ein Jugendfreund von mir, Rudi, der mir verhalten zugrüßt, ohne dabei zu winken, so wie damals, wenn er mich irgendwo erspähte, eine Geste, die sich mittlerweile offensichtlich nicht mehr mit seinem Status vereinbaren lässt. TomTom kann sich einen bissigen Kommentar in Richtung der Herren Hochnäsig, die Sekt ordern, obwohl sie wahrscheinlich viel lieber Wein oder Bier trinken würden, nicht verkneifen und provoziert damit ein paar empörte Blicke in unsere Richtung, während Rudi angestrengt in die langsam untergehende Sonne stiert.

Als ich gerade angenehm hirnweich werde, von der Hitze und dem Gin Tonic, und mit geschlossenen Augen in meine kommunikationsarme Phase dämmere, räuspert sich TomTom und stößt unter dem Tisch gegen mein Bein, während er zeitgleich ein „Hallo" in die Luft bellt. Ich hebe meine schweren Lider und sehe Rudi neben mir stehen, der auf mich hinuntergrinst und seine Hand auf meine nackte Schulter legt. „He, Süße, wie geht es dir?" Während TomTom etwas Unverständliches in seinen nicht vorhandenen Bart brummt, erwidere ich knapp: „Wenn du einmal etwas länger Zeit hast, erzähle ich dir gerne mehr darüber, aber jetzt nicht!"

Da ich keine Lust auf Smalltalk habe, ich außerdem genau weiß, dass Rudi nicht wirklich an meiner Befindlichkeit interessiert ist, sehe ich auch keine Veranlassung dazu, überschäumend freundlich zu sein und so zu tun, als würde ich mich durch die Aufmerksamkeit, die mir mein schnöselig gewordener Jugendfreund angedeihen lässt, geschmeichelt fühlen, und damit gleichzeitig sein Ego aufzupolieren.

Als TomTom sich erhebt, um auf die Toilette zu gehen, fragt Rudi ohne Umschweife: „Dein Freund?" „Ja." „Ernsthaft?" „Ja." „Er kommt mir bekannt vor …" „Du kennst ihn ja auch von früher, wir waren zwei oder drei Mal gemeinsam Billard spielen." „Wirklich? Na ja, er hat ein Allerweltsgesicht … und mit dem bist du jetzt zusammen?" „Nein."

Rudi schüttelt ratlos den Kopf und murmelt: „Muss kurz Fredi begrüßen", dann stellt er sich im Lokal an die Bar, bestellt ein Bier und tratscht mit dem Barkeeper. Ich schließe wieder die Augen und genieße die letzten Sonnenstrahlen auf meinem Gesicht, als TomTom und Rudi gleichzeitig wieder an den Tisch treten. „Wenn du mit dem Typ da nicht zusammen bist, kannst du ja auch mit mir hinübergehen", meint Rudi und deutet mit dem Daumen in Richtung Nobelschuppen-Terrasse. „Die geschäftliche Besprechung ist vorbei, jetzt folgt der lockere Teil des Abends. Alles wichtige, interessante Leute!" „Danke, ich bin lieber hier locker, mit meinem Freund. Rudi, zisch ab und lass uns in Ruhe. Und wenn du noch einmal so abfällig über TomTom sprichst, werde ich dich zum Duell fordern. Ich bin nämlich zur Hälfte der Mann in unserer Beziehung." „Danke, Liebling, ich poliere dir dafür später auch den Säbel", steuert mein Freund der Unterhaltung bei, was Rudi offensichtlich den Rest gibt und ihn gleich darauf mit einem kurzen „Na dann … Tschüss" den Rückzug antreten lässt. Wir sind eben ein gutes Team, meine Freundin Thomas und ich.

In freier Wildbahn

Relativ ungehemmt benehmen können wir Frauen uns in freier Wildbahn und sollten es auch tun, solange wir mit unserem Verhalten kein echtes Ärgernis erregen und kein Problem damit haben, dass Freunde, oder manchmal auch Fremde, peinlich berührt sind und sich entsetzlich für uns genieren. Das Fremdschämen (dieser Begriff wurde übrigens in Österreich zum Wort des Jahres 2010 gewählt) der anderen sollte man bei diversen Aktionen in der Öffentlichkeit also stets mit einkalkulieren – mehr noch, wir erhalten es als Sahnehäubchen gratis auch noch oben drauf.

Natürlich kommt es darauf an, ob man böse wird, weil einem etwas sauer aufstößt – was aufgrund des üblen Nachgeschmacks schlimm genug ist – oder weil man einfach wieder einmal gerne lästern möchte. Letzteres funktioniert wesentlich besser in Begleitung, selbst wenn diese nur aus Gutmenschen besteht, die weder Schwabbelbäuche im Freibad witzig, noch fette Weiber in der Konditorei anstößig finden und sich lieber die ganze Zeit mit wichtiger Miene hochseriös über Kultur und Politik unterhalten.

Sie müssen beim Extrovertieren allerdings stets darauf achten, dass Sie authentisch handeln – man macht sich nämlich ganz schön zum Deppen, wenn man einfach nur geistlos in der Gegend herumstänkert, weil man es drauf anlegt, andere zu demütigen, zu verspotten oder gar zu kränken (das kann bei einem ehrlichen Output zwar immer wieder einmal vorkommen, sollte aber nicht vorsätzlich geschehen, denn das wäre dann doch recht postpubertär, und schon gar nicht zur von Verbitterung zeugender Gewohnheit werden).

Im Caorle

Vom Schönheitswahn befallene Menschen findet man überall – aber nirgendwo springen einem die Erfolge wie auch die Misserfolge diverser meist körperfeindlicher Maßnahmen oder die Hoppalas der Chirurgen so sehr ins Auge (in manchen Situationen sogar im wahrsten Sinne des Wortes) wie in einem Frei- oder Hallenbad.

Reell gesehen bewegt sich die Glaubwürdigkeit der Aussage einer Frau, dass sie sich selbst, auch wenn sie gerne über die „zahnmedizinischen Eingriffe in Ungarn, bei welchen man drei Wochen lang stationär behandelt wird" (und wie durch ein Wunder während des Aufenthalts auch gleich strafere Haut und schmalere Hüften erhält, was an der guten Luft und an der durch die furchtbaren dental verursachten Schmerzen verhinderten Nahrungsaufnahme liegen muss), herzieht, niemals unters Messer legen würde, gegen null – den meisten fehlt es nur an finanziellen Mitteln oder Courage. Mir fehlt es an beidem.

Der Hang zur Veränderung ist verständlich, bedenkt man, dass man uns seitens der Medien und der Werbung permanent mit digital bearbeiteten Bildern und infolgedessen mit perfekt erscheinenden Menschen konfrontiert und die Netzhaut daher ständig mit unrealistischen optischen Idealen bombardiert wird. Und dann sollen wir uns selbst immer noch attraktiv finden? Das schaffen vermutlich nur etwa fünf Prozent aller weiblichen Wesen, nämlich jene, die auf der Esoterikwelle reiten und ihren Körper als heiligen Tempel bezeichnen, und solche, deren manipulative Partner behaupten, dass sie auf „Natur pur" stehen oder auf „Mehr-zum-Lieben-Haben", wenn das Weibi ein bisserl voluminöser ist – die Männer erzählen diesen Stuss natürlich nur, um Diskussionen aus dem Weg zu gehen oder weil sie um ihr hart verdientes Geld fürchten, sobald sich das Weibi Hochglanzbroschüren von teuren Kliniken mit der Post schicken lässt oder im Internet auf Seiten von Nobelschuppen-Fitnesscentern surft, während sie heimlich schlanken Frauen mit riesigen Brummern hinterhergafft.

In den Freibädern findet in der warmen Jahreszeit tagtäglich ein Schaulaufen von Natur aus gruseliger Subjekte sowie künstlicher Körperbaustellen statt, zu entdecken gibt es dabei unter anderem Brathähnchen, Schwabbelärsche, Kugeltitten, Affenmenschen und Testosteroncornettos – viele der Umherstolzierenden leiden zu allem Unglück anderer auch noch an Textil-Bulimie und zeigen mehr von sich, als die meisten Leute sehen wollen.

Ich begebe mich an einem Tag mit über 30 Grad im Schatten wieder einmal mit meiner Freundin Luise in unser Stadtbad, das ich unter Verwendung des „Meidlinger L" (laut Wikipedia „ein charakteristisch ausgesprochener, lateraler apikal-dentaler Konsonant, der vor allem der Arbeiterschicht des zwölften Wiener Gemeindebezirks Meidling zugesprochen wird") liebevoll „Caorle" nenne, ignoriere eingangs tapfer den beißenden Geruch und das ohrenbetäubende Kleinkindergebrülle, um mir schnellstmöglich ein Plätzchen am Sandstrand zu suchen, und zwar weit weg von all jenen Menschen, die aussehen, als hätten sie mehrfachen Nachwuchs im Schlepptau, der sich listigerweise gerade im Wasser befindet und erst dann angelaufen käme, wenn ich mich, in Sicherheit wiegend, niedergelassen hätte – doch nicht mit mir, traumatisierende Erlebnisse in diese Richtung haben mich geprägt und äußerst vorsichtig werden lassen. Wir ergattern eine freie Stelle inmitten nachwuchsfreier

Leute, ich breite zufrieden mein Handtuch aus und nehme ein Buch zur Hand.

Neben mir räkelt sich Luise und blinzelt mit halb geschlossenen Augen durch die hitzeflirrende Luft, während sie ihren Körper etwa alle zehn Sekunden in eine andere Positur bringt und ihr Umfeld abscannend die Lage checkt, um aus den vorbeigockelnden Männern den richtigen für einen Sommerflirt herauszufiltern. Offensichtlich findet ihr Blick nichts, was einen zweiten lohnt, und so wendet sich meine Freundin mir zu und fängt, die Tatsache, dass ich zu lesen versuche, ignorierend, zu plaudern an. Neben uns haben es sich drei dicke Frauen bequem gemacht, Südländerinnen, ihrem lauten Organ zur Folge, vor uns hocken zwei blasse magere Jünglinge mit pickeligem Rücken, die ständig komisch kichern, und neben Luise wälzen sich zwei leicht angerunzelte Grammeln im Sand, ein Pärchen um die 50, das seine Hautfarbe offensichtlich nicht nur der österreichischen Sonne, sondern auch künstlichem UV-Licht aus dem Solarium verdankt.

Luise redet und redet, während mein Kopfschmerz proportional zu ihrem Gesprächsbedarf zu- und meine Aufmerksamkeit abnimmt, sodass ich schließlich ächzend seitwärts kippe. Meine Freundin, einen mich lahmlegenden Hitzeschlag befürchtend, stößt einen Schreckensschrei aus, doch bevor sie Alarm schlagen kann und mich womöglich einer der beiden feisten, schweißglänzenden Badewärter zu reanimieren gedenkt, bitte ich sie ihre Klappe zu halten. Unerfreut brummt sie vor sich hin, während ich es mir im heißen Sand bequem zu machen versuche.

Ich hätte natürlich auch sofort sagen können, dass ich Kopfschmerzen bekomme, wenn sie so viel und so laut redet, während die Sonne vom Himmel knallt, ohne ihr dabei einen Schrecken einzujagen, doch wo wäre da der Spaß geblieben?

Eine halbe Stunde später beenden die beiden Grammeln ihre Nachbarschaft zu uns, wahrscheinlich deshalb, weil ich Luise aufgrund übermäßiger Langeweile lautstark über die Gefahr zu exzessiven UV-Licht-Konsums berichte und ihr dabei anschaulich beschreibe, wie sich Hautkrebs bemerkbar mache und wie die Geschwüre aussehen könnten. Während Luise damit beginnt, sich fremdzuschämen, versuche ich sie für die breite Produktpalette an Antipickelmitteln zu begeistern – ich meine es schließlich nur gut mit jungen Menschen, außerdem sind die beiden kleinen dünnen Kerle stetig weiter nach hinten und somit näher zu uns gerückt, weshalb die roten Eiterschleudern auf ihren weißen Rücken mit kurzem Abstand direkt auf mein Gesicht zielen. Leider sind die Buben hartnäckig – oder schwerhörig.

Es wäre sehr viel zivilisierter gewesen, wenn ich an dieser Stelle geschwiegen hätte, aber ich wollte nur Leben retten und hilfreiche Tipps geben.

In der Zwischenzeit haben die Südländerinnen ihre Jause ausgepackt und verzehren diese, weiterhin lautstark schnatternd, wobei einige Brot- und Fleischstücke aus ihren Mündern in den Sand fallen, was die Strandbadratten vor Freude zum Quieken bringen wird.
  Während sich Luise über zwei Frauen mokiert, die, maximal 50 Kilo schwer, wovon etwa zehn in den künstlichen Kugeltitten stecken, mit X-Schritt an uns vorüberstelzen, als würden sie sich auf dem Laufsteg befinden, wird mir klar, dass meine optische und akustische Schmerzgrenze bereits deutlich überschritten ist, sodass ich meine Sachen zusam-

menpacke, um nach Hause zu gehen und in Ruhe mein Buch zu lesen.

Ich fühle mich im Caorle wieder einmal wie eine Aussätzige inmitten der von Natur aus gruseligen Subjekte und der künstlichen Körperbaustellen, die über den Sandstrand flanieren, und weiß nicht, ob ich glücklich oder frustriert darüber sein soll, dass ich, vom natürlichen Alterungsprozess abgesehen, bleiben muss, wie ich bin.

Seekühe in der Konditorei

Seit Jahren schlagen die Mediziner Alarm: Übergewicht und Adipositas (Fettsucht) zählen heute international zu den bedeutendsten Gesundheitsproblemen mit der Tendenz „ständig steigend" in allen Altersgruppen. Wer zu dick ist, riskiert die Entstehung ernsthafter Krankheiten und Beschwerden wie Herz-Kreislauf-Leiden, Zuckerkrankheit, Bluthochdruck sowie Probleme mit Lunge, Niere und Verdauungstrakt, Störungen des Bewegungsapparates und sogar Krebserkrankungen. Neben massiven Beeinträchtigungen der Lebensqualität und oftmals hohem psychischen Leidensdruck steigt auch das Sterblichkeitsrisiko – so lauten die trockenen Fakten. Und hübsch anzusehen sind die lebenden Tonnen auch nicht!

Seit ich denken kann, und das gelingt mir immerhin bereits seit über 40 Jahren, bin ich auch nicht immer gerade schlank, doch ich versuche zumindest meine Figur nicht ausufern zu lassen und nicht fett zu werden.

Spätestens in der Pubertät beginnt wohl jedes Mädchen, das von der Natur auf gemeine Art und Weise benachteiligt und mit mehr Fülle als andere gesegnet wurde (Danke an dieser Stelle an die Vorfahren), das außerdem womöglich noch mehr und mehr (häufig dank falscher Vorbildfunktion seitens der Eltern) zum Genussesser mutiert, Diäten auszuprobieren. Natürlich konnte auch ich mich in meiner Jugendzeit nicht gegen die optische Gehirnwäsche in Form von Fotos sexy posierender Hungerhakenfrauen in Zeitschriften und auf Plakaten wehren und probierte eine in den 1980ern moderne Diät nach der anderen – die Art, die heute jedem Ernährungsberater Heiterkeitstränen in die Augen treibt. Einmal habe ich beispielsweise drei Tage lang je fünf Bananen verdrückt. Kilos sind mir damals keine abhanden gekommen, dafür ab dem dritten Tag der Bananenfolter meine Vorliebe für dieses Obst.

Doch trotz aller immer wieder auftretenden diätbetreffenden Zweckamnesien beim Anblick der einen oder anderen Kalorienbombe konnte ich im Laufe der Jahre immer wieder Gewicht verlieren und dafür eine halbwegs herzeigbare Figur gewinnen. Allerdings hat sich die reduzierte Masse dank des Jo-Jos nur wenige Monate später schon wieder gerecht auf Bauch, Bein und Po verteilt. Eine Analyse meiner Gewohnheiten, die ich mit etwa 20 durchführte, ergab Folgendes: So wie für Schluckspechte Alkohol eine Selbstmitleids- ist für mich Essen eine Wohlfühlstimulanz. Das muss man so einfach akzeptieren, denn wie könnte ich verantworten meinen Mitmenschen in mieser Stimmung gegenüberzutreten, nur weil ich zucker- und fettunterspiegelt bin? Meine selbstkritische Reflexion zeigte weiterhin, dass ich ein unverbesserlicher Bewegungsmuffel bin – wozu hat der Steinzeitmensch das Rad (und das war kein Fahrrad, sondern eines, das man unter fahrende Fortbewegungsmittel schnallt) erfunden, der, dem ich seit vielen Jahren am liebsten den Nobelpreis verleihen würde? Natürlich habe ich mich mit diesem Gedanken-Negativum, was fast jede Art von körperlicher Betätigung betrifft, auseinandergesetzt – mit dem Ergebnis, dass ich weder wie eine Gestörte durch die Gegend rennen, noch einem Ball, egal in welcher Größe, hinterherjapsen und schon gar nicht im Wasser eines Sterilität vorgaukelnden, chlorstinkigen Frei- oder Hallenbads plantschen möchte.

Und so quälte ich mich als einmal mehr, einmal weniger Nichtschlanke durch die Jahre, machte eine Diät – heute nennt man das ja Ernährungsumstellung – nach der anderen, war dabei ein Low-Carbler, ein Schlankschläfer und ein balancierender Metabolicer, lernte irgendwann jedoch den Jo-jo-Effekt zu akzeptieren, gewöhnte mir an sämtliche Kleidungsstücke in zwei Größen zu kaufen und baute meinen Bewegungsundrang erfolgreich weiter aus. Ich entwickelt zwar trotz der partiellen Akzeptanz meiner Figur zeitweise immer noch eine gewisse Abneigung gegen Spitzenverstoffwechsler, die für zwei essen und trotzdem aussehen wie nur einer, und Bewegungsjunkies, die mit rosigen Wangen und blitzenden Augen bei jedem Wetter mit Stöcken auf den Straßen langlaufen oder jedem Fitnesstrend hinterherhecheln und auch im Alltag herumrennen wie Duracell-Hasen. Doch das ist ein Hauch von Nichts im Vergleich zu meiner Verständnislosigkeit gegenüber (aber auch meinem Mitleid mit) sich zu Tode fressenden Menschen, die ihren Instinkt für Verhältnismäßigkeit bei der Nahrungsaufnahme komplett verloren haben.

Auch wenn man mit artfremden Individuen in Frieden koexistieren können sollte, ist es mir nicht möglich, tatenlos zuzusehen, wenn sich zum Beispiel Berge von Süßigkeiten mampfende Seekühe in der Konditorei mit der Kuchengabel ihr eigenes Grab schaufeln. Solche Genusstempel zuzusperren kann nicht die Lösung des Problems sein, außerdem wäre diese Maßnahme für die Dicken ja ein Eingriff in ihren natürlichen Lebensraum und käme für sie der Rodung des Regenwaldes gleich.

So beschließe ich, zu handeln, nachdem ich mehrmals beobachten musste, wie die Übergewichtigen ihre armen Kinder zur Fresssucht erziehen, indem sie ihnen mit dämlichen Sprüchen wie „Noch ein Löfferl für den Papa, ..." die Leckereien in die Mäuler stopfen, selbst dann noch, wenn die Kleinen, die teilweise bereits aussehen wie Blasebälger, das süße Zeug ohnehin nicht mögen und immer wieder ausspucken.

Ich möchte also unbedingt missionarisch tätig werden, auch wenn ich mir dafür sicher manch böses Wort aus Lippenstift-Schokolade-verschmierten Mündern anhören werde müssen, wenn ich den Seekühen verkünde, dass sie ihr Fett eines Tages noch abbekommen werden, wenn sie so weitermachen – denn die Zuckerwürfel sind bereits gefallen und besiegeln ihr Schicksal und das ihrer Kinder. Und selbst Sprüche wie „Das ist kein Speck, sondern erotische Nutzfläche" können nicht darüber hinwegtäuschen, dass die meisten Frauen sich einfach nur unwohl fühlen, wenn sie mehr als das Doppelte ihres Normalgewichts durch die Gegend rollen müssen – dass viele von ihnen das nicht zugeben, hat wohl etwas mit Verleugnung und Selbsttäuschung zu tun.

Die Gelegenheit für den Abschuss meiner Verbalraketen ergibt sich an einem Sonntagnachmittag, als ich mit meiner Freundin Verena durch die City bummle und an der Stadtkonditorei vorbeigehe, in der die Seekühe bevorzugt in Rudeln stranden. Es ist heiß und die dicken Damen, die Leiber in wallende Blümchenzelte gehüllt, sitzen statt bei Kuchen und Torte vor Unmengen an bunten Eiskugeln in riesigen Bechern, die sie sich samt Schlagobers und Schokosauce mit verzückten Mienen einverleiben, während die filigranen Stühlchen unter ihnen beinahe zusammenbrechen. Natürlich finden an jedem zweiten Tisch, wie erwartet, auch Fütterungen des Nachwuchses statt: Ein Berg Eis nach dem anderen, der jedes Mal von den zierlichen Löffelchen zu rutschen droht, wandert in erwartungsvoll geöffnete Schnäbelchen, während die Mütter ihre Fürsorglichkeit mit Bemerkungen wie „Das Hammi tut schmecki, gell?" kommentieren.

Ich werde natürlich versuchen jetzt so taktvoll und pädagogisch wertvoll wie möglich vorzugehen, auch wenn mir das angesichts der Mästung wehrloser Kleinkinder schwerfällt. Und wieso auch tatenlos zuschauen?

Frech setze ich mich zu einer dieser Über(größen)muttis im zweifachen und sogar zweifach negativen Sinne an den Tisch und stelle mich höflich mit meinem Namen und dem Zusatz „von der Sozialversicherung" vor, was der Frau mindestens zehn zusätzliche Schweißperlen auf die ohnehin schon nassglänzende Stirn treibt. Sie blickt mich fragend an, woraufhin ich mich aufgefordert fühle weiterzusprechen, und das so laut, dass mich die anderen Seekühe, zumindest die meisten davon, ebenfalls hören können. Ich kläre die Dame in ruhigem Tonfall darüber auf, was sie sich und ihrem Kind antut und dass sie eigentlich hübsch sei, ihr gutes Aussehen aber unter viel zu viel Fett verstecken würde, was absolut schade sei. Eigentlich habe ich damit gerechnet, nun massiv beschimpft zu werden, was ich gelassen ertragen hätte, doch die Frau mit dem massiven Übergewicht seufzt nur und erklärt mir dann, dass ihr keine Diät der Welt helfen würde. „Und jetzt probieren Sie gerade die Eisdiät an sich und Ihrem Sohn aus?", frage ich grinsend und streiche dem kleinen Jungen mit den großen Kulleraugen über das schwabbelige Bäckchen. „Das ist Babyspeck", erklärt die Mutter schnippisch. „Er ist mindestens fünf", entgegne ich noch schnippischer. „Viereinhalb", hat sie nun das letzte Wort, allerdings nur kurz, denn sogleich switche ich wieder zum eigentlichen Thema unseres Gesprächs zurück, woraufhin einige der dicken Damen an den Nachbartischen konfrontationsfeige die Konditorei fluchtartig verlassen. Was mich wundert, ist, dass ich immer noch nicht beschimpft und intolerant genannt wurde.

Ich bin ehrlich und sage offen meine Meinung, daher kann ich auch mit Kritik umgehen und hätte mit bösen Äußerungen kein Problem. Doch die Seekühe schweigen, denken sich ihren Teil und beschweren sich später wahrscheinlich bei ihren Freundinnen über diese unverschämte Person, die sich abfällig über dicke Menschen geäußert hat, weil sie nicht verstehen, dass man in solchen Härtefällen wie den ihren nur noch mit der Brechstange vorgehen kann. Einige wenige von ihnen werden aber vielleicht darüber nachdenken und zu dem Entschluss kommen, dass sie sich ihr Leben nicht mehr länger unnötig schwer machen und auch ihre Kinder nicht zu Dicken erziehen wollen.

Insgesamt plaudere ich fast eine ganze Stunde mit der dicken Raphaela, während meine schlanke Freundin Verena genervt die Geduld verloren hat und shoppen gegangen ist. Ob die Seekuh zur Gazelle geworden ist, weiß ich nicht, aber mir kann man nicht vorwerfen, dass ich nicht zumindest versucht hätte einen Beitrag zur Verschönerung der Umwelt zu leisten.

Smalltalk-Boykott

Beim Smalltalk handelt es sich um eine salonfähige „beiläufige Konversation ohne Tiefgang", die private Themen, ohne dass dabei echtes Interesse am Leben des Gesprächspartners bestehen würde, wie auch allgemeine, wie beispielsweise das Wetter, zum Inhalt hat. Dieses Geplänkel voller Floskeln (aus dem Lateinischen übersetzt: „Blümchen") und Plattitüden, bei dem sich die darin verwickelten Personen meist gar nicht oder nicht besonders gut kennen, wird häufig bei zufälligen Treffen, oder in wenig angenehmen beziehungsweise angespannten Situationen in Gang gesetzt, etwa um sein Desinteresse zu kaschieren oder demonstrieren, Verlegenheit zu überspielen oder eine Atmosphäre aufzulockern. Mehr leere Sprachhülsen als beim Smalltalk schwirren üblicherweise durch keinen anderen Verbalraum.

Ein besonderes Merkmal der „kleinen Unterhaltung" ist die Tatsache, dass hierarchische Strukturen bei dieser Form des Gesprächs in den Hintergrund treten und auch etwa der soziale Status dabei kaum eine Rolle spielt. Und obwohl die Inhalte dieser Art der Konversation unbedeutend sind, hat der Smalltalk einen hohen Stellenwert als gesellschaftliches Ritual – er ist sozusagen vergleichbar mit dem gegenseitigen Beschnüffeln von Hunden, wenn diese aufeinandertreffen.

Besonders interessant, weil noch dämlicher, ist in diesem Zusammenhang das Phänomen des „double bind", bei dem ein Mensch, nach seiner Befindlichkeit gefragt, beispielsweise mit abgesackten Schultern und hängenden Mundwinkeln behauptet: „Prima, vielen Dank!" Jetzt kann sich das Gegenüber aussuchen, welche Botschaft es stärker gewichten soll, die verbale oder die optische, was zumeist zur Folge haben wird, dass der Fragende sich verstört abwendet, weil er im Rahmen des Smalltalks mit dieser doppeldeutbaren Message überfordert ist.

Auch wenn es in der Literatur bereits zahlreiche Ratgeber zum Thema „Die Kunst des Smalltalks" gibt, ja sogar bereits Seminare zur Führung einer „beiläufigen Konversation ohne Tiefgang" abgehalten werden, gilt es als wissenschaftlich erwiesen, dass Menschen, die sich immer wieder in „kleinen Unterhaltungen" verlieren, unglücklicher sind als solche, die häufiger tiefgehende Gespräche führen.

So gesehen bin ich eine stets frohgemute Person, denn ich verabscheue diese oberflächliche Kommunikation, die ich für Zeitverschwendung halte, auch wenn ich sie zugegebenermaßen auch schon das eine oder andere Mal in einer Notsituation angewandt habe – und das, obwohl meine Smalltalk-Fähigkeiten äußerst unterentwickelt sind, was dann dazu führt, dass ich permanent den Inhaltsfaden verliere.

Und dann sagte ich mir eines Tages: Schluss mit uninspirierten und uninteressanten Plaudereien über den Dauerregen, die Unpünktlichkeit der öffentlichen Verkehrsmittel oder den künstlichen Darmausgang der Großmutter.

Ich entscheide mich für den soften Einstieg in meinen Smalltalk-Boykott und antworte einem mir absolut fremden Menschen, nämlich einem Taxifahrer, der mich durch die Gegend kutschiert, auf seine Frage „Und? Wie geht's?" mit der Gegenfrage: „Interessiert Sie das jetzt wirklich?" Als er bejaht, muss er sich die ganze Strecke lang eine ungeschönte Schilderung meiner Befindlichkeit anhören, wobei er sich äußerst tapfer zeigt und tatsächlich zuzuhören scheint, hin und wieder sogar andeutungsweise nickt, auch wenn sich relativ rasch relativ viele Schweißtropfen auf seiner Oberlippe sammeln. Ich glaube auch einen erleichterten Ausdruck auf seinem Gesicht zu erkennen, als ich dem Taxi entsteige, doch das kann man ihm nicht verübeln – bei so viel Information in so kurzer Zeit würden sogar einige meiner besten Freunde einen Kreislaufkollaps vortäuschen, nur um dieser Situation zu entkommen.

Auf dieselbe Frage einer jungen Frau antworte ich, bereits wesentlich mutiger, zwei Wochen später auf einer langweiligen Party, die ein sehr attraktiver Nachbar von mir veranstaltet, mit den Worten der großartigen Dorothy Parker: „Noch ein Martini und ich lieg unterm Gastgeber!" Doch die Aussicht auf Realisierung meiner Aussage hält mich nicht davon ab, kurze Zeit später, als über die braunen Grasflecken im Grün unserer Parkanlage beim Haus getratscht und über die Entstehungsgründe derselben spekuliert wird, eine Verabschiedung in den Raum zu werfen, und das mit den Worten: „Der Dackel aus Nummer sieben ist inkontinent, aber dafür kann der arme kleine Kerl ja nichts."

Ich hätte in beiden Fällen auch smalltalken können, doch dann wäre ich meinem Vorsatz untreu und selbst zur untiefen Schwaflerin geworden.

Zwei Wochen später bin ich immer noch Smalltalk-Abstinenzlerin, auch wenn es nicht immer einfach ist, Menschen davon abzubringen, dich mit minderwertiger Verbalkost zu füttern, noch dazu, wenn diese Personen, kaum, dass sie einen Gesprächspartner erblicken, im Zustand größter Mitteilungsbedürftigkeit wie ein Vulkan eruptieren und alles artikulieren, was ihnen gerade durch den Kopf schießt. Mir kommt es auch vor, als würden die Leute wirklich gern über Wetterverhältnisse und dergleichen plaudern, vielleicht weil diese gewissen Themen derart unverfänglich sind, dass es kaum zu schaffen ist, damit einen Fauxpas zu landen. Mir jedoch sollte es gelingen – wenn sich mir ein Fettnäpfchen in den Weg stellt, trete ich nicht nur, nein, ich springe mit Anlauf hinein, was Zuschauer dieser verbalartistischen Meisterleistung meist mehr bestürzt als mich selbst.

Das Verhängnis nimmt seinen Lauf, als mich ein selbsternannter Smalltalk-Guru in die Geheimnisse des Oberflächengeplänkels einweiht und mir verrät, dass man auch intelligent belanglos plaudern kann, beispielsweise indem man historische Anekdoten zum Besten gibt oder mit anderem Wissen brilliert, ohne dabei den Eindruck zu erwecken, als wollte man darüber diskutieren oder würde einen Widerspruch dulden, sollte man sich irren.

Als ich Stunden später daraufhin einer Dame mit Hund bei der Bushaltestelle, die mir stolz von den Kunststücken ihres Lieblings berichtet, erkläre, dass ihr Vierbeiner aussieht wie ein Labradoodle, beschimpft sie mich als Tierhasserin (sie wusste wahrscheinlich nicht, dass diese Rasse tatsächlich existiert, und wollte das, hatte ich den Eindruck, auch gar nicht erfahren), und auch meine humorig angelegte Erzählung über Haydns geklauten Schädel beim Talk mit einer Exarbeitskollegin, der ich zufällig auf der Straße in die Arme laufe, stößt nicht wirklich auf Anklang.

Besonders schlimm trifft mein Boykott jedoch vermutlich den älteren Herrn, der mich in einem Wiener Kaffeehaus, in das ich vor einem plötzlich vom Himmel fallenden Regenschwall geflüchtet bin, anplaudert und mich darüber aufklärt, dass der Regen nach der langen Hitzeperiode gut und wichtig für die Bauern und ihre Ernte sei. Ich höre ihm zwei Minuten lang zu und nicke verstehend, dann frage ich mit einfältigem Gesichtsausdruck: „Was kommt beim Gewitter zuerst: der Blitz oder der Donner?" Entgeistert sieht mich der Mann an und beginnt zu stottern: „Äh ... Moment ... na ja, ... also ...", woraufhin ich ihm helfe: „Ist wahrscheinlich wie beim Fernseher, der Ton ist zuerst da!" Dankbar lächelnd nickt der Alte, ruft den Kellner, bezahlt und verlässt das Lokal – trotz Unwetter. Ich hoffe nur, er gibt sein neuerworbenes Wissen nicht ungefiltert an seine Enkelkinder weiter. Aber wie sagt man so schön: check, re-check, double-check, und das kann er jetzt, während er durch das Gewitter nach Hause geht, ja gleich mal machen.

Guter alter Smalltalk, ich vermisse dich trotz einiger Missverständnisse und gelegentlicher Fettnapftreter nicht – denn ohne deine Anwesenheit macht die Kommunikation mit anderen Menschen gleich so viel mehr Spaß.

Aber jetzt schnell

Wird eine Frau verbal schief von der Seite angegriffen (etwa vom Partner, von ihrem Chef, von einem Fremden, …), muss es schnell gehen mit einer passenden, humorig-frechen Bemerkung – sie sollte in jeder Situation spontan „um keine Antwort verlegen" sein, was auch als Schlagfertigkeit bezeichnet wird. Diese Fähigkeit, auf unvorhergesehene Ereignisse, blöde Sprüche oder provokante Fragen sprachlich raschest möglichst witzig und zugleich geistreich oder zumindest souverän zu reagieren und sich damit zur Wehr zu setzen, ist Menschen zwar teilweise in die Wiege gelegt worden, kann aber auch antrainiert werden. Ist eine Frau schlagfertig, wird sie auch als durchsetzungsstark charakterisiert als eine Person, die sich nichts gefallen lässt und ihren Angreifer, wenn sie es darauf anlegt, selbst in einem schlechten Licht erscheinen lassen kann. Dasselbe gilt natürlich auch für Männer, auch wenn diese die Grenze zwischen Schlagfertigkeit und aggressiver Brachial-re-rhetorik häufiger überschreiten, als ein betrunkener Autofahrer über die Sperrlinie driftet, und dabei öfter den Gong überhören als ein Boxer im Blutrausch.

Etwa seit 1995 fühlen sich zahlreiche Sprachtrainer dazu berufen, verbal unbeholfenen oder auf die sprachliche „Ohrfeige" zu langsam reagierenden Menschen Schlagfertigkeit zu lehren, es gibt sogar Seminare mit den Inhalten „provokative Rhetorik" oder „Power Talking", zusätzlich ist bereits jede Menge Ratgeberliteratur zu diesem Thema am Buchmarkt erhältlich.

Gut pariert wird allerdings oft auch als „unangemessen böse Reaktion" interpretiert, nämlich dann, wenn sich eine ansonsten „nette Frau" plötzlich gebärdet wie eine, zumindest in den Augen der Verbalschwächlinge, zickige Tussi, nur weil sie gekonnt kontert, weil sie es satt hat, auf unvorhergesehene Ereignisse, blöde Sprüche oder provokante Fragen wie ein Liebkind zu reagieren. Die ganz Schüchternen und rhetorisch eher untalentierten weiblichen Personen hingegen meiden die Gesellschaft und vor allem die Konversation mit jenen Menschen, die verbal unberechenbar sind oder gerne Späße auf Kosten anderer machen, ziehen sich sogar teilweise gänzlich aus diesen Kreisen zurück, um dem Schicksal, bloßgestellt zu werden, ohne sich angemessen verteidigen zu können, zu entgehen, und versuchen sprachlich nur noch auf sicherem Terrain zu agieren.

Zur Stärkung des Selbstbewusstseins für alle Frauen, die nur noch mit den Leuten sprechen, die im kommunikativen Bereich für sie keine Gefahr darstellen, folgend ein paar Anhaltspunkte, wie man Schlagfertigkeit üben kann, denn Humor, Lockerheit und Ungezwungenheit lassen sich tatsächlich lernen.

Der erste Schritt ist das Ablegen der Hemmungen – brave Frauen sind langweilig, das sollten Sie jetzt bereits verinnerlicht haben, und es ist allemal besser, Menschen mit einer pfiffigen Antwort zu überraschen, als sie mit einer beleidigten oder verlegenen Reaktion zu fadisieren. Der zweite Schritt ist der, darauf zu pfeifen, was andere Leute über Sie denken – auch wenn es bei einigen Personen tatsächlich wichtig ist, was sie von Ihnen halten (meist bei solchen, von denen Sie noch etwas wollen oder brauchen), aber auch die finden es ohnehin spannender … siehe Schritt eins.

Der dritte Schritt ist bereits der ins Trainingslager: Besorgen Sie sich Bücher, Zeitschriften, DVDs und dergleichen, in welchen schlagfertige Menschen zu Wort kommen, und kupfern Sie einfach deren Witze ab – allerdings sollten diese individualisiert werden. Es kann äußerst peinlich sein, wenn man beispielsweise mit dem Konterspruch eines bekannten Kabarettisten auf die blöde Anmache eines Fans gerade dieses Künstlers reagiert. Versuchen Sie außerdem absurde Sprüche als Antwort auf blöde Fragen zu konstruieren, wann immer es Ihre Zeit zulässt (merken sollte man sich diese dann natürlich auch noch).

Natürlich kann man sich nach einem verbalen Seitenhieb auch konfliktscheu umdrehen und gehen oder sich einen anderen Gesprächspartner suchen, aber das könnte den Anschein erwecken, man wäre humorlos oder unbeholfen, zumindest aber hieße es, man würde die „beleidigte Leberwurst" spielen, auch wenn man selbst das Gefühl hat, man stünde über den Dingen und müsste sich mit Idioten, die einen verbal in den Hintern treten, gar nicht erst abgeben.

Entscheidend bei der Schlagfertigkeit ist der Wille, sich zur Wehr zu setzen, ebenso die Demonstration dieses Vorhabens. Es wird also allemal besser bei den Mitmenschen ankommen, wenn Sie überhaupt irgendetwas sagen und „Kontra geben", als einfach nur zu schweigen, selbst wenn der Konter (vorerst noch) wenig originell ausfällt und vielleicht (anfänglich noch) gestelzt und konstruiert wirkt.

Nach den vorangegangenen drei Schritten nun ein paar Strategien und Beispiele:
– Absichtlich falsch verstehen/eventuell mit zeitgleicher Bestätigung
  Eine Freundin fragt in Anspielung auf Ihre paar Kilos zu viel auf den Rippen boshaft: „Was kompensierst du mit dem ständigen Essen eigentlich?"
  Antwort: „Wahrscheinlich kondensiere ich momentan deshalb so schnell, weil ich ein bisschen zugenommen habe."
– Akzeptieren und nachhaken
  Jemand will Sie dumm dastehen lassen, gibt mit seinem Wissen an und fragt: „Was? Davon haben Sie noch nie etwas gehört?"

Antwort: „Auch wenn Sie viel hören – Sie haben auch wirklich bemerkenswert große Ohren –, wette ich, es gibt vieles, von dem Sie noch nichts gehört haben. Oder?"
– Andere dumm dastehen lassen
Jemand sagt zu Ihnen: „Ich kann mir nicht vorstellen, wie Sie das bewerkstelligen wollen."
Antwort: „Fragen macht klug!"
– Andere in Verlegenheit bringen (natürlich nur die, die es auch verdient haben)
Ein Bekannter von Ihnen prahlt: „Ich habe mir den neuen Mercedes gekauft!"
Antwort: „Warum hast du mir denn nicht gesagt, dass es finanziell schon so schlecht um dich steht?"
– Ball zurückspielen
Ihr Chef meint bedauernd: „Diesen Vortrag haben Sie vermasselt."
Antwort: „Und wie sieht Ihrer Meinung nach ein unvermasselter Vortrag aus?"
– Beweis fordern
Ein Freund behauptet beim gemeinsamen Fortgehen: „Frauen werden älter, Männer interessanter."
Antwort: „Zeig mir einen interessanten Mann in diesem Lokal und beweise mir, dass es so etwas überhaupt gibt."
– Bewusst falsch interpretieren
Ihre Mutter seufzt: „Kind, du musst dich endlich fest binden."
Antwort: „Ach Mama, auf solche Sexspielchen steh ich einfach nicht."
– Bösen Vergleich anstellen
Ein „lieber" Bekannter Ihres Partners stellt bei einer Einladung in Ihr Heim fest: „Euer Haus ist aber in einem schlechten Zustand."
Antwort: „So wie deine Ehe!"

- Dankbarkeit heucheln
  Eine Freundin weist Sie lautstark vor versammelter Mannschaft darauf hin, dass Sie mit dem Make-up übertrieben hätten: „Du bist viel zu stark geschminkt und siehst aus wie ein Clown."
  Antwort: „Das ist ja sooooo lieb von dir, dass du mir das sagst, wie kann ich dir dafür nur danken? Du bist ja sooo eine gute Freundin!"
- Dumm stellen
  Sie sitzen in der Bar und Ihr Gesprächspartner behauptet: „Du bist aber auch nicht mehr ganz nüchtern."
  Antwort: Sie zeigen auf sein Bier und antworten: „Darf ich von dir einen Schluck Milch trinken?"
- Entkräften durch Zurückgeben bei Pauschalisierung
  Jemand, der Tiere nicht mag, sagt: „Katzen sind dumm."
  Antwort: „Dann müsstest du ja eine Katze sein".
- Hoppala selbst ausschlachten (bevor es ein anderer tut)
  Wenn Sie sich versprechen oder in ein zweideutiges Fettnäpfchen treten, nicht humorlos korrigieren oder peinlich berührt hüsteln, sondern mit dem Hoppala spielen und sich selbst charmant auf die Schaufel nehmen.
  Sie sagen: „Mein Mann hat gestern ein langes Rohr verlegt", lachen und fahren fort: „Genau, und jetzt war gerade mein größter Wunsch Vater des Gedankens."
- In Richtung Gegenteil übertreiben
  Ihr Chef bittet Sie zu einem Gespräch und teilt Ihnen mit: „So geht das nicht weiter, Sie kommen einmal pro Woche zu spät zur Arbeit."
  Antwort (natürlich nur dann, wenn Sie ohnehin mit dem Gedanken spielen, den Job zu wechseln): „Echt? Ich dachte eigentlich, ich wäre jeden Tag zu spät dran."

- Mit bangloser Aussage entkräften
  Stolz berichtet ein entfernt Bekannter auf einer Party: „Ich werde mir bald eine Villa in der besten Gegend kaufen."
  Antwort: „Wenn du dir auch einen Hund zulegst, könntest du die Hundehütte violett streichen."
- Negatives in Positives umwandeln
  Ein Freund bemerkt abwertend: „Du wirst nie Karriere machen."
  Antwort: „Super, dann kann ich öfter faulenzen und Bier trinken."
- Recht geben
  Ein Kunde wirft Ihnen vor: „Sie wollen mir doch nur Geld aus der Tasche ziehen."
  Antwort: „Na klar, dachten Sie, ich wünsche mir als Bezahlung einen feuchten Händedruck?"
- Scheinbar um Hilfe bitten
  Sie sind Vegetarierin und jemand spottet: „Vegetarier sind zu dumm zum Jagen."
  Antwort: „Nimmst du mich mal mit auf die Jagd und zeigst mir, wie es geht?"
- Selbstbewusst Schuld zurückweisen
  Ihr Chef behauptet: „Sie haben das nicht richtig umgesetzt, was ich Ihnen gesagt habe."
  Antwort: „Das ist Ihre Meinung." Danach umdrehen und gehen.
- Suggestiv fragen und Antwort einfordern
  Ihre Arbeitskollegin meckert: „Sie sind langsam wie eine Schnecke!"
  Antwort: „Wäre es Ihnen lieber, ich würde wie Speedy Gonzales herumsausen, auch wenn ich dabei ständig etwas vergesse, weil ich einfach nur schnell sein will?"

- Unerwartet und eventuell sogar übertrieben zustimmen
  Ihre Freundin stellt fest: „Du hast heute wohl einen Bad-hair-day!"
  Antwort: „Ja, nicht wahr? Ich sehe aus, als hätte ich meine Mähne mit dem Staubsauger geföhnt."
- Unsinniges und maßloses Übertreiben
  Jemand, der Sie schon länger nicht gesehen hat, begrüßt Sie mit den Worten: „Du siehst aber gar nicht gut aus!"
  Antwort (im Idealfall mit sehr trauriger Miene): „Ich bin gestern gestorben, du sprichst gerade mit meinem Geist."
- Unterbrechen
  Jemand, der gerne aufschneidet, erzählt eine dumme Geschichte, die ganz offensichtlich nicht stimmt. Sie unterbrechen mit dem Ruf: „Wandersage!"
- Zustimmen und Erklärung nachschieben
  Ein Fremder ist verärgert und schimpft: „Sie können offensichtlich nicht lesen!"
  Antwort: „Sie haben recht, mir sind tatsächlich heute morgen meine Kontaktlinsen ins Müsli gefallen."

Es kostet anfangs mit Sicherheit ein wenig Überwindung, so unerwartet für andere zu reagieren, doch mit der Zeit macht es unglaublichen Spaß, die Menschen zu verblüffen, zu schockieren und vor allem – ihnen den Wind aus den Segeln zu nehmen.

Wer schön sein will, ...

Wer schön sein will, muss leiden – heißt es.

Das wusste man schon Anfang des 20. Jahrhunderts, wie in „Spemanns goldenem Buch der Sitte – Eine Hauskunde für Jedermann" vermerkt wurde: „Wer da aber schön sein will, muß Schmerzen leiden, das ist eine alte Geschichte."

Noch früher, nämlich Mitte des 19. Jahrhunderts, schrieb Karl F. Wander in seinem „Deutschen Sprichwörter-Lexikon": „Wer schön will sein, der leide Pein", und ersparte dem Leser von damals auch nicht die frauenfeindliche Version: „Wer schön will scheinen, den schmerzt die Haut am Arsche wie am Haupt (will sagen: vom vielen Sitzen, Nähen und Kämmen)."

Doch die entscheidenden Fragen, die sich hier aufdrängen, sind doch: Wie sehr müssen wir Frauen leiden, dürfen wir uns dagegen auch wehren und wen können wir für die Qualen verantwortlich machen?

Ich möchte mich endlich einmal eine Woche lang völlig gehen lassen, verweigere meinem Körper die Rasur, lebe außerdem das Motto „Freiheit für den Busen" und trage keinen BH. Das mache ich keineswegs, um zu einem Gegen-den-Strom-Schwimmer zu werden – ich befinde mich zum Glück nicht in dem trügerischen und auch irgendwie bemitleidenswerten Glauben, nur dann Beachtung zu finden, wenn ich anders bin als die anderen –, sondern weil ich die Zeit, die ich mit Enthaaren verbringe, sinnvoller zu nutzen gedenke, und meinen Busen einmal nicht einsperren, sondern frei hängen lassen will – und da ich Gott sei Dank weder über eine ausgeprägte Affenbehaarung, die sich pelzig in alle Richtungen verbreitet, noch über ausgeleierte Fleischlappen an meiner Frontseite verfüge, die bis zum Bauchnabel baumeln, besteht optisch kaum ein Unterschied zu vorher.

Ich bemerke allerdings rasch, dass ich trotz der geringen Auffälligkeit für meine Freunde als nicht mehr so richtig sozial kompatibel gelte, was sich darin zeigt, dass sie sich nicht mehr mit mir in der Öffentlichkeit zeigen wollen, selbst dann nicht, als ich verspreche ein weites Shirt und Hosen zu tragen.

Daher beschließe ich das Experiment zu beenden – man muss schließlich Prioritäten setzen – und entscheide mich stattdessen für einen Wellnesstag inklusive Friseurbesuch zwecks ansatzweiser optischer Verjüngung, denn: Man ist nicht so alt, wie man sich fühlt, sondern so alt, wie man aussieht.

Zuerst klappt das auch, ich erhalte eine Massage mit Message, nämlich der, dass mein Nacken härter sei als Stein und ich mich mehr bewegen und nicht so viel vor dem Computer sitzen solle (Aber hat den Masseur jemand nach seiner Meinung gefragt? Ich sicher nicht!), danach eine Gesichtsbehandlung, bei der ich das Augenbrauenzupfen verweigere, und besuche zuletzt ein Hamam, in dem ich zuerst alles Mögliche ausschwitze und danach mit Schaumbällen beworfen werde.

Und jetzt ist das Haupthaar an der Reihe! Einen guten Friseur, der die kopfeigenen Individualitäten seiner Kunden – beispielsweise so etwas Lästiges wie einen Wirbel am Hinterkopf, der bei Missachtung und Nichtmiteinbeziehung in einen Kurzhaarschnitt rasch zur Tonsur werden kann – auf einen geschulten Blick erkennt und damit technisch umzugehen in der Lage ist, findet frau bekanntermaßen ebenso schwer wie einen einfühlsamen Dentisten, der auf Zahnarztphobiker ebenso viel Rücksicht nimmt wie auf beißende Kleinkinder.

Tragischerweise ist der Laden meines Haus- und Hoffriseurs der Pensionierung des Chefs zum Opfer gefallen, was mir kurzfristig die Haare zu Berge stehen lässt, als ich es erfahre. Ich befinde mich nun also in der frauenfeindlichen Situation, mir einen neuen Mähnenbändiger suchen zu müssen, obwohl ich diese Tatsache mit dem Anflug einer Erwachsenenvariante infantilen Verhaltens vorerst ausblende.

Doch heute, als ich meinen Wellnesstag vervollständigen und auch feststellen muss, dass meine Haare regelmäßig in der Nacht ohne mich eine Party zu feiern scheinen und aufgrund ihrer Überlänge deshalb ständig dementsprechend wirr vom Kopf abstehen, wird mir klar, dass sich die haarige Situation zuspitzt und ich die Suche nach einem neuen Stammsalon nicht länger hinauszögern kann.

Von einer Freundin mit einem guten Tipp ausgestattet werde ich also bei einem heimatstattlichen Downtown-Friseur vorstellig, nicht ohne den Laden vorerst ausgiebig inspiziert zu haben, um ein möglicherweise vorhandenes Haar in der Suppe zu finden. Nach erfolgloser Suche und dem stattdessen erworbenen guten Eindruck bitte ich um einen Termin bei Maria, die mir von besagter Freundin gleich mit empfohlen wurde. „Die ist seit gestern nicht mehr bei uns", bedauert die Chefin, eine falsche Blondine um die 50 mit rosa geschminkten Lippen und nasaler Stimme. Na super, haarscharf verpasst! „Aber ich würde Ihnen bei Ihrem Haar ohnehin Sabrina empfehlen", ergänzt sie und sieht mich erwartungsvoll an. „Was bitte soll das jetzt heißen: ‚Bei Ihrem Haar'?", frage ich ein wenig echauffiert nach.

Vorsicht, wer sich mit meinen Haaren anlegt, legt sich auch mit mir an! Da werde ich ganz schnell zickig, was schließlich auch mein gutes Recht ist.

„Na, ich meine, weil Sie doch … weil … ja wegen der Frisur. Die Sabrina hat sich auf kurzes Haar spezialisiert und beherrscht da ganz moderne Schnitttechniken. Das meinte ich!" Gerade noch gerettet, Fräulein, gerade noch. Ich stimme zu mich von der jungen Frau, die mir hinter der Chefin, der sie als jüngere Version fast bis aufs Haar gleicht, scheu zulächelt, bedienen zu lassen. „Gemma, Sabrina, waschen, schneiden, föhnen!", quiekt die Nasale, die im Umgang mit ihrem Personal ordentlich Haare auf den Zähnen zu haben scheint und noch dazu auf jedem Beißerchen offensichtlich eine andere Frisur trägt.

Sabrina geleitet mich, immer noch lächelnd, zu einem Platz und legt auch sofort los – und mir ist relativ rasch klar, dass hinter mir keine Meisterin ihres Fachs handwerkt. Beim Waschen werden meine Ohren so gut bewässert, dass ich bereits Angst bekomme, es würden Blumen zu sprießen beginnen, danach krault Sabrina meine Kopfhaut, als befände sie sich im Streichelzoo bei den Babytieren, und zuletzt spült die junge Frisörin mit einem Schuss eiskaltem Wasser, wovon das meiste nicht auf meinem Kopf, sondern in meinem Kragen landet.

Nun werde ich bereits ein wenig fuchtig und weise die Friseurin darauf hin, dass mir der nasse Kragen gleich platzen würde, was sie murmelnd zur Kenntnis nimmt – keine Ahnung, ob es sich bei dem Genuschel um eine Entschuldigung oder um einen Fluch handelt.

Voller Verständnis hätte ich die Patzer stoisch übergehen können, während kleine Rinnsale über meinen Rücken laufen, um keinen Demotivationsschub auszulösen oder mich schon vor dem Schneiden mit Sabrina in die Haare zu kriegen (vergleichbar mit der Situation in einem Lokal, in dem man sich keinesfalls vor dem letzten Gang über das Essen beschwert, aus Angst, der Spitzenkoch könnte, getrieben von gekränkter Eitelkeit, in die Mahlzeit spucken).

Doch wenn die Kleine ihren Job nicht beherrscht, soll sie sich bitte an Schaufensterpuppen austoben, aber nicht an mir.

„Wie hätten Sie's denn gern?", fragt mich die nun schon wieder lächelnde junge Frau. „Kürzer!" Was soll ich auch mehr sagen? Meine Haare sind nur wenige Zentimeter lang, großartige Veränderungen oder gar Experimente daher kaum möglich, weshalb jedes weitere Wort an Haarspalterei gegrenzt hätte.

Sabrina lässt sich ob meiner Kurzangebundenheit offensichtlich keine grauen Haare wachsen, nickt und beginnt mit ihrem Werk. Ich schließe die Augen, um keinen Blick auf das sich anbahnende Desaster – denn dass es eines werden würde, war mir bereits bei der Flutung meiner Ohren klar – werfen zu müssen. „Fertig!", vernehme ich etwa 15 qualvolle Minuten später die Stimme der Friseurin, hebe schweißgebadet vor Angst die Lider und ... erblicke Unaussprechliches im Spiegel, woraufhin Sabrina einem Anschlag meinerseits, bei dem ich sie an ihrer Lockenmähne durch das gesamte Geschäft schleifen würde, nur um Haaresbreite entgeht. Als die junge Frau dann auch noch, ohne meine Reaktion abzuwarten, mit dem Föhn antanzt, bitte ich um Gnade, bezahle den an den Haaren herbeigezogenen hohen Preis von 45 Euro und marschiere dann schnurstracks zur Chefin, der ich empfehle den Job zu wechseln und dort Boss zu spielen, wo man unfähige Mitarbeiter tolerieren kann, wie beispielsweise im Staatsdienst, oder zumindest ungelernte Kräfte nicht auf Kunden loszulassen.

Ich hätte die gute Frau auch in dem Glauben lassen können, dass ich vollauf zufrieden mit der Dienstleistung sei, die sie mir verkauft hat. Es wäre ebenfalls eine Option gewesen, die Inhaberin des Ladens freundlich auf die Fehler ihrer Friseurin aufmerksam zu machen und mir währenddessen bereits zu überlegen, wie ich den Fehlschnitt drei Wochen lang kaschieren könnte. Aber ich wollte Genugtuung und der Chefin, die letztendlich für die Nichtleistungen ihrer Angestellten verantwortlich ist und nett vorgebrachter Kritik garantiert nicht zugänglich gewesen wäre, die Meinung geigen.

Ich schaffe es dann sogar, den von besagter „Freundin" empfohlenen Friseurladen hoch erhobenen, obwohl verunstalteten Hauptes, ohne jemandem ein Haar zu krümmen, zu verlassen. Als ich mich auf dem Heimweg befinde, ruft die von mir bereits zur Bekannten degradierte „Freundin" an und fragt nach. Ich habe für sie nur einen Rat: „Maria ist leider nicht mehr da. Ich war bei Sabrina, die musst du das nächste Mal unbedingt auch verlangen, die ist super!"

Hollywood lässt grüßen

Es gibt im Makrokosmos Räume, in denen man sich nicht erdreisten sollte laut zu sprechen. Ebenso gibt es Umstände, in welchen man andere nervt, wenn man nicht still ist. Und dann gibt es Situationen, bei welchen die beiden erworbenen Erkenntnisse aufeinandertreffen und entscheiden müssen, ob wir, auf unsere Erfahrung zurückgreifend, vernünftig und rücksichtsvoll oder doch lieber kontrovers handeln möchten – und genau eine solche Gegebenheit findet man vor, wenn man mit Freunden ins Kino geht und sich einen schlechten Film anschaut.

Doch oft ist es kaum bis gar nicht machbar, die logikbedingten Weisheiten und den im Laufe vieler Jahre angesammelten Erfahrungsschatz für sich zu behalten, auch wenn in erwähntem konkreten Fall die Cineasten im Umfeld mit Verständnislosigkeit auf diese Mitteilsamkeit reagieren. Doch nicht nur in Worte gefasste Reaktionen sind beim Anschauen eines Filmes unerwünscht, auch Geräusche und Gesten finden meist keinen großen Anklang – schon mit dem kleinsten Schnaufer oder dem winzigsten Lacher, platziert an einer, für die Mehrheit so empfundenen, falschen Stelle, ist es möglich, sich den Unmut eines gesamten Raumes zuzuziehen.

An einem Samstagabend beschließen meine zwei Freunde Susi und Strolchi (eigentlich Susanne und Markus) ins Kino zu gehen und da auch Merlin (eigentlich Marlene) und ich, während wir in einer langweiligen Bar mit, uns ausgenommen, langweiligen Leuten sitzen, uns fadisieren und nichts Besseres mehr an diesem Abend vorhaben, schließen wir uns dem Pärchen an, um uns einen Hollywood-Liebesfilm anzusehen – wenngleich ich mir bereits zu diesem Zeitpunkt im Klaren darüber bin, auch dieses Mal wieder, wie schon mehrmals zuvor beim Konsum solcher Schnulzen mit meinen Freunden, einen Kitschkollaps zu erleiden.

Bereits im Foyer des Kinos wette ich mit meinen Freunden um drei Flaschen Bier, die ich nach dem Film sicher brauchen würde, um das Gesehene zu verarbeiten, dass ich bereits grob die Handlung des Films kenne, ohne ihn jemals gesehen zu haben, und erkläre Merlin, Susi und Strolchi sowie damit auch den umstehenden auf Einlass wartenden Personen, dass es gleich folgendermaßen ablaufen würde: Mann gewinnt Frau, Mann verliert Frau, Mann gewinnt Frau wieder oder umgekehrt, mit einer Verfolgung am Ende des Films bis zum Liebesgeständnis beziehungsweise zur Versöhnung am Bahnhof oder Flughafen, wobei auf der Fahrt dahin das Auto nicht anspringt oder das Taxi im Stau steht. „Und vorher wird einer von beiden nach einer gemeinsam verbrachten Nacht auf den leeren Platz neben sich im Bett greifen und feststellen, dass der andere dort nicht mehr liegt", erkläre ich siegessicher. Während Susi mich wortlos mit einem derangierten Lächeln beschenkt und sich Strolchi peinlich berührt in der Menge umsieht, nörgelt Merlin: „Du hast mir schon ‚Titanic' versaut, als du gespottet und gelacht hast, während die anderen weinten. Jetzt lästerst du schon vor dem Film, das ist neu."

Aber ich sage nur die Wahrheit und wüsste nicht, warum ich etwas beschönigen sollte, wo es nichts zu beschönigen gibt. Und irgendwie muss ich ja meinen Frust ob der hollywoodschen Einfallslosigkeit loswerden, und mein Unverständnis darüber, dass man davon auch noch begeistert sein kann.

Ich bin in Fahrt und erläutere die Unterschiede zu Liebesschnulzen anderer Nationen: „Bei Bollywood-Produktionen läuft es ein wenig anders ab, der Mann singt die ganze Zeit Lieder darüber, wie sehr er die Frau liebt und begehrt, es wird viel getanzt und am Ende heiraten die beiden. In Filmen aus Großbritannien müssen zwei weniger gut aussehende Menschen, häufig in Gummistiefeln, zuerst einmal ein Pferdegestüt vor dem Verkauf retten, bevor sie ein Paar werden können, in französischen Produktionen wiederum weiß er lange nicht, ob er sie überhaupt will, und es passiert eigentlich gar nichts, bis die beiden endlich Sex haben, dann aber ordentlich. Und in Liebesfilmen aus Skandinavien lieben sich Mann und Frau von Anfang an, bis einer stirbt, während es oft regnet."

Jetzt ist zumindest Merlin richtig verstimmt und brummt: „Mir ist die Lust auf Kino fast vergangen", während sich Susi und Strolchi mittlerweile bestens amüsieren. Wenige Minuten später betreten wir zu viert den Kinosaal, obwohl Merlin immer noch meckert, und nehmen in der fünften Reihe Platz. Der Film ist nett, ja, nett. Zwischendurch gibt's eine Actionszene, die mich ein wenig die Fassung verlieren lässt, obwohl ich mich ansonsten gut im Griff habe und nur selten über die dümmlichen Szenen spotte: Ein Auto verbrennt samt Fahrer, zwei Polizisten erscheinen am Tatort und einer von beiden findet eine intakte Streichholzschachtel in den rauchenden Trümmern, die einen wichtigen Hinweis auf den Täter liefert. Ich frage mich ernsthaft, wie es den Menschen im Kino gelungen ist, an dieser Stelle ernst zu bleiben, während mir ein Lachkrampf leichtes Seitenstechen und böse Blicke, besonders von Merlin, beschert.

Ich könnte an dieser Stelle auch einfach still sein und mir meinen Teil denken, nämlich dass wir diese Szene mit ziemlicher Sicherheit dem erweiterten Bewusstseinszu-

stand eines überforderten und unterbezahlten Hollywood-Drehbuchautors verdanken – aber Lachen befreit. Wobei ich mich nicht nur über die nicht entflammbare Streichholzschachtel amüsiere, sondern auch über all jene, die nichts Ungewöhnliches daran finden, dass Karton in einem brennenden Auto kein Raub der Flammen wird.

Nach dem Film gehen wir noch in eine Bar, in der ich meine erwetteten drei Flaschen Bier trinke – Mann hat Frau gewonnen, Mann hat Frau verloren, Mann konnte Frau am Flughafen, kurz vor ihrer Abreise nach Europa, noch zurückgewinnen, obwohl er zuvor mit dem Taxi im Stau stand und es fast nicht rechtzeitig geschafft hätte.

Im Promi-Talk mit C-Frauen

Unter C-Frauen versteht man Pseudo-Promidamen der Kategorie C, also weibliche Wesen, die glauben, sie seien berühmt, obwohl sie niemand kennt – außer vielleicht vom Wegschauen und Fremdschämen, wenn sie sich beispielsweise im Rahmen einer festivalen TV-Berichterstattung, etwa beim Atmosphäreneinfang am bayrischen Wiesenfest, dümmlich grinsend, und sei es auch nur für wenige Sekunden, ins Bild drängen, um ihre Befindlichkeit zu beschreiben beziehungsweise jemandem verbal ins Hinterteil zu kriechen, oder von Fernsehshows Marke „unterste Schublade", mithilfe welcher sie kurzfristig ihr Budget aufbessern, während sie sich dabei zur Lachnummer machen und ihren Ruf endgültig ruinieren.

Solche Frauen sind sich für nichts zu schade, Hauptsache, sie tauchen wenigstens hin und wieder in den Klatschreportagen auf – wie das geschieht, scheint dabei keine Rolle zu spielen, selbst wenn man für den kurzen Augenblick im Rampenlicht aus dem Nähkästchen plaudern, andere Promis beleidigen oder sogar beschimpfen muss, und das am besten medienwirksam in Tränen schwimmend.

Die meisten C-Frauen haben außerdem meist eine weitere Sache, besser gesagt ein Lebewesen, gemeinsam – nein, ich meine nicht den hochgestylten und quergeschmusten Minihund in der Handtasche, sondern einen (über eine mehr oder weniger lang dauernde Lebensabschnittspartner-Spanne hinweg) B- oder sogar A-Mann an der Seite. Wichtig ist dabei vor allem, dass diese Beziehung nicht diskret abläuft, sonst würde die C-Frau promistatusmäßig ja durch die Finger schauen. Ist der Typ abgelegt, muss sofort der nächste her oder man überbrückt die partnerlose Zeit vorerst einmal damit, den Expartner durch den Dreck zu ziehen und so viel Schmutzwäsche zu waschen, bis der Schaum jedem Interviewer bei den Ohren hinausquillt. Hat dann noch kein neuer Promimann angebissen, folgt eine Durststrecke, die man zur Not mit Lästerattacken Richtung Konkurrenz, nackten Tatsachen, echten und unechten, oder anderen Provokationen überbrücken kann. Mit viel Glück ist auch irgendwo ein Skandal in Sicht, in den man sich verwickelt. Oder man lässt sich zur Teilnahme an einer der oben erwähnten „unterste Schublade"-Shows „überreden".

Gut natürlich, wenn eine C-Frau bereits einen Manager hat, der diese gewieften Strategien zum Verbleib in der Medienwelt und somit im öffentlichen Gedächtnis entwickelt, besser, wenn diese Person ein klein bisschen mehr intelligent und dafür ein bisschen weniger schamlos ist, als sein Schützling.

Was diese weiblichen Peinlichkeiten in Person nicht durchschauen, ist, dass es nicht darauf ankommt, wie oft man auf einem Event vor der Kamera durchs Bild hüpft oder wie hartnäckig man jedem Journalisten nachpfeift, damit er einen auch nur ja nicht übersieht, sondern wie man sich in den Medien präsentiert.

Eines Tages werde ich zu einer Lesung gebeten, die eine wenig berühmte, aber bereits berühmt zu sein glaubende Wiener Autorin, Gerda, hält, die über einen mittlerweile bekannten Wiener Autor an meine Adresse gekommen ist. Da ich an diesem Tag ohnehin nach Wien muss, beschließe ich die Einladung anzunehmen. Die Lesung findet in einem jener Nobelschuppen im Zentrum Wiens statt, vor welchen mir von Haus aus graut, da ich mich lieber in „Tschumsen" (Gasthäuser, Kneipen oder Bars, die das Gegenteil von nobel sind und die Menschen aus gewissen Kreisen aufgrund des Publikums mit Vertretern jeder, wirklich jeder Gesellschaftsschicht aufgrund von Vorbehalten, die sich Richtung Intoleranz bewegen, niemals betreten würden, ebenso wenig Leute, deren Ekelgrenze sehr niedrig ist – meine Devise hingegen lautet: Solange die Gläser und die Toiletten sauber sind, fühle ich mich wohl) aufhalte als in solchen meist brechend vollen „Sehen-und-gesehen-werden-Hütten" mit ihren unbequemen Designermöbeln, den teuren Modedrinks und dem buntgedämmten Licht, das mit der Zeit psychedelische Halluzinationen hervorruft.

Nichtsdestotrotz betrete ich mutig die riesige Bar und sehe mich um. Eines muss man Gerda lassen: Sie hat Kontakte! In dem steril wirkenden Lokal tummeln sich verschiedenste Vertreter der Möchtegern-Society und zahlreiche C-Promis, darunter mein Bekannter Reinhard, der Autor, den ich auch sofort zielstrebig ansteuere, da er hier außer mir der Einzige zu sein scheint, der nicht in dieses Ambiente passt, was er durch das Tragen von gelben Hosen und einem orangefarbenen T-Shirt, beabsichtigt oder unbeabsichtigt, demonstriert. Wir plaudern eine Weile, dann beginnt die Lesung. Die Texte, die Gerda präsentiert, sind gar nicht so übel und ich taue langsam ein wenig auf, vereise aber sofort wieder, als ich die Preise auf der Getränkekarte entdecke. Wispernd, um den Rest des Publikums nicht in seiner Konzentration zu stören, bestelle ich ein erschwingliches Bier. Nach dem Vortrag verabschiede ich mich von der Autorin und halte nach Reinhard Ausschau, um auch ihm Lebewohl zu sagen. Ich entdecke meinen Bekannten in der Runde einiger langhaariger und -beiniger Modepüppchen in Glitzerfummeln, die bunte Cocktails in der einen und ihr Minihandtäschchen in der anderen Hand halten und anhimmelnd zu Reinhard aufschauen, der gerade über eines seiner liebsten Themen, die Ufologie, spricht, wie ich im Näherkommen vernehme. Ich quetsche mich an zwei penetrant nach teuren Männerdüften riechenden Anzugträgern vorbei und winke Reinhard, mit den Lippen das Wort „Tschüss" formend, zu, drehe mich um und freue mich darauf, diese Bar wieder verlassen zu können. Doch ich habe nicht mit meinem Bekannten gerechnet, welcher mich den parfumlastigen Ausdünstungen der Society-Hochnasen scheinbar noch ein wenig länger aussetzen will und mich zu sich winkt. Ich lasse mich dann auch in ein Gespräch verwickeln (und diskutiere mit meinem Bekannten über moderne Auswertungen alter Daten, den Besuch Außerirdischer auf der Erde betreffend), zu dem sich einige Minuten später noch zwei C-Frauen gesellen, die ich vom Weghören kenne. Reinhard grinst und sagt zu mir: „Denk nicht so laut!" Er kennt mich gut, doch nicht gut genug, denn beim Denken bleibt's nicht lange.

Als mich die beiden Damen nach meinem Beruf fragen, auf die Antwort „Schriftstellerin" so reagieren, als hätten sie gerade eine Fliege verschluckt, und dann auch noch allen Ernstes fragen: „Was bringt dir das, bitte? Wie willst du damit denn berühmt werden und in bessere Kreise kommen?", antworte ich freundlich lächelnd: „Indem ich ab sofort auf jede Snobparty gehe und dort so viel Klatschmaterial sammle, bis ich ein lustiges Buch über peinliche Promis schreiben kann, die keine sind, aber gerne welche wären. Wenn ich das Werk dann auch noch mit ein paar Schweinereien würze, ist das der Stoff, aus dem Bestseller gemacht sind."

Wenn ich auf diese Frage eine ernsthafte Antwort hätte geben müssen, wäre ich mir vermutlich vorgekommen, als sollte ich Marsmännchen das Stricken beibringen – das eine ist so sinnlos wie das andere.

Als ich jedoch bemerke, dass mich die beiden C-Frauen jetzt interessiert mustern und andeutungsweise sogar anerkennend nicken, bekomme ich es doch ein wenig mit der Angst zu tun und frage Reinhard, ob Botox auch das Gehirn lähmen kann, wenn es nicht korrekt verabreicht wird, was er mit einem Schulterzucken und einer kleinen Beschwichtigungsgeste beantwortet.

Mir brennt zwar noch einiges auf den Lippen, doch da ich mein Bier bereits ausgetrunken und somit nichts mehr zum Löschen habe, verpasse ich den Damen einen Klaps auf die Schulter, was sie beinahe vornüber kippen lässt – ob das vom Alkohol oder vom Silikon kommt, entzieht sich meiner Kenntnis –, rufe ein fröhliches „Ich muss leeeeiiider weg!" in die Runde und flüchte aus dem Nobelschuppen, um ihn nie wieder zu betreten.

Kleines Püppchen, freches Bübchen, …

Der Verfassungsauftrag der Gleichstellung von Frau und Mann ist noch lange nicht zufriedenstellend realisiert, vor allem im Job wird das weibliche Geschlecht nicht selten immer noch benachteiligt. Frauen sagen, es läge daran, dass sie für die Chefs, aber auch Chefinnen aufgrund einer möglichen Schwangerschaft einen zeitlich nicht kalkulierbaren Unsicherheitsfaktor darstellen, was sich im Gehalt niederschlägt, Männer begründen höhere Löhne für ihr eigenes Geschlecht mit dem Argument, dass sie früher sterben würden und daher mehr verdienen müssten. Doch nicht nur ein häufig niedrigeres Einkommen im Vergleich zu den männlichen Kollegen macht uns Frauen in der Arbeitswelt zu schaffen, ebenso ist es eine Tatsache, dass Frauen im Job weit häufiger sexuell belästigt und auch gemobbt werden als Männer. Bei der sexuellen Belästigung von Frauen sind die Täter fast ausschließlich Männer, beim Mobbing sind beide Geschlechter aktiv, in beiden Fällen handelt es sich dabei um Kollegen, die eng mit dem Opfer zusammenarbeiten, dicht gefolgt von den direkten Vorgesetzten.

Zu guter Letzt müssen sich Frauen im Arbeitsalltag außerdem mit mangelnder Anerkennung und dem Nicht-ernstgenommen-Werden herumplagen, ein Phänomen, das ebenfalls Männer wesentlich seltener trifft. Es kommt immer wieder vor, dass Chefleute männliche Kollegen, selbst wenn sie nur heiße Luft produzieren, eher loben als Frauen, selbst wenn diese besser gearbeitet haben. Das liegt vermutlich daran, dass Männer ihre heiße Luft besser verkaufen können als Frauen ihre guten Ideen und Leistungen. Doch statt dass Vorgesetzte die Bescheidenheit ihrer weiblichen Mitarbeiter würdigen und ihnen durch positives Feedback den Rücken stärken, lassen sie sich lieber von der Dampfplauderei ihrer männlichen Arbeitskräfte die Brille beschlagen. Das bedeutet letztendlich nichts anderes, als dass sich Frauen im Berufsleben immer mehr anstrengen müssen, um dasselbe zu erreichen (und häufig daran scheitern), als männliche Mitarbeiter.

Mein heiße Luft produzierender Kollege, mit der er in

regelmäßigen Abständen unser Büro verpestet, heißt Friedrich. Friedrich ist 24 Jahre alt und strebt eine Megakarriere als Topjournalist an, kompensiert seine mangelnde Größe, vermutlich nicht nur die seines Geistes und seiner Körperhöhe, mit einem an Klischeehaftigkeit nicht zu überbietenden Riesenschlitten edelster Marke, aber auch mit übertriebenem Ehrgeiz im Job, der unglücklicherweise mit geringem Können und intrigantem Verhalten einhergeht. Unser Chef lobt den jungen Mitarbeiter fast täglich für seinen tollen Einsatz am Arbeitsplatz, um, wie er sagt, dessen Selbstbewusstsein zu stärken, ohne zu registrieren, dass dieses bereits besser ausgeprägt ist als sein eigenes Machogehabe. Seine weiblichen Mitarbeiter motiviert er nämlich nur selten und kritisiert deren Berichte etwa fünf Mal häufiger als die der männlichen Kollegen, außerdem schanzt er den Redakteurinnen meist nur die langweiligen, harmlosen Geschichten zu.

Nur wenige ahnen, dass Friedrich sich gerne und wann es immer es möglich ist – neben dem Getue, dass er sich, für alle gut sichtbar, mit den Fäusten auf die Brust hämmert wie Tarzan, wenn ihm etwas gelingt – mit fremden Federn schmückt. Nicht selten handelt es sich dabei um die Daunen der Praktikantin Sandra, die dem jungen Ehrgeizling mit wegwerfender Handbewegung und einem lapidaren „Soll er, dann wandert die Story wenigstens nicht in den Papierkorb, wenn der Boss denkt, sie sei von ihm. Mich und meine Arbeit nimmt der ja sowieso nicht ernst!" stets die Lorbeeren überlässt – dabei ist diese junge Frau nicht nur fast doppelt so klug, sondern auch zwei Mal so kompetent wie Friedrich, allerdings leider nur halb so extravertiert.

Friedrich ist auch ein Meister des Tatsachenverdrehens und des Eigene-Fehler-unter-den-Tisch-Kehrens, wobei er nicht einmal vor unverschämten Lügen zurückschreckt, um zur Erreichung seiner kurz- und langfristigen Ziele andere dumm dastehen zu lassen, und sich selbst stets ins rechte Licht zu rücken weiß. Rücksichtslos drängt und schubst er alle so lange beiseite, bis sämtliche Kollegen am Rand ungewollt Spalier stehen, damit er stets ungehindert zum Chef schreiten und sich loben lassen kann.

Mich kann Friedrich nicht leiden, vielleicht deshalb, weil ich immer eine bestimmte Melodie pfeife, wenn er in meiner Nähe ist, manchmal singe ich das Lied auch, meist die dritte Strophe: „Kleines Püppchen, freches Bübchen, du träumst von Freiheit und vom Ruhm, vom Reichtum und vom Heldentum, mein Freund, warum?"

Natürlich weiß Friedrich genau, dass ich damit auf ihn und auf seine Lügen anspiele, die er ständig über Kollegen verbreitet und bevorzugt dem Chef auftischt – aber man wird doch wohl noch ein bekanntes Kinderlied pfeifen oder singen dürfen. Dass in solchen Momenten alle über den Trottel lachen außer unserem Vorgesetzten, denn der hat bis heute nicht begriffen, warum ich jedes Mal, wenn Friedrich an mir vorbeigeht, zu trällern beginne, lässt mich dabei völlig kalt.

Natürlich könnte ich dem Knaben auch einfach nur die Meinung sagen, aufgrund der aufgestauten Emotionen sicher nicht leise, ihm also direkt ins Gesicht brüllen, dass er ein verdammter Lügner ist und ich ihn verachte. Dabei würde ich mir allerdings den Ruf der hysterischen Redaktionszicke einhandeln, die nicht mit der Tatsache zurechtkommt, dass ein jüngerer Kollege mehr Anerkennung vom Chef bekommt als sie selbst und eifersüchtig auf den Emporkömmling ist. Zumindest die Männer, inklusive meines Chefs, dem mein Wutausbruch sicher zu Ohren käme, entweder direkt während der Aktion oder später aus Friedrichs Mund, hätten dann keinerlei Respekt mehr für mich übrig. Die Frauen wären vermut-

lich nur verschreckt und würden harmonisierend eingreifen und den Streit schlichten wollen. Somit ist in diesem Fall die direkte Art der Auseinandersetzung keine echte Option.

Sandra zeigt sich unbelehrbar und akzeptiert auch weiterhin Friedrichs Namen unter ihren Artikeln, eine andere Kollegin, Christine, beschwert sich, weil der ehrgeizige Kollege erzählt, sie hätte ein Verhältnis mit unserem Bürgermeister, und Ursula stellt mich zur Rede, weil ich angeblich gesagt hätte, sie sei ein Mauerblümchen – dabei habe ich das stets nur gedacht und nie laut ausgesprochen, einfach deshalb, weil sie mit dem Chef schläft. Leider traut sie sich nicht ihre Sonderstellung, nach einer Sonderstellung beim Schäferstündchen mit dem Chef, auszunutzen und diesen auf Friedrich und seine Lügen und Intrigen anzusprechen.

Genug ist genug, denke ich eines Tages und überlege, wie ich den dampfplaudernden Pinocchio eliminieren könnte.

Eine andere Möglichkeit wäre, dem Boss meine Meinung zu sagen, nämlich über seine Missachtung der weiblichen Arbeitsleistung, wobei ich ihm in einem Aufwaschen die rosa Brille, durch die er Friedrich sieht, aus dem Gesicht reißen würde. Doch ich bin weder jobmüde noch eine Petze, daher kommt auch diese Vorgehensweise nicht in Frage.

Es bleibt mir also keine andere Wahl: Ich verbünde mich mit meinen drei Kolleginnen, um Friedrich eine Falle zu stellen – die restlichen Männer der Redaktion weihen wir in unseren Plan allerdings nicht ein, da wir befürchten, dass die Solidarität mit dem eigenen Geschlecht Oberhand über die Schadenfreude gewinnen könnte.

Zuerst marschiert Christine zu Friedrich und lädt ihn auf ein Versöhnungsbier nach Redaktionsschluss ein, was der Trottel, ohne Verdacht zu schöpfen, mit einem „Wenn sich eine schöne Frau bei mir entschuldigen will, kann ich doch nicht ablehnen" annimmt und dabei beinahe die Bluse meiner Kollegin vollsabbert. Abends werden aus dem einen Bier vier und Christine gesteht Friedrich scheinbar angetrunken – was sie als geeichte Exfrau eines Kneipenwirts nicht ist –, dass sie tatsächlich mit dem Bürgermeister liiert sei, der ihr redselig im Laufe einer heißen Nacht von einer streng geheimen Investition in ein unsauberes Projekt erzählt hätte.

Am nächsten Tag verschwindet unser männlicher Kollege, wie von uns angenommen, nach Arbeitsbeginn bei Sandra im Büro, die er mit der Recherche über den Skandal, den sie aufdecken darf, betraut. Die Praktikantin macht sich dann auch sofort auf den Weg zu den von Friedrich genannten Informanten, natürlich nur offiziell, inoffiziell setzt sie sich drei Stunden ins Kaffeehaus und tippt am Nachmittag den Artikel, den sie Friedrich zwei Stunden später überreicht. Dieser läuft auch sofort mit stolzgeschwellter Brust zum Chef, um ihn über die unglaublichen Machenschaften im Rathaus zu informieren und mit dem Bericht zu protzen, den er dank seiner guten Quellen bereits komplett ausrecherchiert und natürlich auch schon fertig verfasst hätte, um ihn absegnen zu lassen.

Was Friedrich nicht weiß, ist, dass unser Vorgesetzter ein guter Freund des Bürgermeisters ist und der Artikel, den Friedrich wie geplant im Eifer des Gefechts vorher nicht einmal durchgelesen hat, vor absurden Behauptungen, die jeglicher Glaubwürdigkeit entbehren, nur so wimmelt. Als unserem Boss die Worte fehlen, während sich das Entsetzen in seinem Gesicht breitmacht, betritt Ursula, welche die Entwicklung der Ereignisse durch die Glastüre des Büros beobachtet hat, den Raum und sagt: „Du bist gefeuert!", und fügt mit einem Seitenblick auf den Chef hinzu: „Stimmt's, Schatz?" Der Schatz kann nur noch überrumpelt nicken und Friedrich darf sein Köfferchen packen.

Zum Abschied pfeifen wir ihm ein kleines Liedchen: „Kleines Püppchen, freches Bübchen, du träumst von Freiheit und vom Ruhm, vom Reichtum und vom Heldentum, mein Freund, warum?"

Venusianerinnen und Aliens

Frauen kommen von der Venus, Männer sind Aliens.

Es ist einfach so, die beiden Geschlechter leben in zwei verschiedenen Welten, wobei Frauen auf ihrem Planeten gerne räumlich und persönlich fest gebunden sind, während Männer lieber in fremde Galaxien ausschwärmen – was womöglich immer noch auf die Lebensweise unserer Vorfahren zurückzuführen ist: Damals haben die Frauen in den Höhlen das Feuer und die Kinder bewacht, während die Männer auf Beutefang gegangen (oder in fremde Höhlen geschlichen) sind.

Natürlich gestalten moderne Menschen ihr Dasein unabhängig von diesen urzeitlichen Gepflogenheiten, auch wenn genau die meiner Meinung nach für die heute nicht mehr räumliche, sondern eher geistige Distanz und daher ebenso für die ständigen Miss- und Unverständnisse zwischen Frau und Mann verantwortlich sind.

Nehmen wir zwei die Geschlechter unterscheidende und oft zitierte Wesensmerkmale in Situationen, wie sie oft vorkommen:

Männer haben einen besser ausgeprägten Orientierungssinn, sind aber negativ-multitaskingfähig (weil sie immer viel unterwegs und meist nur auf eine einzige Sache fixiert waren). Das bedeutet im Alltag: Sie finden auch in einer fremden Stadt sofort zum Supermarkt, vergessen dann aber drei Sachen, wenn sie vier einkaufen sollten. Frauen hingegen müssen drei Mal nach dem Weg zum Supermarkt fragen, können dann aber während des Einkaufs mit der besten Freundin telefonieren und währenddessen darüber nachdenken, ob das Geld noch für das tolle Kleid reichen würde, das sie nebenan im Schaufenster erblickt haben (weil sie stets ortsgebunden waren, dafür jede Menge gleichzeitig zu tun hatten).

Darüber hinaus sind Männer lösungs- und Frauen verbesserungsorientiert (weil Männer die Herausforderung „Hunger → Mammut jagen und erlegen = Futter" zu bewältigen hatten, was heute, ersetzt man „Mammut jagen und erlegen" durch „Steak auf den Grill schmeißen" übrigens nicht anders ist als damals, und Frauen den gesamten Haushalt managen mussten und sich die Arbeit durch Handgriffersparnisse erleichtern konnten – was heute ebenfalls nicht anders ist als damals). Während sich also Männer in dem konkreten Beispiel eine Ausrede einfallen lassen, warum sie diverse Sachen beim Einkaufen vergessen haben, werden die Frauen überlegen, wie man den Weg zum Supermarkt besser ausschildern könnte, damit ihn auch jeder auf Anhieb findet. Zeitgleich denken sie bereits darüber nach, was die Freundin an sich ändern müsste, damit sie endlich an den Richtigen geraten würde und dass es sinnvoll wäre, das Kleid ein wenig zu kürzen, damit ihre Beine noch besser zur Geltung kämen.

Und das sind nur zwei Beispiele von vielen, die zeigen, dass es Männer und Frauen in einer Zeit, in welcher der menschliche Geist offener und weiter ist als jemals zuvor, noch schwerer haben, sich irgendwo in der Mitte zu treffen (besser noch: auf der Venus, da Frauen gerne an Ort und Stelle verweilen und sowieso nicht leicht irgendwo anders hinfinden).

Es steht allerdings auch fest, dass viele Verallgemeinerungen, Frauen betreffend, längst als Vorurteil enttarnt wurden – zumeist handelt es sich um von Männern erfundene und an Geschlechtsgenossen und männliche Nachkommen mit ebensolch kleinem Denkradius kolportierte Klischees, die dazu dienen, die „Überlegenheit des starken Geschlechts" zu festigen und ihre Stellung im zwischengeschlechtlichen Machtspiel zu verteidigen. Frauen wiederum neigen dazu, mithilfe der Vorurteile gegenüber Männern die „Fehler" ihrer Partner zu entschuldigen: „Er kann nichts dafür, dass er meine Traurigkeit erst erkennt, wenn meine Tränen die Wohnung fast überfluten oder in sein Bier tröpfeln – Männer sind nun einmal emotionale Krüppel."

Es ist jedenfalls nicht verwunderlich, dass eine willkürlich hergenommene Situation, einmal aus der Sicht der Frau, das andere Mal aus der Sicht des Mannes beschrieben, so klingt, als würde es sich um einen völlig anderen Sachverhalt handeln. Auch wenn man beide Geschlechter darum bittet, sich eine Meinung zu einem bestimmten Thema zu bilden, wird nur selten ein grüner Zweig dabei herauskommen.

Doch dieser Zweig ist auch nicht zwingend notwendig dafür, dass sich Venusianerinnen und Aliens ineinander verlieben und/oder überirdischen Sex haben (der allerdings, glaubt man den Schilderungen zahlreicher Paare, immer unterirdischer wird, je weniger verliebt oder je länger man zusammen ist).

Die Geschichten des nachfolgenden Kapitels, das deshalb etwas länger ist als die anderen, weil es über Venusianerinnen und Aliens einfach mehr zu erzählen gibt, handeln einerseits von den weiblichen Gedanken zu Themen, die sich auf Männer beziehen, andererseits von der interstellaren geistigen und/oder körperlichen Beziehung zwischen den Geschlechtern und den daraus resultierenden Konflikten.

Jeder Frau ihren Eumel

Während ein Mann nach seiner Traumfrau sucht, nach einem Model, das ihm alle Wünsche erfüllt und gleich gut mit Töpfen wie auch mit seinen gesellschaftlichen, sexuellen und emotionalen Bedürfnissen umgehen kann, einer perfekten Kumpeline, Partnerin und Mutter, die ihm ein Leben lang treu ist, weil sie nie wieder ohne ihn sein möchte, vertreibt er sich die Zwischenzeit häufig mit Karrieresprüngen und Betthupferln. Eine Frau hingegen träumt vom ritterlichen Prinzen, von dem sie gefunden zu werden wünscht, und hofft, dass er sich nicht schon drei Monate später als Kröte entpuppt.

Mit dem Singledasein kommen die meisten Frauen allerdings viel besser zurecht als jeder Mann, sie gustieren in dieser Zeit des Alleineseins gerne und wählen Bewerber um ihr Herz mit Bedacht aus. Männer hingegen nehmen fast alles, was ins Beuteschema passt und Bereitschaft zeigt, weil das Alleineleben keinen Spaß macht, ebenso wenig wie das Kochen und Putzen.

Allerdings entscheiden sich viele Frauen, während sie auf den einzig Richtigen warten, auch dafür, andere Männer in irgendeiner Art und Weise an sich zu binden, um ihnen bei Erscheinen des ritterlichen Prinzen gezwungenermaßen das Herz zu brechen. Und in diesem Zusammenhang gibt es eine ganz bestimmte Art von maskulinem Wesen, für das keine Bezeichnung existiert – ich habe eine gefunden: Eumel.

Dieses Wort scheint allerdings nur in Deutschland gebräuchlich zu sein, dort versteht man darunter laut Wikipedia „einen despektierlich humorvollen Ausdruck für eine liebenswürdige Person, die sich etwas dumm angestellt hat", beziehungsweise gab es in den 1970ern auch Zeichentrickwerbefiguren, die „Eume" genannt wurden, es handelte sich dabei um die „Gardinenschädlinge" von Hoffmanns Stärkefabriken.

Der Wunsch nach einer offiziellen Integration des Wortes „Eumel" in den österreichischen Sprachgebrauch beginnt damit, dass ich nach einer erst vor Kurzem beendeten Beziehung nicht alleine in das beginnende Wochenende hinein feiern, einsam in meinem Stammlokal in der Sitzgarnitur im Eck hängen, einen Cocktail namens „Betrunkener Matrose" schlürfen und einen auf „Ich bin gerne Single und habe kein Problem damit, auch alleine wegzugehen" machen möchte. So etwas endet bei mir nämlich im schlimmsten Fall der Fälle damit, dass ich an der Bar lehne, inmitten einiger von der Midlife-Crisis geschüttelter Männer, mit immer wieder kippender Stimme Lieder wie „Griechischer Wein" gröle und zwischendurch zotige Witz erzähle, während sich eine, sich etwa im Viertelstundentakt verschlimmernde, Sprachstörung meiner bemächtigt. Dieser Zustand hat allerdings den Vorteil, dass man all die Personen wiedererkennt, die man tagsüber auf offener Straße für Fremde hält – Leute, die man üblicherweise nur nachts in Lokalen trifft, sind nämlich im hellen Tageslicht schwerer zu identifizieren als Menschen, die man schon zehn Jahre lang nicht mehr gesehen hat. Außerdem eignet er sich hervorragend zum Schließen neuer Bekanntschaften.

Vernünftiger wäre es allerdings, wenn man Liebeskummer hat, das Heim zu hüten, sentimentale Musik zu hören und seinen gesamten Vorrat an Papiertaschentüchern vollzuschnäuzen, damit der Schmerz abklingen und die Wunde heilen kann, oder mit einer Freundin um die Häuser zu ziehen, ihr die Seelenpein aufzubürden und dann für eine Nacht einen willigen Mann abzuschleppen. Da ich das aber alles schon zig Mal durchgemacht habe und weiß, dass nichts davon funktioniert, entscheide ich mich für eine andere Methode, um die Risse in meinem Herzen zu kitten oder mich zumindest abzulenken, damit ich mit meiner trauergeschwängerten Stimmung nicht auch noch meinen Hund deprimiere.

An besagtem Wochenende verabrede ich mich also mit Martin, einem netten Kerl, der bis über beide Ohren in mich verliebt ist, mir jeden Wunsch von den Augen abliest und stets andächtig lauschend an meinen Lippen hängt. Martin weiß, und das muss unbedingt erwähnt werden, dass seine Gefühle von mir nicht gleichermaßen erwidert werden, wobei ich das nie direkt ausgesprochen, fairerweise zumindest aber mehrmals angedeutet habe.

Als Martin und ich gerade über die Daseinsberechtigung einer Zecke und ihre Rolle in der Nahrungskette philosophieren, ich bereits den zweiten „Betrunkenen Matrosen" intus habe, wieder einmal feststellend, dass es hin und wieder richtig glücklich macht, berauscht zu sein, und mein Begleiter an seinem vierten Mineralwasser nippt (er muss natürlich nüchtern bleiben, um mich später noch mit dem Auto nach Hause bringen zu können), stürzt eine „liebe Bekannte" namens Inge auf mich zu und begrüßt mich überschwänglich. Nach einer kurzen Begrüßungsfloskel erhebt sich Martin, schnappt sich die leeren Gläser und wandert Richtung Bar, um Nachschub für uns zu holen.

„Ist das dein Freund?", fragt Inge neugierig, während ein spöttisches Lächeln ihre viel zu stark geschminkten Lippen umspielt und sich viele kleine ekelhafte Fältchen in ihr Gesicht graben. Und ich, ich beginne zu stottern, nicht aus Verlegenheit, nein, sondern weil ich das, was Martin für mich ist, ohne „das Wort" nicht so richtig ausdrücken kann. Dennoch starte ich meinen Erklärungsversuch, um Deutlichkeit in der Definition bemüht: „Ja, nein, also ja, aber nur ein Freund, nicht mein Freund, also schon Freund, aber nicht auf die Art! Ich meine, ich schlafe nicht mit ihm oder so, er hat eine ganz andere Funktion ..."

Er ist eben ein Eumel, denke ich, als ich Inges ungläubigen und zugleich verständnislosen Blick auffange: ein Mann, der die Dinge in Angriff nimmt, die aus Mangel an einem Partner nicht erledigt werden (beispielsweise handwerkliche Arbeiten), der einfachere Alltagsprobleme beseitigt und, ganz wichtig, der einen niemals, wenn man Lust auf Gesellschaft hat, alleine lassen würde. Mit diesem Mann möchte frau jedoch niemals eine Beziehung führen, ja nicht einmal Sex käme infrage, und das sollte das Objekt der Eumelisierung, mit mehr oder weniger Eventualitätsspielraum, auch wissen.

Aber Achtung: Der gute platonische Kumpel im klassischen Sinn kann nicht zum Eumel gemacht werden (außer er hat sich verliebt), denn so eine Art Freund würde ja wahrscheinlich nie auf eine berauschende Nacht voller Leidenschaft spekulieren oder gar auf eine Beziehung hoffen, weshalb man diesen dann nur mit gewissen Einschränkungen und wesentlich mehr schlechtem Gewissen benutzen könnte und noch dazu immer mit unpraktischen Störfällen wie einer neuen Partnerin des platonischen Kumpels rechnen müsste.

Im österreichischen Wörterbuch würde also, wenn es nach mir ginge, stehen: „Eumel = bei Bedarf abrufbarer, problemlösungsbegabter männlicher Begleiter einer Frau, der blind vor Liebe, aber schwer von Begriff ist und seiner Halterin treu zur Seite steht, bis diese einen Partner gefunden hat". Aber auch neben einer „echten" Beziehung kann der Eumel durchaus nützlich sein, wenn zum Beispiel der Mann kaum Zeit für seine Liebste oder zwei linke Hände hat. Voraussetzung dafür ist allerdings eine eifersuchtsfreie Partnerschaft, denn der Eumel ist nicht schwul, sondern eindeutig hetero, da er ja an der Dame, der er gehört, sexuell interessiert ist.

Doch eines sei bedacht: Die Beziehung zu einem Eumel hat ein Ablaufdatum. Denn irgendwann checkt sogar der Dümmste, dass es keinen Sinn hat, noch länger auf mehr als ein „Ich hab dich lieb" inklusive trockenem Bussi auf den Mund zu hoffen. Und wenn er sich dann schweren Herzens von seinem Frauchen trennt, ist das auch nicht weiter tragisch, denn um die Ecke wartet schon der nächste Mann, der zum Eumel gemacht werden möchte – auch wenn er in dem Moment des ersten Aufeinandertreffens noch nichts davon weiß.

Ich könnte natürlich auch darauf verzichten, solche Bande zu knüpfen, da diese Vorgehensweise scheinbar herzlos ist. Doch das stimmt gar nicht, denn die Beziehung zu einem Eumel wird niemals total einseitig sein – es profitiert also nicht nur die Frau davon. Im Zuge seiner Dienste kann man das Selbstwertgefühl des betreffenden Mannes nämlich auf Hochglanz polieren und ihn zusätzlich auf weibliche Signale sensibilisieren, sodass er zukünftig für andere Mädels, die ihn eumelisieren wollen, verdorben ist und beim nächsten Mal Chancen auf eine „echte" Beziehung hat.

Doch zurück zu Inge. Sie nickt plötzlich vermeintlich verstehend und meint dann mit mitleidiger Miene: „Na vielleicht wird das ja noch. Manche Männer haben einfach eine lange Leitung." Tja, genau so ist es!

Der rosarote Mann

Eigentlich gibt es, neben Mischformen mit deutlichen Tendenzen in eine Richtung, im Wesentlichen nur zwei Kategorien von heterosexuellen Männern: die Weichen (Softies) und die Harten (Machos). Doch seit Beginn der 1990er existiert noch eine dritte Sorte maskuliner Erscheinungsformen, nämlich die Metrosexuellen (Schönling mit Neigung zum Narzissmus).

Fälschlicherweise oft für schwul oder zumindest „Fummeltrinen" gehalten bezeichnet der Begriff „Metrosexueller" als Mischkreation aus den Wörtern „metropolitan" und „Heterosexualität" lediglich großstädtische und manchmal auch extravagante Männer, die sexuell ausschließlich an Frauen interessiert sind, aber keinen Wert auf eine Schubladisierung im Sinne des traditionellen maskulinen Rollenbildes legen und sich davon auch mit einer teilweise feminin angehauchten, zumindest jedoch stets sehr gepflegten Optik distanzieren.

Alle Vertreter dieser drei Kategorien, samt den Mischformen, finden in der Frauenwelt ihre Abnehmer, nur einige ganz spezielle Exemplare, die ins Extreme abdriften, werden es etwas schwerer haben: die Weichen, die zu weinen beginnen, wenn im Film die flinke Stute Rosi aufgrund finanzieller Not der kleinen Helene weggenommen und an einen skrupellosen Rennstallbesitzer verkauft wird. Außerdem die Harten, die permanent frauenfeindliche Sprüche Marke „Die fand schon mein Opa gut" klopfen und mit den Kumpels saufen gehen, obwohl zu Hause ihre Partnerin mit 40 Grad Fieber röchelnd im Bett liegt. Und die Metrosexuellen, die schon morgens drei Stunden das Bad blockieren, um nicht ohne perfekt gezupfte Augenbrauen aus dem Haus gehen zu müssen und aufgrund ihrer Farbenwahl beim Klamottenkauf bei einem Besuch im Zoo vor den Pfauen oder Flamingos flüchten müssen, damit sie nicht von ihnen adoptiert oder gar besprungen werden.

Besonders lustig allerdings wird es, wenn die Vertreter der Hardcore-Varianten, die keine Frau haben will, oder die äußerst selten in der Natur vorkommenden Mischformen dieser extremen Männerversionen – die durchaus für eine gewisse Zeit akzeptable Partner sein können, sollten sie ein tolerantes Weibchen finden – versuchen sich an bestimmte Gegebenheiten, in welchen sie so fehl am Platz sind wie ein Regenwurm auf der Kegelbahn, anzupassen.

Ich als tolerantes Weibchen bin eine Zeit lang mit einer Mischform aus Weichei und metrosexuellem Körperhaarerasierer gesegnet, was Nachteile mit sich bringt, aber durchaus auch Vorteile hat. Dank Wolfgang steigt beim Fernsehen der Taschentuchverbrauch rapide an, dafür weiß er noch vor mir, wann ich traurig sein werde. Mein Freund ist außerdem aufgrund seines Körperpflegemittelkonsums dauerpleite, dafür bleibe ich vom Auffinden seiner Schamhaare in meinem Bett und in meiner Dusche verschont.

Wir beide haben auch viel Spaß zusammen, zum Beispiel als Wolfgang mir eines Tages vorschlägt mit dem Schlafsack im Freien zu übernachten, und zwar auf einer idyllischen Wiese am Waldesrand. Ich lache schon bei der Vorstellung, dass mein Freund ohne abendliches Pflegeritual, bei dem fließendes Wasser zwingend notwendig ist, „zu Bett" gehen möchte, verstumme jedoch sofort bei dem Anblick seines vorbereiteten Gepäcks für den Ausflug in die Natur, in dem weder mehrere Wasserflaschen noch gut die Hälfte seiner diversen Mittelchen für den tollen Look fehlen. Bekleidet ist Wolfgang mit einem quietschgelben T-Shirt, eingepackt hat er außerdem einen rosafarbenen Pyjama, damit man ihn im hohen Gras früh morgens nur ja nicht übersehen könnte und kein Förster versehentlich auf ihn schießen würde (bei mir, wie ich mich belehren lassen muss, die mit Jeans und grünem T-Shirt bekleidet ist und auch keine weiteren Kleidungsstücke für diese eine Nacht im Freien mitzunehmen gedenkt, schon gar kein Schlafgewand, wäre diese Gefahr durchaus gegeben).

Ich lache aber dann doch wieder, nur weil ich einfach fröhlich bin, als wir gegen 17 Uhr zu der idyllischen Wiese am Waldesrand aufbrechen, dort angekommen unsere Schlafsäcke ausrollen und es uns gemütlich machen. Wir plaudern, spielen Karten, essen eine Kleinigkeit und beschließen gegen 21 Uhr, als es langsam finster wird, „ins Bett" zu gehen. Während ich mir die Zähne putze und dankbar bin für eine von Wolfgangs Wasserflaschen, begibt sich mein Freund mit einer Tasche voller Pflegemittel zu einem entfernt gelegenen Baum, wo er 40 Minuten von mir abgewandt steht, seine Beißerchen säubert, sich außerdem umzieht, frisiert, rasiert und cremt. Glänzend wie ein frisch lackiertes Hutschpferd in Rosa kehrt er zurück, küsst mich und kriecht in seinen Schlafsack. Es ist ein wunderschöner, lauer Abend, wir blicken in den klaren Sternenhimmel und genießen die nächtliche Ruhe. Plötzlich meint Wolfgang: „Du, der Boden ist ganz schön steinig. Sollen wir nicht den Platz wechseln?" Ich antworte schläfrig: „Nein, so ist das nun einmal, wenn man am harten Naturbusen liegt, stell dich nicht so an." Kurze Zeit später: „Du, ich muss dir noch etwas sagen. Ich hab ja schön öfter mit Freunden im Freien geschlafen. In der Nacht wird es ziemlich laut, da sind viele Tiere aktiv. Erschreck dich also bitte nicht, ja? Wenn du Angst hast, weck mich einfach auf." „Ich werd's überleben", murmle ich noch und gleite langsam ins Land der Träume.

Gefühlte zehn Minuten später werde ich wachgerüttelt und blicke, als ich zögerlich die Lider hebe, in die panische Miene meines Freundes, der mit seinen weit aufgerissenen Augen aussieht wie ein Nachtaffe ... im rosa Pyjama. Ich muss schon wieder lachen, auch wenn Wolfgang die Situation offensichtlich gar nicht lustig findet, wie ich gleich darauf erfahre. „Hast du den Schrei gehört? Was war das?", flüstert er ängstlich. Entgeistert starre ich ihn an und antworte kurz angebunden: „Eule vermutlich!" „Aber ...", äußert mein Freund weiteren Gesprächsbedarf, den ich jedoch nicht teile. „Halt die Klappe", brumme ich und versuche mich wieder in die Arme des schwarzhaarigen und glutäugigen Adonis zurückzubeamen, der mich im Schlaf besucht hat.

Ich könnte natürlich auch total sensibel auf die Ängste meines Freundes eingehen, ihn beruhigen, trösten oder gemeinsam mit ihm vor Furcht zu weinen beginnen. Aber davon hätte keiner von uns beiden einen Vorteil und ich wäre morgen noch müder, als ich es durch die nächtliche Störung ohnehin schon sein würde.

Doch noch bevor ich mich in die Arme des schönen Traummannes flüchten kann, ertönt ein lautes Rascheln aus dem Wald hinter uns. Wolfgang stößt ein erschrockenes Quieken aus und flüstert erneut fragend: „Was war das?" „Sag mal, was ist mit dir los?", gifte ich entnervt, „Du hast doch zu mir gesagt, ich soll keine Angst vor den Tieren haben, und jetzt benimmst du dich wie ein Mädchen. Wie ein kleines Mädchen, um genau zu sein!" Es raschelt weiter. „Das wird eine Wildsau sein", fahre ich böse grinsend fort.

Erneut könnte ich meine sensible Seite zum Klingen bringen und versuchen die in meinem Freund aufgekeimte Panik zu mildern, oder zumindest so fair sein, die Geräusche einem Hasen oder anderen Kleingetier zuzuordnen. Aber bin ich ein Tierexperte? Nein! Also!

„Um Gottes willen", jammert Wolfgang nun los, „das ist aber gefährlich. Wenn die ihre Jungen dabei hat ... am besten, wir bleiben ganz ruhig. Nur keine hektischen Bewegungen machen!" „Das Lustige an der Sache ist doch", lege ich nach, mir das Lachen verbeißend, „dass du in deinem rosa Pyjama regelrecht aus dem Gras herausleuchtest und damit so auffällig bist wie ein Clown auf einem Begräbnis." „Haha, sehr komisch. Die Situation ist ernst, also mach keine blöden Späße!" Das Rascheln kommt näher, Wolfgang beginnt neben mir zu zittern und leise, aber intensiv zu stöhnen. „Vielleicht sind Wildsäue farbenblind", mutmaße ich halbherzig, „und bitte hör damit auf, diese Geräuschen von dir zu geben, die Schweine fühlen sich sonst noch animiert hier auf der Wiese Ferkel zu produzieren." Ein Schrei ertönt. „Eule!", rufe ich noch, bevor mein Freund fragen kann. „Sei leise", zischt Wolfgang.

Mir reicht's, ich drehe mich auf die andere Seite und gedenke wieder einzuschlafen, was mir erstaunlicherweise auch gelingt – nur der schwarzhaarige und glutäugige Adonis hat leider nicht auf mich gewartet und ist verschwunden, wird aber durch einen Nachtaffen mit riesigen Glupschern ersetzt, der im Traum kreischend auf mir herumspringt.

Am Morgen werde ich von einem leisen Rascheln in der Nähe meines Ohres geweckt und als ich überrascht aufschaue, sehe ich etwa zehn Meter von mir entfernt ein Reh auf der Wiese stehen, das mich neugierig anstarrt. Vorsichtig strecke ich den Arm in Richtung Nachbarschlafsack und tippe Wolfgang sachte gegen den Rücken, damit er diesen schönen Anblick mit mir teilen kann. Doch kaum habe ich den Körper meines Freundes nur mit der Fingerspitze berührt, springt er erschrocken in die Höhe und hüpft in seinem rosa Pyjama im Kreis, wobei er quiekt wie eine Mastsau, der man das Wort „Schweinebraten" ins Ohr geflüstert hat.

Das Reh ist natürlich über alle Berge beziehungsweise über alle Wurzeln im Wald verschwunden, während ich mich nur noch kopfschüttelnd aus meinem Schlafsack schäle, mir eine halbleere Wasserflasche schnappe und mich mit meiner Zahnbürste auf den Weg zu Wolfgangs Badezimmerbaum mache. Im Gehen drehe ich mich um und rufe: „Und wenn du dich beruhigt hast, packen wir zusammen und fahren heim. Ich würde das allerdings gern wiederholen, ich kauf dir vorher auch Ohropax!"

Noch sensibler kann ich in dieser Situation keinesfalls mehr sein, mehr hat ein solches Weichei aber auch nicht verdient.

Muss ich erwähnen, dass es zu keiner weiteren Nächtigung im Freien auf einer idyllischen Wiese am Waldesrand mit Wolfgang mehr kam?

Ich bin zwar ein tolerantes Weibchen, aber diese spezielle Mischform Mann vermag mein Herz auf Dauer nicht zum Klopfen zu bringen, wie ich in dieser Nacht auf der idyllischen ... endgültig feststellen durfte.

Mann versus Männchen

Im Internet kursieren ja Unmengen von mehr oder weniger originellen Sprüchen, die sich oft auf T-Shirts gedruckt an den Körpern größtenteils eher unattraktiver Menschen wiederfinden, in welchen Frauen und Männer mit diversen Gegenständen verglichen werden, wobei die Aufzählung diverser Vorteile der leblosen Dinge gegenüber den Lebewesen zum Schmunzeln animieren soll. Mich stimmen solche Worte allerdings eher nachdenklich, da darin meist nicht nur ein Körnchen, sondern ein ganzes Feld voller Getreidehalme an Wahrheit steckt.

Doch auch Tiere werden häufig mit Menschen verglichen, wobei vor allem die Vierbeiner natürlich immer besser abschneiden. Für die Behauptung, dass für eine Frau ein Hund auf Dauer der geeignetere Partner ist im Vergleich zum Mann, seien hiermit fünf Argumente geliefert: Hunde akzeptieren ein „Nein", sie schmusen mit ihrem Frauchen, ohne es danach flachlegen zu wollen, sie mögen die Freunde und Verwandten ihrer Besitzerinnen, sie fühlen sich in der

Gegenwart eines klugen Frauchens nicht minderwertig und wollen es nie gegen ein jüngeres eintauschen.

Diese Argumente scheint auch meine Freundin Karin zu kennen, die nach einer gescheiterten Beziehung mit einem Typen namens Ludwig zur Männerverachterin mutiert ist und nun mit dem Gedanken spielt, sich einen Hund zulegen, und zwar einen Rüden.

Die Situation ist verfahren, denn einerseits verstehe ich ihr Dilemma: Hat frau einen Mann und bewohnt dieses potenziell permanent betreuungsfordernde und ihr auch noch manchmal widersprechende „Alien" dieselben vier Wände wie sie selbst – anstatt sich anstandshalber hin und wieder in eine (im Idealfall vorhandene) eigene Wohnung zurückzuziehen oder wenigstens drei Mal pro Woche zur Mama essen oder mit Freunden einen heben zu gehen –, kann dieser Umstand hin und wieder wie ein Herbstorkan am ansonsten robusten Nervenkostüm zerren.

Andererseits bin ich selbst Frauchen, und zwar von einem Softmacho, der zwar verschmust ist wie ein Stoffteddy (und genauso steif, wenn er beim Fordern von bauchzentrierten Streicheleinheiten bewegungslos auf dem Rücken liegt und die Pfoten in alle vier Himmelsrichtungen streckt), gleichzeitig aber auch so eigensinnig wie ein Eselfohlen sein kann. Die Realität sieht daher so aus: Es ist eine unbestreitbare Tatsache, dass die im direkten Vergleich bestehenden Ähnlichkeiten von Mann und Männchen verblüffend frappierend und die Unterschiede in gewissen Situationen kaum der Rede wert sind – abgesehen von diesen drei eindeutig (selbstverständlich dem Hund) zuordenbaren Erkennungsmerkmalen: Mangel an Menschensprache, Vierpfotengang (wobei in beiden Fällen zur eindeutigen Unterscheidung natürlich nur ein Mann zum Vergleich herangezogen werden kann, der keine Lokaltour mit Freunden hinter sich hat), außerdem die Behaarung (meistens jedenfalls).

Damit Karin nicht in ihr nächstes Unglück rennt, erzähle ich aus meinem Alltag mit Hund:
- Vergleich Mann/Männchen Nummer 1
  Fühlt sich ein Menschmann bei etwas ertappt und wird er dafür vielleicht sogar noch gerügt, schaut er genauso belämmert drein wie ein Hundemännchen. Nicht umsonst heißt es „Dackelblick", wenn dem Partner das Schuldbewusstsein aus den Augen springt und gleich darauf das Programm auf den Modus „Verzeih mir, Schatz" umschaltet.
- Vergleich Mann/Männchen Nummer 2
  Trotz vorangetriebener Sozialisierung und der Androhung, selbst putzen zu müssen, gibt es immer noch reichlich viele unerzogene Jungs, die es beinahe als feministischen Anschlag auf ihre Männlichkeit, ähnlich einer psychischen Kastration, empfinden, wenn man sie bittet,

sich zu Hause auch beim „kleinen Geschäft" hinzusetzen. Mit einem verzweifelten Aufbäumen im Rahmen demonstrierter Geschlechtszugehörigkeit verteidigen sie heldenhaft das letzte Männerprivileg und sprinklern weiter vor sich hin. Und nicht selten geht dann der letzte Tropfen auch noch in die Boxershorts. Ein Männchen darf natürlich stehen und dabei sogar auch noch ein Bein heben, aber nur deshalb, weil das nicht am Frauchenklo passiert. Dennoch weicht auch der Hundestrahl, vor allem wenn es dem Ende zugeht und der Druck nachlässt, fast immer seitlich ab und der letzte Tropfen fällt nicht selten auf eine der beiden Hinterpfoten.
— Vergleich Mann/Männchen Nummer 3
Hat ein Mann Schnupfen, Kopfschmerzen oder Bauchweh, leidet er mehr als eine Frau, die in den Wehen liegt – vor allem unter Selbstmitleid. Seine Mimik gleicht dann der eines sterbenden Schwans oder, etwas zeitgemäßer ausgedrückt, eines Finanziers, der gerade einen Milliardenverlust eingefahren hat. Und von den Geräuschen, die ein krankes männliches Wesen von sich gibt, wollen wir erst gar nicht reden. Genauso verhält es sich bei meinem Hund – wenn der sich nicht wohlfühlt, schaut er drein wie ein angeschossenes Reh, wimmert wie ein Welpe, der die Mutterzitze nicht findet, und fordert uneingeschränkte Aufmerksamkeit von der Welt um ihn herum, die sich während seiner Leidenszeit in einem absoluten Ausnahmezustand zu befinden und sich nur um ihn zu drehen hat.
— Vergleich Mann/Männchen Nummer 4
Wie gern und oft lassen Männer sämtliche Kleidungsstücke fallen, als würden sie ihnen vom Leib platzen, wenn sie sich aus- oder umziehen … Hunde machen das natürlich nicht, selbst wenn sie tatsächlich Hosen und Jacken besitzen, da ihnen die Finger zum Aufknöpfen und -zip-

pen der Sachen fehlen. Und dennoch sammle ich täglich einen ganzen Pullover von meinem Männchen auf, nämlich den, den ich stricken könnte, wenn ich seine Haare, die es in meiner Wohnung abschüttelt, dementsprechend verarbeiten würde.

— Vergleich Mann/Männchen Nummer 5
Sowohl ein Mann wie auch ein Hund wollen ständig gefüttert werden – einziger Vorteil: Bei einem Hund bleiben einem zumindest Sprüche wie „Ist dir der Salzstreuer in die Suppe gefallen?" oder „Hattest du heute sooo viel zu tun, weil du mir etwas Aufgewärmtes servierst?" erspart.

„Und", schließe ich meine Aufzählung, „auch Hunde schnarchen, rülpsen und furzen! Schaff dir einen Papagei an, wenn du dir keinen Mann zulegen willst – der sagt wenigstens nur das, was du ihm beibringst."

Ich sollte das vielleicht schönreden, doch ich will verhindern, dass sich Karin der Illusion hingibt, ein Männchen sei um vieles pflegeleichter, anspruchsloser und unkomplizierter als ein Mann, und deshalb eine falsche Entscheidung trifft (weswegen der vierpfotige Freund wenig später womöglich im Tierheim landet).

Einziger Vorteil an der Bindung an einen männlichen Menschen: Sex!

Karin legt sich kurze Zeit später dennoch einen Hund zu, einen Prachtrüden namens Gismo. Sie meint, dass Gismo sie liebt, egal ob sie 60 oder 80 Kilo wiegt, er nicht aus ihrer Beziehung ausbricht, selbst wenn sie ihn an der kurzen Leine hält, und sie ihm alles anvertrauen kann, ohne dass er genervt die Augen verdreht – drei weitere Argumente zu den fünf eingangs aufgezählten, die natürlich nicht von der Hand zu weisen sind.

Als der Ex meiner Freundin, Ludwig, einige Monate später unter Tränen und gestammelten Allerweltsentschuldigungen um Erlaubnis bittet, sie wieder mit seiner Anwesenheit beglücken zu dürfen, und Karin sprachlos ist, erkläre ich ihm, warum Gismo, der Ludwig leidenschaftlich nicht mag, letztendlich die bessere Wahl ist.

Ich könnte mich in solch einer heiklen Situation auch zurückhalten und die Bühne, auf der dieses für den Mann unwürdige Schauspiel stattfindet, verlassen, doch ich spreche für Gismo und alle Hunde dieser Welt, die einen ebenbürtigen menschlichen Rivalen verdienen, und nicht so ein Weichei. Und außerdem: Ich tu's für meine Freundin!

Die beiden sind immer noch ein glückliches Paar, Karin und Gismo, und Ludwig ist längst Geschichte – keine erfreuliche, aber eine beendete.

Oh, du lieber Valentin

Der Valentinstag gehört meiner Meinung nach ersatzlos aus jedem Damenkalender gestrichen – also weniger der Tag als der Valentin, und das auch dann, wenn frau gerade frisch verliebt ist und daher rosa bebrillt sowie dümmlich dauergrinsend durch die Gegend läuft.

Herrenkalender sind da wesentlich praktischer, dort scheint der Valentinstag erst gar nicht erwähnt zu sein, weshalb ihn Männer auch meist vergessen oder, unbeeindruckt von der optischen und akustischen Zwangsbeglückung im

Namen der Romantik durch die Blumen- und Süßwarenindustrie, ignorieren – wenn sie von zu Hause aus dürfen.

Ich konnte jedenfalls noch nie verstehen, warum der 14. Februar als „Tag der Liebenden" gilt – datumsbezogen zur Wahl stehen dafür als Anlass der Tod eines untalentierten Geistlichen und die Verehrung eines gruseligen Gottes.

Verdächtig, etwas mit dem Valentinstag zu tun zu haben, ist ein Märtyrer namens Valentinus, eigentlich Bischof Valentin von Terni, der am 14. Februar 269 enthauptet wurde. Bei dem geköpften Christen handelte es sich um einen Mann, der laut Überlieferung Paare getraut und ihnen nach der Hochzeit Blumen aus seinem Garten geschenkt hat. Er tat dies gegen den Willen des römischen Kaisers Claudius II., der mit Nachdruck forderte, dass sich die Männer als Soldaten profilieren und im Kampf anstatt als Ehemänner in den heimischen Betten verausgabten. So standen diese illegalen Hochzeiten auch unter keinem guten Stern und die Ehen gingen allesamt in die Hosen – da muss man seine Gehirnwindungen schon ein wenig verrenken, um diesem Tag, in Gedenken an den sämtlichen Paaren Unglück bringenden, geköpften Bischof, der als Liebesbote offensichtlich komplett untertalentiert war, etwas Gutes abzugewinnen. Über Valentinus erzählt man sich außerdem noch, dass er selbst verknallt war und seiner Liebsten – Nochbesserwisser meinen, es handelte sich dabei um die Tochter des Gefängniswärters – vor Vollstreckung des Todesurteils aus der Zelle noch eine herzförmige Abschiedsgrußkarte geschrieben hat, unterzeichnet mit „In Liebe, Dein Valentinus". Somit hätten wir nicht nur die Verbindung zu den Blumen, die am Valentinstag verschenkt werden, sondern auch zu den verschriftlichten Liebesbekundungen, die am 14. Februar so manch sentimentaler Seele entfleuchen.

Wer die Geschichte des Märtyrers nicht glaubt, dem sei hier noch eine andere Erklärung geliefert: Der Valentinstag könnte auch auf die angeblich von Romulus ins Leben gerufenen Lupercalien zurückgehen, ein Fruchtbarkeitsfest, das ab etwa 750 v. Chr. jedes Jahr Mitte Februar zu Ehren des italienischen Herdengottes Faunus gefeiert wurde. Faunus war ein ganz spaßiger Typ – er trug den Beinamen „Lupercus" (aus dem Lateinischen übersetzt bedeutet das „Wolfsabwehrer") und hielt sich am liebsten in seiner heiligen Grotte auf, in der er ein mit einem Ziegenfell geschmücktes Bild von sich selbst bewunderte. Man könnte demzufolge also auf die Idee kommen, der 14. Februar sei der „Tag der Narzissten". Möglicherweise ist das die Erklärung für die traurige Tatsache, dass sich viele Frauen an diesem Tag selbst beschenken – oder sie tun's in Ermangelung eines Partners aus Selbstmitleid oder aber auch aus Trotz, frei nach dem Motto: „Ich brauch keinen Valentin, der mir Blumen überreicht, ich bin mir Valentina genug."

Abseits jeglicher Spekulationen ist der 14. Februar auf alle Fälle ein „Tag der Wirtschaft", und dafür muss man natürlich ein wenig Verständnis aufbringen: Verwöhnt von Halloween, Krampus, Nikolaus und Weihnachten würden viele Läden auf dem Trockenen oder auf ranziger Schokolade sitzen und dem Osterhasen entgegendarben, gäbe es zwischenzeitlich keinen offiziellen Grund mehr, den armen Geschäftsleuten helfend unter die Arme zu greifen und ihre leeren Kassen wieder zum Klingeln zu bringen.

Was auch immer der eigentliche Anlass für den Valentinsbrauch war, ich fühle mich jedenfalls jedes Jahr in den Tagen vor dem 14. Februar wie von Eros persönlich angeschossen – wo das Auge hinblickt, Herzdeko zum Erbrechen, dazu Dauerbeschallung in der Art von „Schenken Sie Ihrem Schatz am Tag der Liebe …". Es ist, als würde das aufdringliche Valentinsmarketing die Menschen mit Kitschgewalt davon überzeugen wollen, dass das Schenken von Blumen oder Süßigkeiten mit Datumsvorgabe ein Beweis für romantische Gefühle ohne Ablaufdatum sei. Und noch schlimmer: Die vom Wirtschaftsgott verordnete Stimmungsmache hat zur Folge, dass 99 Prozent der Männer bei der Mama vor verschlossener Haustüre stünden, oder eine Woche lang nicht ins Bett der Gemahlin dürften, hätten sie an St. Valentin keine Gaben im Arm.

Dieses Mal bin ich auch zur Zeit um den 14. Februar gerade frisch verliebt, in Alex, habe aber entsetzliche Angst davor, dass Valentin dieses zarte Gefühlspflänzchen zum Verdörren brächte, wenn mein Freund mir Blumen oder Krimskrams schenken würde und ich nicht das davon bezauberte Weibchen spielen könnte. Doch es sollte noch schlimmer kommen als befürchtet.

Ich könnte dem Tag X natürlich auch entspannt entgegensehen, am besten, indem ich mich besaufe und dann alles, was kommt, lustig finde, oder meine Aversionen hinter einem kitschigen Dauergrinser verbergen. Doch meiner Leber und meiner Gesichtsmuskulatur zuliebe verwerfe ich diese Verdrängungsstrategien. Außerdem: Warum sollte ich nicht zu meiner Meinung und den dazugehörigen Emotionen stehen?

Als mir mein „Schatz" am 14. Februar tatsächlich einen Strauß roter Glashausrosen überreichen will, verweigere ich die Annahme. Ich oute mich wortreich als Valentinstagsverweigerin, woraufhin sich ein Ausdruck von Fassungslosigkeit in den Augen des „Schatzes" manifestiert, während – fast sekündlich sichtbar – die Blumen in seiner Hand verwelken, was ich jedoch wieder erheiternd finde. Doch ich lasse mir nichts anmerken, obwohl ich mir in diesem Moment einen Mann herbeisehne, der nun die Rosen in eine Ecke schleudert, mich packt und leidenschaftlich küsst. Ich bin bereits dabei, mich von diesem Alex mit der betretenen

Miene und den hängenden Schultern zu entlieben, als er jetzt auch noch seine Augen unter Wasser setzt und „Ich liebe dich aber" haucht.

Zuerst will ich ihm erklären, dass meine Blumenannahmeverweigerung nicht ein von mir so empfundenes gegenteiliges Gefühl bedeuten muss, entscheide aber im Sinne der Aufrichtigkeit kein weiteres Korn Hoffnung mehr zu säen. Als ich schweige, verschwinden die Tränen und der Blick des Mannes, der vor mir steht, ist nun trotzig und zugleich auch ein wenig sexlastig, als er erneut, dieses Mal bereits mit fester Stimme, behauptet: „Ich liebe dich!"

Was tut man in so einem Moment? Es gibt mehrere Optionen: unverständliche Worte nuscheln, aus welchen er sich eine Antwort basteln könnte, ihn einfach nur dümmlich angrinsen, kichernd „Ich liebe dich auch" sagen, eine philosophische Diskussion zum Thema Liebe beginnen, ... Aufgrund meiner angeschlagenen Gemütsverfassung entscheide ich mich jedoch dafür, würgende Geräusche von mir zu geben und wortlos, mit einer Hand vor meinem Mund herumwedelnd, meinem „Schatz" die Türe vor der Nase zuzuschlagen.

Das Letzte, was ich von Alex sehe, ist die erneut eingetretene Fassungslosigkeit in seinem Blick. Nun, was soll ich sagen? Der Ausdruck in den Augen blieb, als er für immer ging. Danke, oh, du lieber Valentin!

Der Heiratsantrag

Mit „Romantik" ist einerseits die kulturgeschichtliche Epoche im 18. und 19. Jahrhundert gemeint, deren zentrales Thema neben der Verbundenheit zur Natur die Liebe und, als Spiegelmotiv, das Unheimliche gewesen ist. Andererseits werden mit dem Begriff auch besonders gefühlsbetonte Momente oder Situationen bezeichnet, manchmal in Kombination mit beeindruckenden Naturschauspielen (zum Beispiel Sonnenuntergänge) oder Stimmungsmachern (etwa Kerzen).

In meinen Augen wird die Romantik im alltäglichen Sinne meist total überbewertet!

Für Männer handelt es sich dabei meist um die Light-Variante des Vorspiels, weshalb bei ihnen Kuschelstimmung in etwa so beliebt ist wie ein Softporno, und bei Frauen um einen Schrei nach Aufmerksamkeit oder aber um ein Ausweich- beziehungsweise Ablenkungs-, in jedem Fall aber Verzögerungsmanöver – zum Beispiel weil sie gerade keinen Sex wollen oder aber das Auto des Partners zu Schrott gefahren haben und sie sich den Geschlechtsverkehr, oder eben das Geständnis, für später aufheben wollen und hoffen, dass der Mann vergisst darum zu betteln oder danach zu fragen.

Ein im wahrsten Sinne des Wortes viel eher greifbarer Begriff ist „Erotik", denn da hat man wenigstens in den meisten Fällen etwas davon.

Und dann gibt es zu allem Unglück auch noch die zwangsbeglückende Romantik, die an Kitsch nicht zu überbieten ist.

Mein Romantik-Overflow beginnt an einem Samstagabend, an dem mich mein Freund Gerhard besucht – wir wollen uns einen Film anschauen. Allerdings schickt er mich ungeplanterweise sofort weg, nachdem er meine Schwelle übertreten hat, auf einen Kaffee ins Lokal an der Ecke, verweist mich quasi meiner eigenen vier Wände und sagt, ich dürfte erst wieder auftauchen, wenn er mich mit einem „come home call" zurückholen würde.

Verwundert, aber dankbar dafür, dass der Abend nicht wie schon unzählige davor ablaufen würde, verlasse ich meine Wohnung, begebe mich in die benachbarte Kneipe und bestelle mir ein Bier, während mich der Verdacht beschleicht, dass diese Aktion nichts Gutes bedeuten würde.

Eineinhalb Stunden und drei Krügerl später darf ich nach Hause kommen. Mittlerweile, sicher auch dank des Alkohols, sehe ich alles etwas lockerer, denn was soll schon passieren?

Als ich zu Hause die Türe aufsperre und eintrete, schwallen mir sofort ein eigenartiger Geruch und drückend warme Luft entgegen, während aus dem hinteren Teil der Wohnung ein „Warte noch, ich bin gleich fertig" ertönt, musikalisch untermalt von einer raunzig gesungenen Liebesschnulze aus dem CD-Player. Ich ringe nach Atem und kämpfe gegen die Horrorvision an, die sich beängstigend realistisch vor mein geistiges Auge drängt und keiner einzigen anderen Vorstellung, was diese Hitze und den Gestank produzieren könnte, Raum lässt: dass Gerhard, mit einem verrückten Ausdruck in den Augen, in meinem Wohnzimmer meinen Hund Max grillt und ihn gerade häppchenweise auf billigen Plastiktellern anrichtet, um ihn mir zu servieren.

„Geht schon, du kannst kommen", höre ich plötzlich die Stimme meines Freundes und seine Aufforderung klingt eigentlich ganz normal, nicht wie das übergeschnappte Locken eines Irren, der seine Angebetete abzuschlachten plant, nachdem sie ihren eigenen Vierbeiner verspeisen musste.

Benebelt von der warmen Luft, dem komischen Geruch und dem Bier marschiere ich mit weichen Knien, bereit, gleich einen sich über einem Lagerfeuer drehenden Spanhund vorzufinden, durch das Vorzimmer, wobei mir eine gleißende Helligkeit entgegenstrahlt, sodass ich ernsthaft vermute, mich hätte während des Wartens vor Angst der Schlag getroffen und ich würde tot auf das Licht am Ende des Tunnels zugehen, wo mich meine verstorbenen Großeltern mit offenen Armen bereits erwarteten.

Im Wohnzimmer angekommen erwarten mich dort jedoch weder Oma noch Opa – Gerhard steht mit vor Hitze hochrotem Gesicht und einem Lächeln, das fast bis zu den

Ohren reicht, in einem Meer aus Teelichtern. In der Mitte des Raums bilden die Kerzen ein riesiges Herz, in dem steht: „Willst du mich heiraten?"

„Wo … wo ist Max?", stottere ich geschockt. „Hab ich in die Küche gesperrt", strahlt Gerhard. Trotz Erleichterung, dass mein Hund nicht das Opfer eines durchgeknallten Serienkillers wurde, stehe ich unter Druck wie ein Dampfkessel, denn ich sollte nun eindeutig so etwas wie romantische Stimmung herzaubern, um meinen Freund nicht zu enttäuschen. Doch ich schwitze wie ein Affe im Anorak und schiele ständig zu meinen Vorhängen, um jedes noch so kleine Anzeichen von Feuerfang zu erkennen und sofort im Keim zu ersticken. Sogar im Teppich sehe ich schon Brandlöcher entstehen, obwohl dieser zusammengerollt in der Ecke liegt.

Ich sollte mich in so einer Situation wohl entspannen, „fallen lassen", die Stimmung genießen, glücklich darüber sein, einen derart romantischen Mann an meiner Seite zu haben …, aber ich bin nun mal keine begabte Schauspielerin, sonst würde ich nicht dieses Buch schreiben und vermutlich auch nicht mehr meinen echten Namen tragen.

„Hab ich dir schon einmal gesagt, dass ich es hasse, wenn in einer Wohnung mehr als eine Kerze brennt? In dem Zimmer hat es mindestens 50 Grad und es stinkt bestialisch nach heißem Wachs." Ich verschweige, dass ich den Geruch vorher für den von bratendem Hundefleisch und ihn für einen geistesgestörten Massenmörder hielt. „So eine Menge an Flammen gehört ins Freie, wo sich Hitze und Rauch verziehen und kein Vorhang oder Teppich, dafür Wasser oder ein Feuerlöscher in der Nähe ist." Gerhards Lächeln schrumpft zuerst auf Normalmaß zusammen, um letztendlich ganz zu verschwinden.

Jetzt könnte ich noch einlenken, etwas Nettes wie „Aber ich weiß, du hast es gut gemeint, und es ist auch eine ganz süße Idee" sagen, aber meine Gedanken sind beherrscht von dem Wunsch, die Teelichter zum Verlöschen zu bringen, dann zu lüften und danach kalt zu duschen.

Gerhard beginnt damit, die Kerzen auszublasen, was beinahe eine Viertelstunde lang dauert. Ich reiße währenddessen alle Fenster auf und entlasse den Hund aus seinem Küchengefängnis, was er mir schwanzwedelnd dankt.

Eine Stunde inklusive zehn Minuten unter der Dusche später liegen Gerhard und ich auf der Couch und sehen uns den Film an – wie geplant. Irgendwann danach, schon im Bett, flüstere ich dann: „Ja, vielleicht."

Gute Lügen, schlechte Lügen

Obwohl in der Bibel steht: „Du sollst nicht lügen!", tun wir Menschen es trotzdem, sehr, sehr oft, mehrmals täglich sogar, bewusst wie unbewusst, auch wenn wir unsere Unwahrheiten oft mit dem Wort „Schwindelei" verniedlichen oder sie in den Tarnanzug „Notlüge" stecken, meist dann, wenn wir erwischt werden.

Laut einer Studie des Londoner „Science Museum" lügen Frauen rund 700 Mal jährlich, Männer im Schnitt fast doppelt so oft. Ich wage die Prognose, dass Eheleute häufiger die Unwahrheit sagen als Singles. Auch besteht hinsichtlich der Situation, in welcher gelogen wird, und in der Art der Aussage ein Unterschied zwischen den Geschlechtern, Frauen behaupten beispielsweise häufig leise und resignierend: „Alles ok", selbst wenn sie sich richtig mies fühlen, und Männer brüllen rechthaberisch: „Ich habe wirklich nur ein einziges

Bier getrunken", während ihre Fahne schon drei Minuten vor ihrer Ankunft zur Türe hereinweht.

Es wird vermutet, dass wir deshalb die Unwahrheit sagen, um den Empfänger der Lüge zu schonen oder um sich selbst (manchmal auch anderen, etwa gemeinsamen Kindern) Unannehmlichkeiten zu ersparen, hin und wieder ist die Aussage auch eine Kombination von beidem oder erst gar nicht zuordenbar. Wenn der Mann zum Beispiel behauptet: „Nein, du siehst in dem Kleid nicht dick aus!", würde ich es als ungewiss bezeichnen, ob er die Frau schonen oder sich Unannehmlichkeiten ersparen möchte ... oder beides.

Ich finde, die Lüge ist vor allem in drei Situation unter Umständen überlebensnotwendig, und zwar dann, wenn der Partner wissen will: „Was denkst du gerade?", oder: „Was hast du heute Nacht geträumt?", und wenn er fragt: „Wie war's für dich?"

In allen drei Fällen wäre meine Ambition als Frau zu schweigen, um mir leidige Diskussionen zu ersparen, die nirgendwohin führen würden außer ins Tal der Unverstandenen, oder die, saudumme Antworten zu geben, um den Partner in Verlegenheit zu bringen oder ihn zu ärgern, wenn er es schon wagt, so etwas wissen zu wollen.

Folgend mögliche Antworten auf oben erwähnte drei Fragen würden mir einfallen:
— „Was denkst du gerade?"
  Antwort A: „Ich habe dich gerade in Gedanken von einem Auto überfahren lassen, damit ich in meinen Fantasien ohne schlechtes Gewissen mit Brad Pitt Sex haben kann."
  Antwort B: „Ich wollte dich fragen, ob du heute nicht mit deinen Kumpels feiern gehen willst, damit ich mich ungestört mit meinen Mädels besaufen kann, während wir über euch Männer herziehen."
  Antwort C: „Nicht an dich jedenfalls. Und du?"

Man könnte natürlich auch den Partner schonen, in sein altes Muster, Liebkind sein zu wollen, zurückfallen und harmlose Antworten geben (das wäre natürlich aus meiner Sicht nur dann wirklich gutzuheißen, wenn die Message subtil sarkastisch gemeint ist – von dieser Art der Kommunikation verstehen Männer allerdings nicht allzu viel, daher würde ich davon abraten).

Antwort A: „An dich, mein Liebling!"
Antwort B: „Daran, was ich morgen kochen soll."
Antwort C: „Ich habe überlegt, was wir deiner Mutter zum Geburtstag schenken könnten ..."

— „Was hast du heute Nacht geträumt?"
Antwort A: „Von einer psychopathischen Serienkillerin, die ihre sämtlichen Partner im Schlaf absticht, ausweidet und ausbluten lässt, ihre Körperhüllen mit Styropor füllt und die Männer dann in einem lebensgroßen Puppenhaus im Keller platziert."
Antwort B: „Dass du schöner, reicher und besser im Bett bist."
Antwort C: „Nicht von dir jedenfalls. Und du?"

In diesem Fall könnte man auch lasch antworten: „Ich kann mich nicht daran erinnern", oder einfach die Wahrheit sagen, doch das wäre natürlich langweilig, da die meisten Träume ja tatsächlich eher unspektakulär sind. Oder man macht es falsch und erwidert:

Antwort A: „Von dir, mein Liebling!"
Antwort B: „Von deiner Kollegin Susi, die dich sogar in deiner Freizeit anruft ..."
Antwort C: „Von (noch) einem Baby."

— „Wie war's für dich?"
Antwort A: „Diese Frage verursacht bei mir einen mentalen allergischen Schock."
Antwort B: „Ich sage dazu nur: Wir Frauen können Männer zu Versagern im Bett machen und bei Freundinnen darüber lästern."
Antwort C: „Ok. Und für dich?"

In diesem Fall könnten oben stehende Antworten sogar der Wahrheit entsprechen, und wenn das so sein sollte, ist es natürlich besser, diese auszusprechen als zu lügen. Auch folgende Aussagen könnten zutreffen, ich würde dennoch davon abraten, die Dinge dermaßen fantasielos beim Namen zu nennen:

Antwort A: „Großartig wie immer, mein Liebling!"
Antwort B: „Du bist der Beste, den ich je hatte."
Antwort C: „Wir versuchen es bald wieder ... wird schon werden."

Neben dem Lügen ist ein weiterer interessanter Aspekt in Beziehungen auch das Verschweigen: das Nichtaussprechen von Tatsachen, das Nicht-ausdrücken-Können von Gefühlen und das Nicht-artikulieren-Wollen von Problemen. Es heißt, dass diese Missstände eher auf den männlichen Teil einer Partnerschaft zurückzuführen sind, weil dieser im Normalfall sein Herz nicht auf der Zunge trägt, während Frauen eher darüber nachdenken, worüber nicht gesprochen wurde, und sich über das ärgern, was der Mann nicht gesagt hat, anstatt zu reflektieren, welchen Inhalt die tatsächlich stattgefundene Kommunikation hatte. Das bedeutet, dass Frauen dazu neigen, die Quantität zu vermissen, anstatt die Qualität zu erkennen, falls eine solche vorhanden ist.

Ebenso gibt es bei der Ehrlichkeit, nämlich bei der unangenehmen, große Unterschiede darin, in welcher Form sie den Empfänger erreicht: Männer werfen die Worte zumeist von vorne und schmettern einem das Beil in die Brust, während Frauen dazu tendieren, die wenig erfreulichen Wahrheiten zu verschleiern und zu beschönigen, um sie im schlimmsten Fall, wenn alles Drumherumreden nichts hilft, dem Gegenüber als Axt ins Kreuz zu schleudern.

Ich habe einen lieben Bekannten, er heißt Oliver. Oliver verträgt die Wahrheit nicht und möchte angelogen werden, auch wenn ihm dieser Umstand keineswegs selbst bewusst ist. Ich bin nach längerer Zeit der beidseitigen Abstinenz voneinander wieder einmal mit ihm verabredet, in einem kleinen Kaffeehaus in unserer Stadt, als er recht verändert auftaucht und mich freudig und sehr lange umarmt. Seine Kurzhaarfrisur ist einer kinnlangen, ungepflegten Lockenmähne gewichen, das glattrasierte Gesicht einem in ein seltsames Muster gestutzten Vollbart und der einst wohlproportionierte Körper einer dünnen Stange mit Armen dran. Nachdem er eine Weile stehend vor mir herumgezappelt hat, nimmt er endlich Platz und überschüttet mich mit einer wortreichen Abhandlung der Ereignisse jener Zeit, in der wir keinen Kontakt hatten. Oliver ist vom leidenschaftlichen Kreativen zum abgedrehten Eso-Guru mutiert und erläutert mir mit einem seltsamen Flackern in den Augen die Einzigartigkeit seiner Heilmethode, mit welcher er laut eigener Aussage jeden Menschen auf den rechten Pfad zurückführen könne, auf dem es selbigem möglich sei, bis in alle Ewigkeit friedlich und frei von Kummer, Leid und Schmerz, physischem wie psychischem, zu wandeln. Für mich hören sich diese nur in seinen Augen spirituellen Ansichten nach beginnendem Größenwahn an, die Ausführungen seiner Methoden an lebenden Objekten grenzen meiner Meinung nach an Scharlatanerie und sogar Körperverletzung.

Ich schlürfe recht beunruhigt meinen Kaffee, während meine Gedanken bereits im Gehen sind. „Und, wie findest du das?", strahlt mich Oliver an wie ein Scheinwerfer. Ohne mich vorher zu räuspern, antworte ich: „Striegel dich, rasier dich und nimm wieder ein paar Kilo zu. Vielleicht wirst du dann automatisch wieder normal. Wenn nicht: Lass deine dünnen Finger und deine manipulativen Worte von anderen Menschen und zieh als irrer Einsiedler in eine Hütte im Wald."

Ich könnte Oliver auch anlügen und alles toll finden, was er sagt, um ihn zu schonen, oder nur zustimmend nicken, falls es mir die Sprache verschlagen hätte, und meine ehrliche Meinung verschweigen. In beiden Fällen würde ich mir Unannehmlichkeiten ersparen und einer Diskussion über seinen Zustand aus dem Weg gehen.

Gehen tu ich jetzt aber ohnehin, und zwar schnurstracks aus dem Kaffeehaus. Auch auf diese Art erspart man sich unnötige Diskussionen, die nirgendwo hinführen würden außer ins Tal der Unverstandenen.

Überraschungsei Blind Date

Laut dem Buch „Neuer Wortschatz – Neologismen der 90er Jahre im Deutschen" handelt es sich bei einem Blind Date um eine „Verabredung mit einer unbekannten Person mit dem Ziel, eine partnerschaftliche Beziehung anzubahnen", egal ob dieses Treffen durch Freunde initiiert oder beispielsweise über eine Singlebörse im Internet ausgemacht wurde.

Meist trifft man diese Verabredung mit der oder dem großen oder kleinen Unbekannten, ohne wirklich viel über diesen Menschen zu wissen, beziehungsweise hat man bereits einiges über ihn erfahren, aber keine Ahnung, ob es die Wahrheit ist, und ohne das tatsächliche Aussehen der Person zu kennen, selbst wenn man bereits ein Foto gesehen hat.

Ein Blind Date ist daher immer wie ein Überraschungsei, bloß ohne Schokolade, deren Verzehr einen trösten könnte, wenn man das, was zum Vorschein kommt, schon mal hatte und nicht mehr braucht oder gar nicht haben will.

Es wäre klug, schon eine gewisse Vorauswahl zu treffen, wenn man im Internet unterwegs ist und sich das Date selbst ausmacht, also Einfluss auf die Wahl des baldigen Gegenübers hat. Nämlich zumindest hinsichtlich einer bestimmten Angabe, die fast immer der Tatsache entspricht – jener, bei der das virtuelle Wesen keinen Grund hat zu lügen: dem Sternzeichen. Auch wenn man nichts mit Astrologie am Hut hat, weiß man doch meist aus Erfahrung, ob einem Steinböcke zu sprunghaft, Wassermänner zu langweilig, Fische zu introvertiert, Widder zu eigensinnig, Stiere zu besserwisserisch, Zwillinge zu sprunghaft, Krebse zu vorsichtig, Löwen zu dominant, Jungfrauen zu pedantisch, Waagen zu phlegmatisch, Skorpione zu unzuverlässig und Schützen zu selbstherrlich sind.

Die Interessen, über welche die Menschen, in meinem Fall der Mann mit dem einfallsreichen Nick Burli45, verfügen, klingen meist interessanter, als die betreffende Person insgesamt ist, und stimmen oft auch nur bedingt, da wird ein leidenschaftlicher Taucher schnell zum Schnorchler im Hallenbad, ein Bücherwurm zur Leseratte von Simpsons-Comics und ein Naturfreund zum Rosenzüchter im eigenen Schrebergarten.

Aber einen Versuch ist es meist wert – man hofft ja doch immer wieder, dass im Überraschungsei ein nicht ganz so hässliches Entlein steckt, oder wenigstens ein Spielzeug, das, zumindest vorübergehend, Spaß macht.

Dennoch empfehle ich dringend sich eine gewisse Strategie zurechtzulegen, wenn man sich auf ein Blind Date einlässt, und damit meine ich nicht das Abfragen der Eckdaten, das Nachziehen des Lippenstifts auf dem WC oder das verabredete Klingeln des Handys, nachdem man per SMS einen Hilferuf an die Freundin abgesetzt hat. Ich meine damit einen flexibel formbaren Plan, der stets spontan an die jeweilige Person angepasst wird und mit dem es gelingt, das Treffen zu genießen und so viel Spaß dabei zu haben, wie es unter den gegebenen Umständen möglich ist. Dafür muss man natürlich ausgerüstet sein, am besten mit absurdem Wissen, verrückten Vorschlägen, blöden Sprüchen und dreckigen Witze, um damit peinliches Schweigen zu überbrücken oder den Typen zum Gehen zu animieren – böse Frauen machen sich nämlich nicht aus dem Staub, sie schlagen den Gegner in die Flucht!

Ich sitze wieder einmal in meinem Stammlokal und warte auf mein Blind Date, das ich in der virtuellen Welt entdeckt habe. Der attraktive Widder, von Beruf Mediziner, mit den sich mit meinen deckenden Interessen Filme, Bücher und Haustiere, ohne sportliche Hobbys (was mir als Bewegungsverweigerer sehr entgegenkommt), Raucher und Gelegenheits-Weintrinker, so wie ich auch (ich trinke nämlich eigentlich Bier, aber gelegentlich eben auch Wein), ist ein echter Traummann, wenn man geneigt ist den Angaben auf seiner Singlebörsenseite zu trauen. Und ich bin immer wieder geneigt, da ich nicht grundsätzlich misstrauisch und auch bis zu einem gewissen Grad kompromissbereit bin. Da ich grundsätzlich nur Fakten über mich preisgebe und auch ein echtes Foto auf meine Seite gestellt habe, steht einem Erkennen in der kleinen Kneipe, in der ich auf den Traummann warte, nichts mehr im Wege.

Pünktlich auf die Minute betritt der Mittvierziger das Lokal und nähert sich meinem Tisch, während ich mich im

Moment seines Erscheinens am liebsten unter selbigem verkrochen hätte.

Doch da muss ich jetzt durch und so reiche ich dem untergroßen Zehnhaare-Glatzkopf, der seinem Foto zwar entfernt ähnelt, ihm aber in keiner Weise gerecht wird, höflich die Hand und beschließe, so wie bereits in einigen gleichen und ähnlichen Situationen zuvor, den Abend trotzdem angenehm für mich werden zu lassen und das Beste aus der misslichen Lage und dem uninteressanten Typen herauszuholen. Im günstigsten Fall hat er trotz fehlender Ausstrahlung zumindest Humor und wir verbringen ein paar lustige Stunden, im schlimmsten Fall verhindert die fehlende Chemie jede Art von Kommunikation und ich würde ihn mithilfe meiner verbalen Ausrüstung vertreiben müssen.

Ohne Abfrage der Eckdaten meinerseits serviert mir Willi, während Kellner Otto eine Bouteille Rosé an Tisch

bringt, selbige in Form einer ausschweifenden Schilderung seiner Lebensumstände, im Zuge derer ich die halbe Flasche Wein leere. Zumindest weiß ich jetzt, das auch sehr detailgenau, dass er Zahnarzt ist, dies und das liest, sich gerne Krimis anschaut und zwei Hunde sowie ein paar Bienenstöcke besitzt. Er ist außerdem geschieden und hat keine Kinder. So weit, so gut. Jetzt leert er, fast in einem Zug, die zweite Hälfte des Bouteilleninhaltes, woraufhin ich Otto bitte noch eine Flasche zu bringen. Als Nächstes erzählt mir Willi von der Imkerei, während ich mich, obwohl entsetzlich angeödet, nicht dazu aufraffen kann, einen Themenwechsel zu erzwingen und ihm etwas aus meinem Leben zu berichten, noch dazu, wo er offensichtlich auch gar nichts von mir wissen will. Gelangweilt fixiere ich die zehn Haare auf seinem ansonsten kahlen Schädel, die sich im leichten Luftzug, der durch ein geöffnetes Fenster weht, sanft hin und her wiegen.

Eine weitere halbe Stunde, etlichen Ausschweifungen, mittlerweile in Richtung Zahnfüllungen, und zwei Gläser Rosé später, ist es so weit: Das Ende der Schonzeit bricht an.

Ich könnte jetzt natürlich auch aufstehen und gehen, doch ich bin weder ein Reh noch eine Gazelle und ergreife daher auch nicht die Flucht. Ich bin ein Löwe und greife an, zwar nicht aus Hunger, sondern einfach deshalb, weil ich mir vor dem Abschied noch einen Spaß machen möchte – vielleicht lernt der Typ dabei sogar etwas. Selbstverständlich wäge ich vorher ab, ob mein Gegenüber meinen Attacken gewachsen ist, da diese eine zumindest kleine Portion Humor erfordern und ein gewisses Maß an Höflichkeit zwingend voraussetzen. Würde der Typ nämlich nur beleidigt oder mich gar beschimpfend abziehen, wäre die Aktion letztendlich relativ unbefriedigend, für beide Seiten, und meine Worte nichts weiter als sinnlos verschossenes Pulver.

Zuerst einmal muss ich die Konversation an mich reißen und das Wort ergreifen, was mir in einer von Willis Sprechpausen auch sofort ohne Probleme gelingt. Ich entscheide mich dafür mit einem Potpourri aus falschen Anreden zu beginnen, als Folge offensichtlicher Geistesabwesenheit. Das würde ein aufmerksamer, halbwegs intelligenter Mann sofort darauf zurückführen, dass ich mich langweile, womit ich bei diesem Typ allerdings nicht rechne.
Scheinbar unbeabsichtigt spreche ich Willi mehrmals mit „Franz" an, was er stoisch immer wieder korrigiert, ohne dass ihm dabei auch nur ein einziges Mal die Miene verrutscht. Fein, dann muss ich härtere Geschütze auffahren. Zuerst nenne ich mein Date mehrmals „Homer", was er total ignoriert, nicht ohne mir immer wieder fragende Blicke zuzuwerfen, von welchen ich mich allerdings nicht beeindrucken lasse. Nach einiger Zeit würfle ich, während ich ausführlich von meinen beiden Achatschnecken namens Paulchen und Berta und ihrem Tagesablauf erzähle, um mich für die Bienengeschichten zu rächen, „Willi", „Franz" und „Homer" durcheinander und beende das Namensspielchen mit: „Ich habe Probleme, mir deinen Namen zu merken – ist Schlumpf auch ok?" Mein Gegenüber sieht mich fassungslos an und nickt dann zögerlich.
Ich bekomme einen Lachkrampf und entschärfe: „Das war nur Spaß. Willi, du heißt Willi." Nach der Bestellung einer weiteren Flasche Rosé, während des Berichtes über meine Reise nach Kanada, hänge ich nun immer wieder einmal an diverse Namen ein x oder ix an und nenne mein Date auch nur noch „Willix", was ohne nennenswerte Reaktion bleibt. Vorerst. Danach ist wieder mein Gegenüber am Zug, er plaudert über seine Teilnahme am Zahnärztekongress, der erst kürzlich stattfand. Ich muss wohl einen Gang höher schalten, stelle ich fest, und werfe ins Gespräch ein, als Willi Luft holt: „Du hast meine volle Aufmerksamkeit ...

Mein Gott, hier müsste auch mal wieder ausgemalt werden." Nun herrscht für fünf Minuten Funkstille seinerseits, die ich mit einem schweinischen Witz überbrücke. Doch Willi lässt sich nicht unterkriegen, zuerst fragt er mich, warum ich vorhin an alle Namen ein x oder ix angehängt hätte, was ich knapp mit: „Bin Asterix-Fan und bekunde auf diese Art und Weise meine Sympathie", beantworte, dann erzählt er mir, offensichtlich, ohne meine Erklärung seltsam zu finden, von seiner geschiedenen Frau, die mittlerweile in Schweden lebt. „Ich unterbreche ungern", meine ich freundlich, „aber magst du Petrichor?" „N ... Nei ... Nein?", stammelt mein Gegenüber unsicher und wirft einen kritischen Blick durch das Lokal. Ich vermute, er sucht nach versteckten Kameras. Freundlich lächelnd winke ich Otto an den Tisch und bitte um die Rechnung. „Hin und wieder bin ich ein wenig verhaltensoriginell", erkläre ich dem mittlerweile äußerst dumm aus der Wäsche schauenden Willi. „Sollen wir beim Abschied alle Leute im Lokal umarmen, damit sie mit einem warmen Gefühl im Herzen nach Hause gehen können?", frage ich strahlend, während mein Gegenüber versucht zu grinsen, was mehr oder weniger gut gelingt.

Wäre ich ein lieber Mensch, würde ich spätestens jetzt die Situation entschärfen, so wie vorhin, als ich Willi auf den Namen „Schlumpf" taufen wollte und dann gestand: „Das war nur Spaß!" Aber ich bin eben nicht lieb und versuche nur den Abend für mich zu retten, was mein gutes Recht ist.

Nachdem wir bezahlt haben, verlassen wir das Lokal, ohne Umarmung der Gäste, da sich Willi dazu irgendwie nicht durchringen konnte, und verabschieden uns voneinander. „Darf ich dich anrufen?", fragt mein Date höflich und ich staune darüber, dass er es ganz zuletzt doch noch geschafft hat, mich zu überraschen, denn ich habe eher damit gerechnet, dass er ohne weiteres Wort von dannen zieht, froh, mir entkommen zu sein. Ich lehne dennoch ebenso höflich ab und schaue ihm nach, wie er die Straße hinuntergeht, während ihm der Wind die zehn Haare zerzaust. Letztendlich war das Date gar nicht so übel!

Schmerzfreie Trennung

Mit den Forschungsergebnissen des Stockholmer Karolinska Instituts im Rücken könnte es sein, dass wir Frauen bald eine weitere Pille schlucken müssen – in diesem Fall nicht mit den Inhaltsstoffen Östrogen und Gestagen, die eine Schwangerschaft verhindern sollen, sondern mit dem Bestandteil Oxytocin. Dieses „Bindungshormon", das in der Hirnanhangdrüse gebildet wird, ist unter anderem für Gefühle wie Liebe, Treue und Vertrauen sowie das Bedürfnis nach Nähe und Geborgenheit verantwortlich und wirkt demzufolge sozialen Ängsten, zu denen auch die Furcht vor längerfristigen Beziehungen zählt, entgegen.

Möglicherweise ist es nur noch eine Frage der Zeit, bis man uns die Anti-Trennungs-Pille verabreicht, damit die Männer keine Angst mehr haben müssen, dass ihnen die Frauen bereits nach nur wenigen Monaten wieder davonlaufen – denn an ihnen und ihrem Verhalten den Partnerinnen gegenüber kann es ja nicht liegen.

Dass die Haltbarkeit mancher Beziehungen nicht länger ist als die von faschiertem Fleisch, liegt also laut Wissenschaft an den weiblichen Genen, da bestimmte Erbinformationen daran schuld sind, dass das Hormon Oxytocin nicht richtig verarbeitet oder in zu geringer Menge produziert wird. Das liebevoll sogenannte „Scheidungs-Gen" löst angeblich bei manchen Frauen eine Abneigung gegen zu feste, zu lange dauernde Bindungen und einen dementsprechenden Fluchtreflex aus. Eigentlich wäre diese Erkenntnis sogar entlastend für so manchen Single – für Männer dahingehend, dass sie sich einreden könnten, immer nur an derart gendefekte weibliche Wesen geraten zu sein, für Frauen hinsichtlich ihrer vermeintlich stets verkehrten Partnerwahl. Fragen wie „Warum gerate ich bloß immer an den Falschen?" sollten für uns in Zukunft also der Vergangenheit angehören. Und jene Damen, die an dieser Stelle immer noch nichts gelernt haben, könnten Zeit und Geld anstatt in die Suche nach Mr. Right in einen Gentest investieren und sich nach positivem Bescheid hinsichtlich eines Oxytocin-Mangels das Hormon oral verabreichen lassen.

Während die einen eine gescheiterte Beziehung dem Schicksal anlasten, andere den Grund in den Sternen zu finden glauben oder schlechtes Karma verantwortlich machen, haben Forscher so lange in der DNA herumgewühlt, bis sie einen Gendefekt entdeckten.

Doch auch wenn Pfuscherei mit Erbmaterial längst nichts Neues mehr ist, geht eine Korrektur mithilfe einer künstlichen Hormongabe, falls diese wirklich vorgenommen werden soll und einzig und allein dazu dient, die Weibchen, die sich nicht auf Dauer binden wollen, anhänglicher und zahmer zu machen, völlig an der natürlichen Entwicklung vorbei. Der Grund, warum diese Frauen sich häufig rasch aus einer Beziehung lösen, ist mit Sicherheit außerhalb der Chromosomen zu finden: Sie sind einfach weniger dazu bereit als andere, faule Kompromisse zu schließen, ihre Leidensgrenze permanent zu überschreiten und die Kompatibilität mit dem jeweiligen Mann ein Leben lang unhinterfragt zu lassen.

Als Trägerin oben erwähnten defekten Gens, scheinbar zumindest, beende ich Beziehungen stets kurz und schmerzlos (was natürlich nur funktioniert, wenn sie eher oberflächlicher Natur waren), was auch für den jeweiligen Mann nur wenig bis gar nicht traumatisierend ist – nicht weil ich ihn schonen möchte, sondern aus Loyalität anderen Frauen gegenüber, von welchen eine davon ihn ja höchstwahrscheinlich abbekommt, und dieser einen möchte ich den Typen nicht beziehungsgestört hinterlassen.

Frei nach dem Motto: „Wenn ich wieder fliegen will, muss ich loslassen, was mich runterzieht", beschließe ich an einem Sonntag, mit Georg Schluss zu machen, da er bereits um acht Uhr morgens viel zu gut gelaunt unter der Dusche steht, während ich dem neuen Tag, wie auch zwei Minuten zuvor meinem Freund, am liebsten mit ausgefahrenen Krallen ins Antlitz gesprungen wäre – so früh aus dem Bett steigen zu müssen ist nämlich meiner Meinung nach eindeutig ein Schritt in die falsche Richtung. Natürlich hat meine morgenmuffelige Entscheidung nicht wirklich etwas mit dem männlichen Singsang im Badezimmer zu tun, denn nachdem ich schon seit Wochen unter einer ausgeprägten Testosteron-Allergie leide und Georgs Körperflüssigkeiten mittlerweile meide wie der Teufel das Weihwasser, läuft es ohnehin kerzengerade auf eine Trennung hinaus.

Ich schäle mich aus der Decke, gehe in die Küche und mache mir einen Kaffee. Zehn Minuten später steht Georg tropfend und nach meinem Pfirsichduschgel duftend vor mir und strahlt mich an, während ich mit wirr abstehenden Haaren und mindestens noch drei Schlafkörnern in jedem Auge mit den Lippen an der Tasse klebe und hoffe, dass das Koffein langsam zu wirken beginnt. Als die Taubheit im Gehirn endlich nachzulassen beginnt, formuliere ich die folgenschweren Sätze: „Georg, zieh dich an und verschwinde aus meiner Wohnung. Wir passen nicht zusammen, harmonieren weder geistig noch körperlich. Du bist vielleicht der Richtige, aber für eine andere Frau. Tut mir leid."

Der Knabe im Handtuch starrt mich an, während er den Küchenfußboden volltropft, und schüttelt dann langsam den Kopf. „Das meinst du nicht ernst, stimmt's?" Ok, er will es auf die harte Tour: „Ich sag mal so: Sobald du es kapiert und dich daraufhin aus meiner Wohnung entfernt hast, werde ich vor Freude drei Mal masturbieren!" „Hast du dich plötzlich in Samantha aus ‚Sex and the City' verwandelt?" „Warum machst du mir nicht den Monk und wischt den Küchenfußboden trocken? Und dann kannst du zur Fliege werden und abschwirren!", entgegne ich ungerührt und klebe meine Lippen wieder an die Kaffeetasse, um zu signalisieren, dass jedes weitere Wort von meiner Seite eines zu viel wäre.

Selbstverständlich könnte ich auch weichgespült mit Georg reden, dabei müsste ich ihm jedoch die unerfreulichen Tatsachen, was genau nicht oder nicht mehr passt, detailliert vor Augen führen, unter Umständen noch Verbesserungsvorschläge abwehren und mir womöglich Gebettel bezüglich einer Fortsetzung der Beziehung anhören und damit Lebenszeit von uns beiden verschwenden – und es würde nichts an der Situation ändern.

Alexander wischt seine Tropfspuren nicht auf, schwirrt aber eine halbe Stunde später ab, nachdem er sich schimpfend und fluchend angezogen und seine Sachen zusammengepackt hat. Fröhlich singend säubere ich den Küchenfußboden und erfreue mich an diesem wunderschönen Sonntagmorgen, auch wenn es erst kurz vor neun Uhr ist.

Augen auf

„Augen auf beim Eierkauf", hat meine Oma immer gesagt. Das Sprichwort stammt aus früheren Zeiten, als in so manch kleinem Lebensmittelladen eine Eier-Durchleuchtungslampe hinter dem Ladentisch montiert war, ein dunkelgrauer Kasten mit einem Loch in der Mitte, unter dem sich eine Glühbirne befand, mithilfe welcher kontrolliert werden konnte, ob sich in den Eiern bereits Küken befanden oder ob man das Legegut noch in den Kuchen schlagen konnte, ohne dass hinterher ein kleines Schnäbelchen im Teig oder einem zwischen den Zähnen hing.

Im übertragenen Sinne im Bezug auf die Eier gilt dieses Sprüchlein aber auch für die Wahl des passenden Mannes, auch wenn das Durchleuchten in diesem Fall wenig Sinn hätte. Doch fest steht, dass viele Frauen mit schlafwandlerischer Sicherheit stets an „den Falschen" geraten und sich fragen, was mit ihnen nicht stimmt, weil sie immer wieder auf denselben Arschloch-Typus hereinfallen.

Zu diesem Thema existieren unzählige Ratgeber, die mögliche Gründe für unselige Verbindungen aufzählen und Tipps geben, wie Frauen aus dem Teufelskreis ausbrechen können, und auch die meisten Psychologen sind längst auf das Phänomen „Katastrophenmänner üben eine geradezu magische Anziehungskraft auf mich aus!" geschult. Aber auch Mütter und Väter müssen sich nicht selten den Vorwurf gefallen lassen: „Ihr seid schuld, ihr habt mir ein falsches Männerbild anerzogen!" Oft geschieht das deshalb, weil sich Töchter von geschiedenen oder unglücklich verheirateten Eltern darüber ärgern, dass sie an Männer geraten, die so sind wie ihr Vater, und sich von diesen Kerlen alles gefallen lassen, wie ihre Mütter. Und das sind die Frauen, die sich nicht nur blind unter Tausenden von potenziellen Partnern den einen heraussuchen, der sie mit Sicherheit unglücklich machen wird, sondern auch die, welche sich unglücklich machen lassen und dabei blind stellen, was die Fehler des Partners betrifft – und seien diese auch noch so gravierend und bereits für das gesamte Umfeld dieser weiblichen Person nicht nur so offensichtlich wie die Bankenkrise, sondern genauso unerträglich.

Folgend 13 Männercharakteristiken als Entscheidungshilfe für die Partnerwahl – all jenen Frauen gewidmet, die noch an den Weihnachtsmann glauben:

Ich könnte an dieser Stelle auch die Kennerin mit Durchblick heraushängen lassen und mit ernster Miene und erhobenem Zeigefinger von bösen Buben abraten, doch in echten Härtefällen, sprich bei kompletter Beratungsresistenz, fruchtet das Mund-fusselig-Reden nicht mehr, da bereits komplette Realitätsverweigerung eingesetzt hat.

Sagt ein Mann „Ich bin nicht gut genug für dich, du hast etwas Besseres verdient", dann sollte frau am Ball bleiben, denn genau diese Typen sind die beziehungsfähigsten Partner, die man sich vorstellen kann. Sie haben nur ein derart geringes Selbstwertgefühl, dass sie denken, sie wären es nicht wert, von einer tollen Frau geliebt zu werden. Bringt man einem solchen Mann jedoch genug Geduld, Hingabe und Verständnis entgegen, wird er die ihm geschenkte Liebe schon bald annehmen können und aus Dankbarkeit doppelt und dreifach erwidern und sich ganz bestimmt nicht, sobald ihm ein anderes weibliches Wesen den Kopf verdreht, klammheimlich mit einer fadenscheinigen Begründung oder der Floskel „Lass uns Freunde bleiben" aus dem Staub machen.

Schwärmt ein Typ ständig von seiner Mama und ist der Meinung, dass es sich dabei um die großartigste Frau der Welt handelt, ist er ein wahres Prachtexemplar und als ausgeprägter Familienmensch geradezu dafür prädestiniert,

Ehemann und Papa zu werden. Dieser Mann, der aufgrund der weisen Führung durch das weibliche Familienoberhaupt eine ausgereifte Persönlichkeit besitzt, wird seiner Partnerin stets mit Rat und vielleicht sogar auch Tat – falls die Übermutter ihn nicht zu sehr verhätschelt hat – zur Seite stehen, da er ja weiß, wie Mama den Haushalt führt, Gulasch kocht oder ein Baby ruhigstellt. Es wäre auch denkbar, dass er seine Mama darum bittet, seiner Partnerin helfend unter die Arme zu greifen, um ihr damit das Leben zu erleichtern.

Bei einem Mann, der einer Frau ständig nachschleicht, sie mit Annäherungsversuchen umgarnt und mit Komplimenten bombardiert, außerdem gerne seine Nase in ihre getragenen Unterhosen steckt (sobald er sein Ziel erreicht und ihre Wohnung betreten hat), handelt es sich um einen wahren Prachtburschen. Dieser Typ wird seine Herzdame, nach all der Mühe und der großen Menge an Energie und Zeit, die er zu investieren hatte, nie wieder verlassen und bis zu ihrem Tod treu an ihrer Seite verharren. Mit Sicherheit wird so ein Mann immer da sein, wenn man ihn braucht, weshalb er die Auserwählte nie wieder alleine einkaufen gehen oder mit der Ausrede „Mein Schatz hat heute einen wichtigen beruflichen Termin" solo bei einem langweiligen Familienfest auftauchen lässt.

Großes Glück hat frau auch mit einem Mann, der rund um die Uhr putzt, jedem Staubkorn hinterherjagt, Kalktropfen von den Armaturen poliert und zehn Mal pro Tag mit einem Lufterfrischerspray durch die Räume springt – da stört es auch nicht, dass er von technischen und handwerklichen Dingen keine Ahnung und bei Reparaturen zwei linke Hände hat. Die Partnerinnen dieser Männer können sich also nicht nur über eine stets klinisch reine Wohnung freuen, sie lernen auch einerseits so manierlich zu speisen, dass kein Brösel auf den sauberen Teppich fällt, und andererseits

ohne männliche Hilfe einen Parkettboden zu verlegen oder beim Auto die Reifen zu wechseln.

Nie wieder gehen lassen sollte man den Sparmeister, der trotz mehrmaliger Verwendung des Badewassers nicht geizig genannt werden darf, da er als ökonomisch denkender Mensch das große Ganze, nämlich die Umwelt, im Auge hat und dabei auf seine Mitbewohner keine Rücksicht nehmen kann. Auch durch diesen Typ Mann werden Frauen zu besseren Menschen, da sie lernen Verzicht zu üben, bescheiden zu sein und sich selbst und ihre kleinlichen Wünsche, wie die nach frischem Badewasser, nicht so wichtig zu nehmen. Und Luxus ist ja ohnehin pfui – wer braucht denn schon neue Schuhe, wenn die drei Paar Treter, die man besitzt, noch nicht einmal fünf Jahre alt und völlig intakt sind?

Ein wahrer Goldschatz ist auch der hochsensible Mann, der vor lauter Zartgefühl nicht einmal eine Fliege erschlagen kann und aufgrund dieser übergroßen Liebe, die er für alle Geschöpfe dieser Erde empfindet, ständig alle Menschen umarmt, um die kalte Welt ein bisschen wärmer zu machen. Der Typ weint gemeinsam mit der Partnerin bei rührenden Szenen in Liebesfilmen und kreischt sich bei Horrormovies, bei welchen er verängstigt und zeitgleich angewidert von so viel Brutalität eine starke Schulter zum Anlehnen braucht, die Seele aus dem Leib. Frauen können in der Beziehung mit einem solchen total süßen Mann ihr Helfersyndrom perfekt ausleben und: Sie müssen nicht mehr schwanger werden, denn sie haben ja schon ein Kind.

Anfänglich etwas gewöhnungsbedürftig ist der hässliche ungepflegte Kerl, der sich, vielleicht ja gerade aufgrund seiner äußerlichen Makel, letztendlich als treue, liebe Seele entpuppt und aus dem Leben der Frau, die ihn vom Frosch zum Prinzen geküsst hat, schon bald nicht mehr wegzudenken ist. Es spielt keine Rolle, dass in einer solchen Beziehung aus verständlichen Gründen die Romantik, falls mit einem solchen Typen überhaupt produzierbar, einen weit höheren Stellenwert einnimmt als die Erotik – aber Sex wird ohnehin überbewertet. Auch die Wichtigkeit von Körperhygiene, mit der es dieser Mann nicht so genau nimmt, tritt zugunsten seines durch und durch guten Charakters in den Hintergrund, zumindest solange trotz seiner Ausdünstungen noch soziale Kontakte möglich sind.

Ein echter Hauptgewinn ist der kreative Mann, der stets für frischen Wind in der Beziehung sorgt – vor allem seine immer wieder neuen Ideen, wie man das Sexualleben aufpeppen könnte, sind legendär, da er aus einem schier unerschöpflichen Pool an Abwechslungsreichtum zu schöpfen scheint, ohne dabei die Quellen seiner Inspiration zu nennen. Mit diesem Partner wird es aber auch außerhalb des

Schlafzimmers nie langweilig, da er aus beruflichen Gründen viel unterwegs ist und daher immer etwas zu erzählen hat. Noch dazu handelt es sich bei dem Sexgott um die aufmerksamste Sorte Mann, da er nach endlos langen Überstunden und ungeplanten Geschäftsreisen immer mit Blumen und Geschenken nach Hause kommt.

Ein ganz besonderer Schwiegermutter-Liebling ist der Typ, der bei geselligen Anlässen mit reichlich Alkohol zur charmesprühenden Spaßkanone mutiert und den Alleinunterhalter für die Gäste spielt, dabei sogar überschwängliche Zuneigung für die Verwandtschaft und den Freundeskreis seiner Partnerin bekundet und reihum mit jedem Bruderschaft trinkt. Wer fragt sich in so unbeschwerten Stunden schon, wann dieser Mann vor lauter Liebe wieder einmal mit der Faust zuschlägt? Wer hoch steigt, muss schließlich auch tief fallen. Und wenn dieser Kerl nicht gerade das Essen, das ihm nicht schmeckt, samt Teller gegen die Wand klatscht oder seine Partnerin die Treppe hinunterschubst, weil sie 20 Sekunden zu lang mit ihrer Mutter telefoniert hat, anstatt ihm zu Diensten zu sein, ist er wirklich sehr umgänglich. Er kann, ebenso wie der ideenreiche Sexgott, außerdem ebenfalls sehr aufmerksam sein und bringt seiner Partnerin oft Blumen mit.

Ein toller Lebensgefährte ist auch jener, der sich ständig um einen sorgt. Wenn die Frau außerhalb ihrer Arbeitszeit aus dem Haus geht, wird der Mann bereits nervös, ist sie länger als eine Stunde weg, bekommt er Panik und ruft sie an, weil er befürchtet, es könnte ihr etwas zugestoßen sein. Auch wenn sich die Partnerin mit anderen Menschen, vor allem mit fremden Typen, unterhält, fürchtet dieser Mann um ihr Seelenheil, da sie schlechten Einflüssen ausgesetzt sein und davon negativ beeinflusst werden könnte, weshalb er versucht sie zu beschützen und von diesen Personen fernzuhalten. Gibt es einen größeren Liebesbeweis als den, dass dieser Mann seine Partnerin, die er absolut vergöttert, nur für sich alleine haben will?

Ein echtes Mannsbild, um den einen sämtliche Frauen beneidet werden, ist der Typ, der seiner Partnerin alle Entscheidungen abnimmt und alleine bestimmt, wo es langgeht, sodass sich die Frau um nichts mehr kümmern muss, außer darum, ihn glücklich zu machen. Es gibt nichts Schöneres und Bequemeres in einer Beziehung, als den großen starken Mann agieren zu lassen, während man selbst nur noch zu reagieren und bewundernd zu seinem Held aufzuschauen braucht. Und wird dennoch einmal gestritten, weil die Frau eine der von ihm getroffenen Entscheidungen infrage stellt, beschließt dieser männliche Mann, dass er richtig gehandelt hat, die Diskussion beendet ist und es Versöhnungssex gibt.

Aufregend und spannend ist auch das Leben mit dem harten Kerl, dem Abenteurer, dem Kämpfer, der sich unentwegt in waghalsige Situationen begibt, dem kein Berg zu hoch, kein Motorrad zu schnell und kein Kontrahent zu bedrohlich ist. An der Seite dieses Mannes wird einer Frau nie langweilig, weil ihr Partner sie auch oft und gerne motiviert selbst einmal die Ketten zu sprengen, allen Zwängen zu entfliegen und ohne Rücksicht auf Verluste das Leben zu genießen – vorzugsweise ohne festen Job, der einen Menschen nur konventionell beziehungsweise spießig werden lässt und einengt.

Nicht weniger aufregend, wenn auch nur rein emotional, gestaltet sich das Leben an der Seite des schwermütigen Typen, der vom Pech verfolgt und von allen seinen Mitmenschen ungerecht behandelt wird und wie kein anderer unter den Schlechtigkeiten dieser Welt zu leiden hat. Auch bei diesem Partner ist eine Frau in guten Händen, wenn sie an einem Helfersyndrom leidet, da sie den armen kleinen Kerl immer wieder trösten und aufbauen kann. Ebenso fühlen sich Laienpsychologinnen an der Seite dieses Mannes richtig wohl, da sie mit ihm seine schreckliche Kindheit und seine unzumutbare Jugend aufarbeiten und ihm die Last, welche man ihm in der Gegenwart aufbürdet, abnehmen und sich selbst umschnallen können. Kündigt er seinen Selbstmord an, wenn ihm die Partnerin mit dem Verlassen droht, ist das ein Zeichen seiner tief empfundenen Liebe, weil er damit ausdrückt, dass er ohne sie nicht leben kann.

Sollten Freunde und Familienmitglieder diese Männer Drückeberger, Muttersöhnchen, Stalker, Putzteufel, Geizhals, Weichei, Quasimodo, Schürzenjäger, Frauenhasser, Kontrollfreak, Macho, Draufgänger oder Spinner nennen, kann davon ausgegangen werden, dass diese Menschen einfach nur neidisch sind und einem das verdiente Glück nicht gönnen. Genau aus dem Grund mögen ja die meisten Kerle, verständlicherweise, die Vertrauten ihrer Partnerinnen nicht – weil die sich ständig einmischen!

Mein Stalker

In Deutschland und Österreich gibt es jährlich mittlerweile unzählige Anzeigen wegen Stalkings, das erst seit Kurzem einen Straftatbestand darstellt – als hätte es dieses lästige Verhalten, das nicht selten in echten Psychoterror ausartet, vorher noch nicht zuhauf gegeben, wobei die Opfer der „beharrlichen Verfolgung" (die Lebensführung der betroffenen Person muss unzumutbar beeinträchtigt werden) größtenteils Frauen sind.

Die Täter werden laut Wikipedia in sechs Gruppen unterteilt, es gibt den zurückgewiesenen, den beziehungssuchenden, den intellektuell zurückgebliebenen, den rachsüchtigen, den wahnhaften und den sadistischen Stalker – und dieser Mann, seltener eine Frau, ist ein Expartner, Nachbar, Kollege, Freund … oder einfach der Gemüsehändler an der Ecke, der mehr möchte, als seiner Angebeteten Gurken zu verkaufen. Doch anstatt das einmal auszusprechen und sich einen Korb zu holen oder nach dem Liebesgeständnis die Abfuhr zu akzeptieren, werden echte Stalker dann erst recht aktiv und dabei meist auch sehr kreativ und lassen sich alles Mögliche einfallen, um dem Objekt der Begierde, nicht selten zusätzlich auch dem sozialen Umfeld dieser Person, das Leben zur Hölle zu machen.

Natürlich ist nicht jeder aufdringliche Verehrer gleich ein Stalker. Minnesänger haben sich früher ebenso im unerfüllten Begehren einer weiblichen Person gesuhlt, die unerreichbare Angebetete bei jeder sich bietenden Gelegenheit gepriesen und umworben und dabei musizierend ihr Leid geklagt, weil sie nicht erhört wurden. Kann man diese masochistisch veranlagten Liebeskranken, die sich immer wieder von der holden Weiblichkeit demütigen ließen, als echte Stalker, die aufgrund der damals herrschenden Sitten und Gebräuche ungehindert agieren konnten – da sich die meist hochgestellten Damen im Mittelalter durch diese Aufmerksamkeit, die ihnen zuteilwurde, geschmeichelt fühlten und das aussichtslose Werben sogar genossen –, bezeichnen? Noch wichtiger ist die Frage: Ab welchem Zeitpunkt, beziehungsweise aufgrund welcher Aktion oder hinter dieser stehenden Motivation, beschließt eine moderne Frau, in dem hartnäckigen Fan, der sie nach allen Regeln der Kunst umgarnt, einen Stalker zu sehen?

Aufgrund einschlägiger Erfahrungen, nämlich ziemlich vieler, ziemlich grenzwertiger innerhalb ziemlich kurzer Zeit, habe ich, neben meiner ständig vorhandenen Coulrophobie (Angst vor Clowns), wieder einmal eine vorübergehende Phobie gegen generell sich peinlich anbiedernde, auch ungeschminkte Männer entwickelt. Wenn ich jedoch an die armen Menschen denke, die an einer Lachanophobie leiden und im Supermarkt in der Nähe der Gemüseabteilung gegen Panikattacken kämpfen und kurz vor dem Nervenzusammenbruch stehen, weil sie Angst vor Gurken, Tomaten und Paprikas haben, oder an Frauen, die während des Sommer- beziehungsweise Winterschlussverkaufs keine Einkaufszentrum betreten können, weil sie mit einer Bargainophobie (Angst vor Ausverkäufen) gestraft wurden, kommt mir meine Clownsfurcht wirklich harmlos vor. Und ich bin ja schließlich auch nicht alleine mit meiner irrationalen Angst – viele bekannte Persönlichkeiten litten unter merkwürdigen Phobien, vor allem Männer: Den niederländischen Humanisten und Philosophen Erasmus von Rotterdam (ca. 1467–1536) soll beim Anblick eines Fisches fast der Schlag getroffen haben, der Preußenkönig Friedrich der Große (1712–1786) hat sich angeblich vor neuen Gewändern geekelt, sodass er so lange wie möglich in seinen alten Klamotten herumlief (was ihm zahlreiche Sympathien einbrachte, weil man sein Auftreten in der stets selben abgewetzten Uniform fälschlicherweise als Bescheidenheit auslegte), und der österreichische Komponist Anton Bruckner (1824–1896) hatte zeit seines Lebens Panik vor unwillkürlichen Samenergüssen, weshalb er in der Öffentlichkeit immer ein wasserdichtes Unterkleid trug.

Im Vergleich mit diesen Befürchtungen ist meine periodisch auftretende Androphobie doch recht harmlos, auch wenn ich diesen Begriff, der die „Angst vor Männern" definiert, für mich ein wenig abändern muss in „extremer Widerwille gegen aufdringliche Männer". Dennoch bin ich dadurch weniger eingeschränkt als so manch männliches (oder auch weibliches) Wesen, das unter Caligynephobie (auch Venustraphobie), also unter der Angst vor schönen Frauen, leidet (interessanterweise gibt es keine offizielle Bezeichnung für „Angst vor schönen Männern", wahrscheinlich weil diese Spezies seltener existiert).

Und gerade in dieser sensiblen Phase meines Lebens fange ich mir einen Stalker ein!

Es beginnt damit, dass mich auf der Geburtstagsparty einer Freundin ein Mann namens Walter anspricht, der auf den ersten Blick nett, auf den zweiten aber furchtbar uninteressant ist. Ich würdige den Typen daher keines Blickes mehr, obwohl er sich hartnäckig an meine Fersen heftet und ich ihn wie ein paar Blatt Klopapier, das sich an der Schuhsole festgeklebt hat, ungewollt hinter mir her schleife. Als ich mich gegen Mitternacht verabschiede, verschwindet auch Walter von der Bildfläche und ich nehme an ihn nie mehr wiedersehen zu müssen.

Doch bereits am nächsten Tag läutet gegen Mittag mein Handy. Der Langweiler vom Vorabend meldet sich und erklärt mir auf meine Nachfrage, dass er meine Nummer von meiner Freundin erfragt hat, die ich im selben Moment am liebsten erwürgen würde. Als mich Walter schon nach einer Minute Gesprächsdauer erneut anödet, teile ich ihm das mit und versuche das Telefonat in bestem Glauben, dass damit die Lage geklärt sei, zu beenden. Doch dieser Mann gibt nicht so schnell auf, wie ich gehofft habe: „Man könnte doch einmal etwas trinken oder ins Kino gehen …!"
„Warum erzählst du mir das? Der ‚man', wer auch immer das ist, braucht doch nicht meine Zustimmung, um das zu tun", entgegne ich säuerlich. Stille! Doch gerade als ich auflegen will, höre ich heiseres Geräusper und dann: „Äh … Ich wollte eigentlich fragen, ob wir einmal etwas zusammen unternehmen." „Ach so … Nein! Und Tschüss!"

Es liegt mir fern, in so einem Fall Spielchen zu spielen und in jemandem falsche Hoffnungen zu wecken – lieber knallhart und abweisend als nett und daher missverständlich.

So leicht lässt sich Walter trotz meiner Knallhärte allerdings nicht entmutigen und ruft noch zwei Mal bei mir an, wobei ich ihm beim letzten Gespräch ins Ohr brülle, dass er mich endlich in Ruhe lassen soll und, vom Schreien bereits ein wenig heiser, abschließend noch krächze: „Sonst muss ich härtere Maßnahmen ergreifen." Am nächsten Tag liegen eine Packung Taschentücher und eine Schachtel Hustenbonbons auf meiner Türschwelle, samt einer Karte, auf der steht: „Gegen deine Verkühlung. In Liebe, Walter."

Ich frage mich, ob ich mich verarscht oder verfolgt fühlen soll, beschließe aber auf jeden Fall alles, was mit dem Typen zu tun hat, zu ignorieren, nicht mehr auf ihn zu reagieren, aber auch noch nicht zu agieren.

Der Langweiler mutiert in der Folgezeit jedoch zum Stalker, er bombardiert mich auch weiterhin mit Anrufen, die ich nicht mehr annehme, schreibt SMS, die ich unbeantwortet lasse, und deponiert alle paar Tage diverse Kleinigkeiten wie Blumen, Süßigkeiten oder Stofftiere vor meiner Wohnungstüre, die ich entsorge.

Zwischendurch statte ich meiner Freundin, auf deren Geburtstagsparty ich Walter kennenlernte, einen Besuch ab und mache ihr die Hölle heiß, weil sie dem Typen meine Telefonnummer gegeben hat, ohne mich vorher zu fragen. „Nicht genug, dass ich momentan Männer ohnehin nicht leiden kann und phobisch auf lästige Idioten reagiere, jetzt hab ich dank dir auch noch einen Psychopathen am Hals!"

Als mein ignorantes Verhalten meinen Stalker nur noch beharrlicher zu machen scheint, nehme ich mir vor diverse Tipps gegen aufdringliche Verehrer abzuarbeiten: Ich nehme einen Anruf an und trillere ihm mit einer Pfeife ins Ohr, worüber er nach dem ersten Schock herzlich lacht und mich „süße freche Hexe" nennt, ich schicke meinen muskelbepackten Cousin bei ihm vorbei, der sich als mein neuer Freund ausgeben soll, woraufhin dieser mit Walter in einer

Bar landet, in der sich die beiden gemeinsam besaufen, verkumpeln und gegenseitig ihr Liebesleid klagen. Zuletzt drohe ich Walter mit einer Anzeige, woraufhin er mir anbietet einen Termin bei seinem Vater, einem Polizeibeamten, für mich zu organisieren.

Mit meinem Stalkinglatein fast am Ende befällt mich im letzten Moment, kurz bevor ich einen Umzug ins Kloster erwäge, doch noch die rettende Idee: Ich verabrede mich zu Walters größter Verwunderung mit ihm in einem Lokal und verspreche hoch und heilig ohne Trillerpfeife, Cousin oder Polizei zu erscheinen. Drei Stunden vor dem Date mixe ich mir einen Spezialdrink aus vier Knoblauchzehen, einer gehackten Zwiebel und 200 Millilitern Milch, kippe die Mischung mit zugehaltener Nase in mich hinein und versuche mich danach nicht zu übergeben, was mir zum Glück auch gelingt.

Im Lokal angekommen nehme ich so nahe wie möglich, ohne Walter dabei berühren zu müssen, neben meinem Stalker Platz und begrüße ihn freundlich mit einem direkt in sein Gesicht gehauchten „Haloooo". Der tapfere Kerl lässt sich nichts anmerken, obwohl meine Knoblauchfahne mir selbst beinahe den Atem verschlägt. 20 Minuten später, Walter ist dank intensiver Kommunikation mittlerweile schon ein wenig blass um die Nasenspitze, setzen wie gewünscht die Blähungen ein und ich lasse so leise wie möglich ein paar sausen. Der Geruch, der mich gleich darauf umgibt, würde sogar ein Nashorn von den Hufen fegen und ich bin dankbar dafür, dass das Lokal relativ leer ist und niemand in unserer Nähe sitzt. Walter hustet verhalten und ich meine bereits einen Anflug von Ekel in seinem Gesicht erkennen zu können, während ich ihm, zwischendurch immer wieder kräftig aushauchend, von meinen Urlauben erzähle, wobei ich die spannenden Geschichten weglasse und fast ausschließlich von meinen grausigen WC-Erlebnissen im Ausland und einigen ungustiösen Brechunfällen aufgrund der ungewohnten Kost berichte. Zwischendurch rülpse ich zwei Mal genüsslich und setze auch erneut weitere Gase frei.

Ich hätte auch versuchen können ein klärendes Gespräch mit meinem Stalker zu führen, doch Walter ist ganz offensichtlich partiell geistig umnachtet und somit einer vernünftigen Diskussion sicher nicht zugänglich. Daher: Wer nicht hören will (oder kann), muss riechen – so ist das nun einmal beim Kampf der Geschlechter, wenn einer der beiden Kontrahenten besessen, der andere verzweifelt und sich für nichts zu blöd ist.

Nach etwa einer Stunde droht Walter, der mittlerweile schon unter Schnappatmung leidet, in meinen Gasen zu verenden (so sieht er jedenfalls aus – auch mir ist allerdings bereits speiübel, doch wer Erfolg haben will, muss Opfer bringen) und verabschiedet sich daher eilig, um rasch an die frische Luft zu gelangen. Ich rufe ihm noch ein „Melde dich doch Ende der Woche, dann kann man auch zusammen ins Kino gehen" nach, doch mein Stalker hat nie wieder etwas von sich hören lassen.

Die Tussi an der Seite meines Ex

Dass eine Frau üblicherweise von der Expartnerin ihres neuen Freundes genervt ist, liegt daran, dass sie ein „Exklusivrecht" an dem Mann zu haben vermeint und sich gesellschaftshierarchisch als dessen Lebenshöhepunkt empfindet. Sie wird daher alles daran setzen, diesen Status zu verteidigen. Die Verflossene hingegen will die elitäre Position nicht immer sofort räumen, sobald die Beziehung zu Ende ist, was oft zu Machtkämpfen und Eifersüchteleien zwischen den beiden Frauen führt. Meist steht der betreffende Mann in so einem Fall wie ein Häufchen Elend dazwischen, denn er fühlt sich beiden Seiten verpflichtet: seiner Ex, der er versprochen hat auch nach der Trennung für sie da zu sein und die er auch noch gern hat, weil er sich durch die gemeinsame Vergangenheit mit ihr verbunden und nahe fühlt, und seiner aktuellen Partnerin, mit der er sich eine Zukunft schaffen möchte und der er das Gefühl vermitteln muss, dass ihn nichts und niemand, auch nicht seine Exfreundin, von diesem Vorhaben abbringen kann.

Mein Exfreund Michael und ich bedienten uns tatsächlich nach unserer Trennung des Klischees, „Freunde zu bleiben", und aus der ursprünglich dahingesagten Floskel „wir sehen uns" wurden regelmäßige Verabredungen zu bierlaunigen Dialogen über Gott und die Welt in „unserer" Kneipe oder Treffen zum Billardspielen, da wir immer noch gerne gemeinsam unterwegs sind, aber eben nicht als Paar zusammenleben können. Der Wechsel von der Beziehung zur Freundschaft war also ein logischer und vernünftiger Schritt für uns beide.

Und jetzt, plötzlich, hat Michi wieder eine Freundin, sie heißt Denise, und Denise ist eine Tussi.

Ich sehe die beiden zufällig zusammen in der Stadt und frage mich, wann er mir von seinem veränderten Lebensumstand berichten und mir die Neue vorstellen wollte, denn daran, dass er ihr nichts von mir erzählt hat, kann es ja meiner Meinung nach nicht liegen. Dass dem offensichtlich doch so ist, bemerke ich relativ rasch, denn als ich Michi bei der Begrüßung umarme, würde mir die große Blonde an seiner Seite, jedenfalls ihrem Blick nach zu urteilen, am liebsten gegen das Schienbein treten, rammt mir stattdessen nach dem Hinweis, dass ich die Ex bin, natürlich völlig unabsichtlich den Absatz ihrer Stilettos in den großen Zeh, woraufhin sie sich wortreich entschuldigt. Ich erwidere, dass ich durch das dicke Leder meiner Sportschuhe eigentlich gar nichts gespürt habe, obwohl es sich anfühlt, als würde sich mein Zehennagel aufzurollen beginnen.

Mittlerweile widmet mir endlich auch Michi seine Aufmerksamkeit, und zwar in Form von inszenierter Nichtbeachtung. Sein künstlich desinteressierter Blick wandert ruhelos von seiner Freundin über meinen Kopf in die Ferne, während Denise über die Umgestaltung von Michis Wohnung spricht, die bedauerlicherweise so gar nicht Feng-Shui ist. Während sie vor sich hin quakt, fuchtelt sie mit ihren Händen, die an den Fortsätzen mit künstlichen Fingernägeln besetzt sind, vor meinem Gesicht herum und mir fällt in dem Zusammenhang ein, dass ich noch nie verstanden habe, warum sich Frauen gegen Bezahlung Nägel machen lassen, wenn sie diese doch bei der Geburt gratis bekommen. Als ich diese Tatsache in Worte fasse, beginnt es in Michis Mundwinkeln zu zucken, während sich die von der Tussi verständnislos nach unten ziehen.

Ich würde ja gerne behaupten, ich hätte lieber etwas Nettes gesagt, doch das wäre gelogen. Die Frau passt nicht zu meinem Ex und ich muss ihn doch vor einem Fehler bewahren – Freunde tun so etwas. Außerdem ist die große Blonde dumm UND humorlos – eine wirklich ungünstige Kombination. Die Neue kann froh sein, dass ich DAS nicht gesagt habe …, allerdings nicht aus Rücksicht auf Denise, sondern weil ich mich vor einem neuen Anschlag auf meine immer noch pochende große Zehe fürchtete.

Michis Freundin beginnt nun unruhig herumzuzappeln und erinnert mich mit dem unmotiviert wirkenden Gehampel an ein kleines Kind, das dringend Pipi muss. Dabei wippt ihre unverpackte Oberweite, die offensichtlich schon längere Zeit vergeblich gegen die Auswirkungen der Schwerkraft kämpft, unter der weißen Bluse im Takt auf und ab, woraufhin mir nichts anderes übrigbleibt als festzustellen, dass die Brüste der Tussi ungleich groß sind. Michi wirft mir einen warnenden Blick zu, räuspert sich und stemmt dann so etwas wie „dringender Termin" zwischen seinen Zähnen hervor. Ich blicke wieder zu Denise, die ihrem Freund gerade erklärt, wie spät es schon geworden sei, während ich feststelle, dass ihre Augen zu klein, der Mund zu groß und beides in scheußlichen Farben viel zu dick bemalt ist. Jetzt beginnt die Tussi doch tatsächlich auch noch an Michis T-Shirt zu zerren, was wohl bedeuten soll, dass er sich von mir verabschieden muss. Mein Ex lächelt gequält, vermutlich weil er mich gut kennt und daher ahnt, was gleich passieren wird. „Was mich interessieren würde", starte ich den Angriff, „wenn du Feng-Shui magst, bei dem man ja viel Wert auf Ästhetik und Symmetrie legt und das Prinzip ‚weniger ist mehr' beherzigt, warum beginnst du dann nicht einmal damit, dein Äußeres in diese Richtung zu verändern, bevor du Michis Wohnung umkrempelst?"

Ich wäre vielleicht aus Gründen der Loyalität dazu verpflichtet gewesen, halbwegs nett zu der Neuen an der Seite meines Ex zu sein, doch es fühlt sich viel zu gut an, diese hohle Nuss zu beleidigen, als dass ich mich noch stoppen könnte. Ich schaffe es nicht einmal, mir zuzumuten, diese Tussi zu ignorieren, und bin gleichzeitig der Meinung, dass ich deshalb so konfrontativ mit ihr umgehen darf, weil ich weiß, dass ich damit nichts zerstöre, was nicht schon kaputt ist – für diese Gewissheit hat ein kurzer Blick in Michis Gesicht genügt.

Antwort erhalte ich keine mehr, bekomme nur noch einen empörten Blick zugeworfen und gleich darauf stöckelt Denise, Michi hinter sich her zerrend, beleidigt davon.

Zwei Tage später ruft Michi mich an und berichtet, dass mit Denise Schluss ist. Ich gratuliere ihm und lade meinen Ex zu einem Bier in unsere Kneipe ein, damit alles wieder so ist, wie es vorher war, und seine Richtigkeit hat. Dass er ein Schlappschwanz ist, werde ich ihm aber noch sagen müssen.

Nicht bi-neugierig

Laut Sigmund Freud ist jeder Mensch bisexuell veranlagt. Der Psychoanalytiker war der Meinung, dass sich fast jeder Mensch in frühen Jahren, nach einer Phase der Zuneigung zu beiden Geschlechtern, unbewusst entweder für die Homo- oder die Heterosexualität entscheidet und diese auch auslebt, während die bisexuelle Veranlagung im Inneren weiterschlummert und gelegentlich wieder zutage tritt. Nur einige wenige leben die Liebe zu Mann und Frau von Beginn ihrer Sexualität an gleichverteilt aus. Freud stellte außerdem die These auf, dass gesellschaftliche Zwänge und Tabus, sprich spießige Verwandte und engstirnige Mitmenschen, die das für „nicht normal" halten, häufig zur Unterdrückung des homosexuellen Anteils führen.

Ich finde, jeder Mensch sollte die Person lieben und mit ihr Sex haben, zu der er sich hingezogen fühlt, egal ob Weiblein oder Männlein – und das bitte ungeachtet der Meinung anderer, die sich kein Urteil darüber zu erlauben haben.

Als eindeutige Heterofrau, die sich nicht mehr an die von Freud psychoanalysierte Phase der Bisexualität erinnern kann, reichen mir meine weiblichen Körperteile zum Glücklichsein völlig aus, ich bin außerdem mit den eigenen, meist prämenstruell bedingten, flexiblen Stimmungen bedient genug und suche beim Sex daher nach dem passenden Gegenstück, auch wenn sich darüber nicht notwendigerweise ein Sixpack befinden muss.

Doch manche Menschen wollen es dabei nicht bewenden lassen, wie ich feststelle, als ich mich mit Freunden auf einer Party in einem unserer Lieblingslokale befinde. Die Stimmung ist ausgelassen, das Bier süffig und der Abend mittlerweile weit fortgeschritten. Es sind mehrere Tische mit mir bekannten Leuten besetzt und so wechsle ich immer wieder den Platz, um mit dem einen oder anderen zu plaudern. Eine Stunde später ist die Stimmung noch ausgelassener, das Bier ist nach den getrunkenen Unmengen von den meisten Gästen nicht mehr als Alkohol zu identifizieren, sondern nur noch als gelbe Flüssigkeit, die in rauen Mengen fließt und ständig nachgeordert wird, und die Uhr zeigt weit nach Mitternacht.

Da meine Blase bereits seit 20 Minuten nach Entleerung verlangt, mache ich mich mit gummigen Beinen auf den Weg zur Toilette, während hinter mir die Menge weitergrölt. Als ich die sanitäre Anlage verlasse und den Gastraum betrete, kommt mir meine Freundin Claudia, ebenfalls eine Heterofrau, entgegengeschwankt und fällt mir um den Hals, flüstert mir, wie ein nasser Sack in meinen Armen hängend, ins Ohr, dass sie mich furchtbar lieb hat, und streichelt dabei meinen Rücken. Gerührt ob des Gefühlsausbruchs antworte ich: „Ich hab dich auch lieb, Maus, aber lass mich jetzt bitte wieder los!", schiebe Claudia von mir, als sie nichts dergleichen unternimmt und ich befürchten muss, dass sie entweder eingeschlafen ist oder sich jeden Augenblick über meine Schulter übergibt, und setze sie auf eine der Bänke. Danach gehe ich zu meinen Freunden zurück und nehme mir vor in zehn Minuten nach Claudia zu schauen. Doch dazu soll es nicht mehr kommen, denn gefühlte fünf Sekunden später steht meine Freundin wie der Schiefe Turm von Pisa vor mir und grinst auf mich herunter. Mit entgleister Miene, in der ein Auge mich, das andere einen fiktiven Punkt im Narrenkastel zu fixieren versucht, schreit sie durchs Lokal: „Ich will jetzt sofort mit dir knutschen!", was mich dazu veranlasst aufzuspringen, Claudia umzudrehen und retour zu den WC-Anlagen zu schieben, um dort ihren Kopf in kaltes Nass zu halten – ich möchte sie zwar nicht unbedingt in eine Klomuschel tauchen, aber zumindest über ein Waschbecken unter den Wasserhahn bugsieren. Doch meine Freundin ist nur bedingt kooperationsbereit, dreht sich plötzlich um und zieht mich ruckartig an sich. Ihre geschürzten Lippen, welche die meinen anvisieren, nur wenige Zentimeter vor meinem panisch zusammengepressten Mund, reiße ich mich im letzten Moment los, sodass sie ins Leere torkelt und mit dem Kopf gegen die Wand donnert. Nachdem ich mich vergewissert habe, dass durch den heftigen Aufprall kein bleibender Schaden, sondern höchstens eine Beule zurückbleiben wird, zerre ich Claudia wieder zu der Bank, auf der sie schon vorher saß, wo sie augenblicklich in sich zusammensackt wie ein Duracell-Hase, dem die Batterie entfernt wird. Erstaunlicherweise richtet sie sich nur wenige Sekunden später wieder auf, als wäre sie eine Marionette, die man an unsichtbaren Fäden hochzieht, springt von der Bank und stürzt mit den Worten „Ich will endlich mit dir knutschen" auf mich zu.

Ich sehe keinen anderen Ausweg mehr, als Claudia an den Schultern zu packen, um sich selbst zu drehen, zu flüchten, solange sie noch kreiselt, und mich in einer der Kabinen auf den Toiletten einzuschließen. Lautes Geschrei dringt dumpf durch die Klotüre an mein Ohr, da meine Freundin offensichtlich im Lokal Amok läuft, weil sie mein Versteck nicht findet. Doch plötzlich wird es still, ich verlasse die Sicherheitszone und schiebe mich vorsichtig um die Ecke, damit ich in den Gastraum spähen kann. Sebastian, ein Freund von uns, sitzt neben Claudia, mit seinem Arm um ihre Schultern – er tröstet sie und hat ihr außerdem ein großes Bier vor die Nase gestellt, an dem sie selig lächelnd nippt, während ich mich vorbeischleiche und danach eilig aus dem Staub mache.

Am nächsten Tag statte ich meiner Freundin einen Besuch ab, die mir, noch sichtlich verkatert, die Türe öffnet. „Was war?", fragt sie knapp. Ich erwidere: „Was ist denn das für eine Begrüßung, Maus?", ziehe sie an mich und presse meine Lippen auf die ihren. Ohne eine Miene zu verziehen, auch wenn ich am liebsten ein Feuchttuch aus der Tasche geholt und es mir in den Mund gestopft hätte, säusle ich in ihr fassungsloses Gesicht, auf dem sich ein Ausdruck leichten Ekels breit macht: „Liebes, wieso bist du denn heute so spröde? Ich dachte, wir schieben jetzt endlich eine Nummer, nachdem wir gestern wie Teenies am Klo herumgeknutscht haben, du aber leider aufgrund des Alkoholgehalts in deinem Blut und des Puddings in deinem Körper zu mehr nicht fähig warst. Was ist jetzt?" „Igitt", antwortet Claudia und sehnt sich jetzt garantiert nach einem Feuchttuch.

Natürlich hätte ich den Vorfall auch taktvoll verschweigen können, aber es ist einfach herrlich, Freunden, die sich nach so einer Nacht an nichts erinnern können, einen Streich zu spielen. Da ich selbst auch bereits Opfer wurde, nachdem ich auf einer Party sowohl die Kontrolle als auch das Gedächtnis verloren hatte, habe ich kein schlechtes Gewissen und genieße die Mischung aus Scham und Abscheu in Claudias Blick.

„Ich ... ich ... wusste nicht, dass du ... auch auf Frauen stehst", stottert Claudia. Sanft mache ich meiner Freundin klar, dass sie unsere Interaktion initiiert hatte und schuld daran sei, dass wir auf dem WC quasi ineinandergefallen wären. „Uagh", graust es meinem Gegenüber noch einmal.

Genug gequält, beschließe ich und berichte wahrheitsgetreu von den Ereignissen, was Claudia die Erleichterung ins Gesicht schreibt.

„Also, für die Zukunft", kann ich mir jedoch nicht verkneifen, „ich bin nicht bi-neugierig! Aber ich freue mich für dich, wenn du dich dafür entscheidest, mehr Auswahl haben zu wollen." Nach dieser Meldung muss ich wieder flüchten, dieses Mal jedoch nicht vor den geschürzten Lippen, sondern vor einem drohend erhobenen Hausschuh in Claudias Hand.

Schlechter Sex ist gar kein Sex

Auch wenn die argentinisch-deutsche Schriftstellerin Esther Vilar, die 1971 bekannt wurde mit ihrem Werk „Der dressierte Mann", die Behauptung aufstellte: „Für eine Frau gibt es wichtigere Dinge als einen Orgasmus, zum Beispiel den Kauf von einem Paar auberginefarbenen Lackstiefelchen", wollen die meisten weiblichen Wesen dennoch ordentlich sexuell befriedigt werden und einen Höhepunkt erleben, zumindest moderne aufgeklärte Frauen unter 80 (in seltenen Fällen noch ältere Damen, außer wenn diese noch aktiv und auch anspruchsvoll sind; dann sage ich: Bravo!).

Männer sind ja eher leicht zufriedenzustellen, die können sogar jederzeit mit einer schmutzigen Socke Sex haben und sich darüber freuen, dass sie hinterher nicht kuscheln, liebesäuseln, Probleme wälzen oder ihre Kreditkarte zücken müssen, während Frauen Liebesspielzeuge meist nur in Ermangelung eines Partners verwenden, ohne darin einen adäquaten Ersatz für einen solchen zu sehen, oder dieses mit dem Mann gemeinsam zum Einsatz bringen. Kerle sind beim Geschlechtsverkehr mit einer Frau aber auch sehr viel unbeschwerter, sie denken dabei nicht an Liebe, Zärtlichkeit oder Geborgenheit, sondern an: Sex. Die meisten weiblichen Wesen hingegen streben sogar im Bett Harmonie und das gemeinsame Erreichen des Gipfels der Lust an, zumindest in einer festen Beziehung, und das, obwohl sie genau wissen, dass das gemeinsame und gleichzeitige zum Höhepunktkommen so wahrscheinlich ist wie ein Sechser im Lotto – eher schafft man das nämlich zeitversetzt zusammen oder jeder für sich, beziehungsweise mit einem anderen Sexpartner, dafür gleichzeitig.

Ein weiterer Vorteil für Männer, im Speziellen für Singles und Fremdgänger, ist die Möglichkeit, Sex an fast jeder Ecke und in zahlreichen Etablissements kaufen zu können, während wir Frauen stundenlang in Zeitungen oder im Internet nach einem „Antonio, der Hengst" suchen müssen, der Hausbesuche vornimmt.

Aber auch in einer Beziehung haben es Männer leichter – sie können ihre Partnerin, selbst wenn diese keine Lust und daher Kopfschmerzen hat oder eigentlich zu müde für Turnübungen ist, meist mit einigen Schmeicheleien, Komplimenten oder Versprechungen zum Sex überreden, zumindest zu einem Quickie, beziehungsweise zum Blümchensex. Schreiten hingegen Frauen zur Zwangsrekrutierung, kommt es mitunter zu herben Enttäuschungen – da folgt meist auch auf Schmeicheleien, Komplimente oder Versprechungen keine Besserung des laschen Zustands und frau hat nicht einmal die Chance auf einen Quickie oder Blümchensex.

Zusammengefasst könnte man also sagen: Meine Geschlechtsgenossinnen und ich leben im sexuellen Niemandsland, wenn wir keinen Mann an der Hand haben, der gut im Bett und auch häufig (gratis) dort vorzufinden ist.

Ich durfte diese Kombination schon lange nicht mehr genießen, denke ich und nehme mir vor trotzdem wieder einmal Sex zu haben – auf die altmodische Art wollte ich mir „etwas aufreißen" und auch wenn eine, dem anvisierten One-Night-Stand nachfolgende, häufigere Anwesenheit des Opfers in meinem Bett so gut wie ausgeschlossen war, lagen die Chancen auf ein erfüllendes Abenteuer meiner Erfahrung nach bei rund 30 Prozent.

Da Intelligenz beim Sex meiner Meinung nach überbewertet wird, sind meine Ansprüche diesbezüglich nicht allzu hoch, wichtig ist jedoch: Die Optik des potenziellen Kandidaten muss halbwegs mit meinen Vorstellungen von einem attraktiven Mann übereinstimmen, wobei ich kleinen Abweichungen, die man im Notfall mit dem Konsum von Alkohol zum Verschwinden bringen könnte, kompromissbereit gegenüberstehe. Und der Typ sollte natürlich auch noch nicht komplett besoffen sein, damit er später nicht die Nacht vor meiner Klomuschel anstatt in meinem Bett zubringen würde.

Ich könnte jetzt zu Hause bleiben und mein Lieblingsspielzeug aus dem Schrank holen, mir alternativ einen Liebesfilm anschauen und dazu Unmengen an Schokolade essen oder im Internet nach Antonio dem Hengst suchen und ihn zu mir nach Hause einladen. Doch ich habe keine Lust auf vibrierendes Plastik, möchte auch nicht an einem Abend drei Kilo zunehmen und denke auch im Traum nicht daran, für Sex zu bezahlen – nichts davon ist nicht völlig ok oder gar verwerflich, aber eher für diejenigen geeignet, die unbedingt zunehmen wollen oder zu brav sind, um sich „unmoralisch" zu benehmen (denn für viele ist es immer noch ein Tabu, wenn Frauen mit „Massagestäben" Unzucht treiben oder sich einen Mann für eine Nacht besorgen und es sich von ihm besorgen lassen). Ich bin nicht brav, daher entscheide mich für die lebendige Variante, mit der ich Kalorien verbrauchen kann, anstatt diese zu konsumieren, und die nichts kos-

tet. *Und auch daran ist nichts auszusetzen, denn selbst WENN die Männer das Feuer erfunden haben (ich vermute jedoch, es waren die Steinzeitweiblein, welche die Nase voll hatten von kalten, feuchten Höhlen und rohem Mammutfleisch), können wir Frauen besser damit spielen – mit Kerlen, die wie benzingetränkte Lappen brennen, wenn sie unverbindlichen Sex wittern.*

Eine halbe Stunde später sitze ich also in einem Lokal in der City und halte Ausschau. Dabei fällt mir ein Spruch von Carrie aus „Sex and the City" ein: „Männer, die gut aussehen, sind nie gut im Bett – weil sie es noch nie nötig hatten", was mich dazu veranlasst, den großen gutaussehenden Blonden, der an der Bar lehnt und mit dem Kellner plaudert, keines Blickes zu würdigen, obwohl er schon zwei Mal zu mir herübergesehen hat. Doch der Knabe lässt sich davon nicht abschrecken und steuert kurze Zeit später mit zwei Geträn-

ken in den Händen auf mich zu, setzt sich mit einem kurzen „Darf ich?" zu mir an den Tisch, ohne meine Antwort abzuwarten, und stellt eines der beiden Gläser unter meinem Gesicht ab, woraufhin mir der scharfe Geruch von Bacardi in die Nase steigt. „Bacardi-Cola schmeckt dir doch, oder?", fragt der Typ, wobei er mir frech zuzwinkert. „Ich heiße Sascha, und du?", fährt er fort. „Ja, ja und Gabi", antworte ich in einem Aufwaschen auf seine drei Fragen. Während ich überlege – als ich beschließe das Wagnis mit einem gutaussehenden Typen einzugehen –, wie ich Zeit sparen und weiteres Geplänkel umgehen oder zumindest die Kommunikation verkürzen könnte, um den Kerl relativ bald in mein Bett zu zerren, beginnt Sascha damit, mir einige belanglose Fragen zu stellen, die ich wahrheitsgemäß beantworte, während ich mit ihm flirte, um ihm meine Absichten zu verdeutlichen – wenn ich schon alleine in einer Bar sitze, mich von einem Mann ansprechen lasse, mit ihm trinke und ihn mehr oder weniger offensiv anbaggere, kann es doch nicht so schwer sein, mein Vorhaben zu durchschauen ... oder doch? Der große Blonde scheint schwer von Begriff zu sein oder kein sexuelles Interesse an mir zu haben, denn er fragt und plappert weiter und weiter, langweilig eindeutig anstatt spannend zweideutig, bestellt zwischendurch noch einmal zwei Bacardi-Cola und unternimmt nicht den geringsten Annäherungsversuch. Davon nicht entmutigt nehme ich die weitere Abendgestaltung selbst in die Hand, ebenso wie sein Knie.

Klar, ich könnte noch länger abwarten, Energien in dieses verbal belanglose Gespräch investieren und damit Zeit verschwenden, aber ich investiere lieber Energie in emotional belanglosen Sex. Und auch wenn ich nicht sofort zur Sache komme, denn das erscheint mir dann doch etwas „unschicklich", warte ich bestimmt nicht ewig auf ein „Zeichen". Ich habe nichts zu verlieren und riskie-

re maximal eine Abfuhr, mit der ich als selbstbewusste Frau gut leben könnte – nicht jeder Mann will schließlich wie ein Sexobjekt behandelt werden, das ist zu respektieren.

Sascha grinst, als er meine Hand auf seinem Knie spürt, und meint: „Ich dachte schon, ich muss noch ewig weiterreden." Fein, hätten wir das auch geklärt.

Zehn Minuten später kommen wir bei mir zu Hause an und landen auch ohne Umschweife, nachdem wir bereits im Taxi heftig geknutscht hatten, sofort im Schlafzimmer, aus dem sich mein Hund grunzend verzieht, als er feststellt, dass er in den nächsten Stunden keinerlei Aufmerksamkeiten von mir zu erwarten hat.

Ein Vorspiel ist in dieser Situation nicht nötig – weder bin ich ein Kleinkind, das ständig alles in den Mund stecken muss, noch will ich diesen praktisch Fremden, der mit ziemlicher Sicherheit ohnehin keine oralen Fertigkeiten besitzen würde (wie die meisten Männer), auf die Suche nach meinem „Bärenauge" (in Bayern liebevoll auch „Gaudizipfel" genannt) gehen lassen –, was Sascha sichtlich verwirrt. Noch verwirrter bin dann allerdings ich, als ich der Winzigkeit zwischen den Beinen meines One-Night-Stands gewahr werde – damit habe ich bei der körperlichen Größe des Kerls nun wirklich nicht gerechnet. Ich bemerke, dass sich in meinem Bauch ein Lachanfall zusammenbraut, der jederzeit hochwandern und aus mir herausbrechen kann, während Sascha bereits Fahrt aufgenommen und sein Zipfelchen nach Anlegen der Schutzbekleidung erfolgreich versenkt hat. Ich spüre nichts, rein gar nichts. Stöhnend bewegt sich der große Blonde auf und ab, zuerst langsam, dann schneller, während ich belustigt zur Decke starre, entgegen meiner sonstigen Gewohnheiten nicht einmal die Lust verspüre – nebst der Tatsache, dass diese generell auf null abgeflaut ist –, die Position zu wechseln, und dabei feststelle, dass während meiner Abwesenheit eine Spinne bei mir eingezogen ist, die es sich oben im linken Eck gemütlich gemacht hat. Nachdem Sascha neben der geringen Bestückung auch keinen Einfallsreichtum aufweist, breche ich die Vorstellung nach etwa drei Minuten ab.

Ich könnte auch auf ein schnelles Ende hoffen und dabei weiter die Spinne beobachten oder die Sache über mich ergehen und ihn kommen lassen, nach dem Motto „Augen zu und durch", doch genau das machen täglich viel zu viele Frauen auf dieser Welt, ohne dass die Männer auch nur ahnen, dass sie eine schlechte Leistung abliefern. Ist man in einer Beziehung und zu müde zum Diskutieren, kann ich die Absolvierung von lustlosem Pflichtsex (wenn er ansonsten größtenteils grenzgenial ist) ja gerade noch verstehen, aber bei einem One-Night-Stand muss frau wirklich nicht kritiklos alles akzeptieren, was ihr geboten wird.

Sascha ist wieder verwirrt, reagiert dann jedoch durchaus verständnisvoll, aber ebenso ein wenig betroffen, als ich ihm erkläre, dass es doch auf die Größe ankommt, auch wenn Männern gerne behaupten, dass das nicht stimmt. Ich schlage ihm dann noch Kompensation mit ausgefeilter Technik vor, bevor ich ihn bitte zu gehen. Danach mache ich es mir auf der Couch bequem, stelle fest, dass ich nicht einmal animiert genug bin, um mich mit meinem Liebesspielzeug zu vergnügen, sehe mir einen Liebesfilm an, futtere Schokolade und nehme mir vor, das Kilo, das ich morgen mehr auf den Hüften haben würde, auf den Namen „Sascha" zu taufen.

Von der Theorie zur Praxis

„Die Theorie träumt, die Praxis belehrt", das wusste schon der deutsche Schriftsteller und Schauspieler Karl von Holtei (1798–1880) und meinte damit, dass die Verwirklichung von Vorstellungen den Menschen bildet oder ihn zumindest um eine Erfahrung reicher macht.

Bereits weit früher behauptete Quintilian (um 30 bis 96 n. Chr.), ein römischer Rhetoriker, Schriftsteller, Lehrer und Erzieher, der ebenfalls über das Theorie-Praxis-Problem sinnierte, in seiner „Anleitung zur Beredsamkeit": „Praxis ohne Theorie leistet immer noch mehr als Theorie ohne Praxis." Das bedeutet: Lieber etwas riskieren und ausprobieren, als nur darüber zu spekulieren.

Ab sofort gibt es also kein „hätte/wäre" mehr, denn all das, was Sie in der Theorie für möglich halten, sich vielleicht sogar, wenn auch unzugegebenermaßen, wünschen, lässt sich in die Praxis umsetzen, solange Sie nur Ihre Zweifel in Bezug auf die Realisation über Bord werfen.

Viele Menschen fragen sich im Alter, warum sie dieses oder jenes in ihrer Jugend nicht gemacht haben, und bereuen ihre Unentschlossenheit oder Feigheit, wenn es zum Nachholen der Versäumnisse zu spät ist.

„Es gibt nichts Gutes, außer man tut es", heißt es doch, und genau daran gilt es zu denken, sobald Sie sich fragen: „Soll ich oder soll ich nicht?", denn nur dann kann man hinterher beurteilen, ob es sich ausgezahlt hat. Stellt sich das Umsetzen der Theorie in die Praxis als Fehler heraus, haben Sie dennoch dazugelernt und auf Fälle ein Abenteuer erlebt und eine Erfahrung gemacht.

Viele Frauen scheitern allerdings an der Angst, was andere über sie denken könnten, wenn sie ein kleines Experiment starten oder auch ein Wagnis eingehen, das etwas abseits der Konventionen liegt, aber dennoch auf der Theorie-Liste unter „Welche Dinge man einmal im Leben getan haben sollte" steht.

Doch böse Frauen sollten nicht scheitern, sondern einfach tun, wonach ihnen ist, sie denken nicht darüber nach, was andere dazu sagen werden, sie tun einfach und sie bereuen niemals, auch wenn die Aktion zum peinlichen Desaster wird, Hauptsache, sie haben in die Praxis umgesetzt, was sie sich theoretisch vorgestellt haben.

Jetzt ist der Moment zum Abarbeiten der Liste gekommen! Und wenn es in Ihrem Leben eine solche Theorie-Liste nicht gibt, dann wird es Zeit, dass Sie eine solche verfassen und dann sofort damit beginnen, Punkt für Punkt zu realisieren und danach abzuhaken. (Und davon sollten Sie sich von nichts und niemandem, schon gar nicht von dem eventuell stattfindenden Weltuntergang oder einer möglichen Machtübernahme durch Aliens am 21. 12. 2012 sowie eventuell später folgenden Weltuntergangsprophezeiungen abhalten lassen).

Gehen Sie dabei ruhig hin und wieder unkonventionell vor und lassen Sie sich nicht entmutigen oder beirren, auch wenn Familie und Freunde Ihr Vorhaben als seltsam oder gar völlig bescheuert bezeichnen – auch das gehört zum „Bösesein" dazu. Nicht umsonst halten *mich* einige Leute in meinem Bekanntenkreis für „komisch" – diesen Ruf habe ich mir hart erarbeitet und bin stolz darauf, nicht „normal" (also angepasst) zu sein.

Zusätzlich gilt es natürlich ebenso, Dinge zu hinterfragen und abzuchecken, auch dafür muss man hin und wieder von der Theorie in die Praxis wechseln – beispielsweise wenn Sie glauben von Ihrem Partner betrogen zu werden: Dann sollten Sie in einen Tarnanzug schlüpfen und kontrollieren, ob diese Einbildung auch der Realität entspricht, denn die vermeintliche Tatsache einfach nur hinzunehmen oder sich aus Verletztheit gleich zu trennen, ohne die Fakten zu kennen, kann keine Lösung sein.

Auf geht's!

Flirtzone Zero

Diverse online beratende Singleflüsterer und Flirtcoachs, die Unterricht im „Anmachen" oder, wie es im Österreichischen auch heißt, „Anbraten" erteilen, um beziehungswillige Alleinstehende an den Mann oder die Frau zu bringen, haben jede Menge gute Tipps auf Lager, wo und wie man sich dem Objekt der Begierde oder – in letzter Verzweiflung – einfach irgendeiner Person am erfolgssichersten nähert, und verströmen dabei so viel Know-how und Zuversicht, dass sogar der hoffnungsloseste Fall eine Chance zu wittern beginnt.

Meines Zeichens Flirtunbeholfene studiere ich die gut gemeinten und hoffentlich auch guten Ratschläge, die allerdings einen längeren Bart haben als Miraculix und aus den 1980ern zu stammen scheinen, mit dem Plan, mich danach ins Männergetümmel zu stürzen, um meine neu erworbenen Erkenntnisse bezüglich der besten Flirtlocations und der wirksamsten Anmachen an einem geeigneten Exemplar auszutesten.

Doch zuerst zur Theorie und zur Aneignung von Basiswissen.

Es ist offensichtlich nicht nur altmodisch, dass Frauen darauf warten, von einem Mann angesprochen zu werden, sondern mittlerweile sogar verpönt – das heißt, ein Typ lehnt sich heute bequem zurück und wartet darauf, dass die Frau den Flirt startet, da er längst kein Jäger mehr ist, sondern ein faules Prinzesschen, das erobert werden will. Ob die Kerle wohl ahnen, dass ihnen das in den Augen so mancher Frau ein Stück Männlichkeit kostet und ihr bestes Stück automatisch ein wenig schrumpfen lässt?

So, in Ordnung, die Prinzessinnen wollen also angesprochen werden ..., aber wie? Wichtig ist, erfahre ich, beim Erstkontakt keinesfalls mit einer Alkoholfahne um die Ecke zu kommen – ok, das mit dem Mutantrinken hat sich also erledigt –, damit das Zielobjekt keinen schlechten Eindruck gewinnt. Ebenfalls darf frau keinesfalls plump vorgehen, sie könnte das Mannsbild ja damit verschrecken, wobei eine subtile Anmache meiner Meinung nach die Gefahr in sich birgt, dass der Typ keine Ahnung hat, was man von ihm will, und mir zum Beispiel tatsächlich nur die Uhrzeit verrät, wenn ich frage, wie spät es ist, oder mir den Weg zum Bahnhof erklärt, wenn ich vorgebe fremd in der Stadt zu sein. Es gilt also, ein Mittelding zu fabulieren, nicht zu direkt vorzugehen, aber immer noch so deutlich zu werden, dass keine Unklarheiten aufkommen können.

Ich lese nach, dass der beste Flirtspruch immer noch eine Begrüßung ist, die als Eisbrecher gedacht ist. Wie ausgefuchst! Weiter erhalte ich den Tipp, nicht nervös zu wirken und mich natürlich zu geben. Aha. Nach dem „Hallo" soll eine Frage folgen, die im Idealfall optimal an die Situation angepasst ist und die das Zielobjekt keinesfalls mit „Ja" oder „Nein" beantworten kann, damit das Gespräch nicht einschläft. Ok, das erscheint mir logisch und machbar.

Zuletzt mache ich mich noch darüber schlau, wie ich die Flirtsignale der Männer zu deuten habe: Stellt *er* Augenkontakt her und lächelt, ist das ein positives Zeichen. Welche Überraschung. Zeigt er die kalte Schulter, signalisiert er damit aber ebenfalls Interesse, da dieses Getue zum Balzverhalten gehört. Legt der Mann Hand an die Frau, berührt er sie also an irgendeiner Stelle am Körper, markiert er bereits sein Revier. Zuletzt lese ich, dass man einem Kerl dumme Sprüche und erhöhten Alkoholkonsum beim Flirten verzeihen muss, da er damit Schüchternheit und Unsicherheit kompensiert. Das bedeutet also, das Prinzesschen darf Blödsinn reden und sich volllaufen lassen, während wir Frauen weder plump noch besoffen sein sollen. Das nenne ich fair.

Nachdem ich das theoretische Wissen nun intus habe, bringe ich noch in Erfahrung, welche Orte als gute Flirtlocations gelten, damit ich genau dort mit meinem Experiment beginnen kann.

Als Erstes mache ich mich auf den Weg in den Supermarkt, der bestens dafür geeignet sein soll, Männer aufzureißen.

Der Blick in den Einkaufswagen soll es verraten – doch was sagen eine Kiste Bier, rohes Fleisch, Chips und drei Liter Limonade über den attraktiven Mann, der vor mir durch den Gang mit den Getränken schlendert, aus? Dass er einen gemütlichen Abend mit Kumpels plant? Dass er zum Grillen bei seinen Eltern eingeladen ist? Dass seine Freundin eine fette Alkoholikerin und zu faul zum Einkaufen ist? Da ich das vorher Erlernte nun aber auf alle Fälle umzusetzen gedenke, starte ich den Angriff mit einem freundlichen „Hallo", was der fesche Kerl mit einem „Hi" erwidert. Jetzt muss eine Frage folgen, die natürlich auf das Rundherum abgestimmt und nicht mit „Ja" oder „Nein" zu beantworten sein sollte. Los geht's: „Ich sehe, du hast Chips gekauft. Welche kannst du denn empfehlen?" Mich trifft ein verwunderter Blick aus unglaublich blauen Augen, bevor der Mann antwortet: „Kommt drauf an, was dir schmeckt!" „Ja, das weiß ich nicht, da ich nie Chips esse, darum frag ich dich, welche besonders gut sind." „Eigentlich alle", erwidert der Typ und zeigt auf seine Ausbeute im Einkaufswagen. Ok, so kommen wir nicht weiter. „Vielleicht gehen wir auf einen Kaffee?", wage ich den Vorstoß. „Keine Zeit", bekomme ich knapp zur Antwort. Danach dreht der Knabe ab und verschwindet eilig im Getümmel. Das war wohl nichts. Noch denke ich aber nicht ans Aufgeben und peile mein nächstes Opfer an. Doch auch bei Mann Nummer zwei läuft es nicht besser, der mir ein „Hab's eilig" zuwirft und weitereilt, und der dritte holt seine Freundin zu Hilfe, die sich im Nachbargang aufhält, als ich ihn anquatsche. Danach bin ich so genervt von der Hektik um mich herum, von dem Tempo, mit dem alle an mir vorbeirasen, dass ich schnurstracks und ohne weitere Flirtambitionen den Supermarkt verlasse und langsam entschleunigend resümiere: Anbandeln im grellen Neonlicht hinter dem Einkaufswagen, der womöglich intime Dinge wie Kondome oder Tampons beinhaltet, inklusive im Hintergrund dudelnder Werbeslogans und Durchsagen wie „Frau Müller, bitte zur Kasse zwei kommen, Frau Müller, ...", untermalt von dem Gequake der anderen Einkaufenden und von deren Sprösslingen, ist sehr viel schwieriger, als ich dachte – dabei wird einem offensichtlich maximal so warm ums Herz wie den Artischocken auf der Pizza im Tiefkühlfach.

Eine optimale Gelegenheit zum Flirten kann sich angeblich beim Gassigehen mit dem Hund ergeben. Als stolze Besitzerin eines solchen, die noch niemals beim Spazierengehen mit dem Vierbeiner zwecks Verrichtung seines Geschäfts nur im Entferntesten daran dachte, dabei einen Mann anzusprechen, reizt mich dieses Experiment nun doch sehr. Ich schnappe mir Max, der noch keine Ahnung von den Plänen seines sonst beim Durch-die-Gegend-Laufen ausschließlich auf ihn konzentrierten Frauchens hat, und mache mich auf den Weg. Nachdem ich zwei netten älteren Damen mit zwei keifenden kleinen Pudeln, einem mürrischen Ehepaar mit Kindern samt Colliemischling und einem sympathischen Senior inklusive Langhaardackel begegnet bin, nähert sich endlich ein geeignetes Objekt, das von einem Setter durch die Gegend gezogen wird – jetzt wird es wohl darauf ankommen, wie sich die beiden Hunde verstehen, denn während des gegenseitigen Angekläffes der Vierbeiner könnte sich ein Flirtversuch als schwierig erweisen. Leider passiert genau das: Max schießt auf den hübschen Setter los, an dem am Leinenende ein nicht weniger hübscher Kerl hängt, und bellt wie verrückt, woraufhin ich meinen Hund zurückzerre und zu beschwichtigen versuche. Der Setter schaut uns verdattert an und keppelt dann zurück, während sich der Mann ein wenig zu verkrampfen scheint und mich danach kopfschüttelnd mustert. „Verzeihung", murmle ich und marschiere eilig weiter, da ich mir bei diesem Typen dank der für den hübschen Setter empfundenen Antipathie meines Hundes keine Chancen mehr ausrechne. Zehn Minuten und einige weitere ältere Herrschaften später sehe ich schon von Weitem ein knackiges männliches Wesen mit einer Dogge auf mich zukommen und bitte meinen Vierbeiner den anderen Hund, der etwa doppelt so groß ist wie er, nur gut erzogen zu beschnuppern, aber keinesfalls anzukläffen. Erstaunlicherweise hört Max auf mich und wedelt dem grauen Kalb entgegen, während ich den Mann anlächle und mit einem „Hallo" von Hundefreund zu Hundefreund grüße. Sowohl Dogge als Typ zeigen sich freundlich und bleiben stehen, sodass ich Gelegenheit zu Schritt Nummer zwei bekomme, der mir in dieser Situation wesentlich leichter über die Lippen geht, als im Supermarkt. „Wie alt ist dein Hund denn?" „Fünf." „Und wie heißt er?" „Sie heißt Lisa." „Lisa scheint sehr gutmütig zu sein." „Ja." In dem Moment, in dem mir mein Fehler bewusst wird und ich außerdem feststelle, dass mir langsam die Fragen ausgehen, geschehen zwei Dinge gleichzeitig: Max macht Häufchen und die graue Riesin zeigt durch Zerren an der Leine deutlich, dass sie sich in Gesellschaft meines Hundes zu langweilen beginnt oder sie es schlicht unhöflich findet, dass er vor den Augen einer Lady ins Gebüsch kackt. Der Mann zögert noch weiterzugehen, während ich meine Plastikschaufel zücke und den braunen Berg in eine Tüte zu hieven versuche, darum bemüht, den Typ nicht aus den Augen zu lassen und weiterzureden, damit er mir nicht durch die Lappen geht. „Max ist neun Jahre alt und eine Mischung zwischen Schäfer und irgendwas", ächze ich multitasking, da ich zeitgleich das Grün säubern, meinen um mindestens einen Kilo erleichterten Hund, der vor Freude über das erfolgreiche Geschäft übermütig herumtänzelt, bändigen und eine Kommunikation führen muss. Und dann passiert das, von dem man sich wünscht, dass es nie passieren würde: Max reißt an der Leine, ich drifte stolpernd nach rechts, ein Teil des wabbeligen Haufens rutscht von der Schaufel und landet direkt auf einem der neu aussehenden Turnschuhe meines Gesprächspartners. Der kreischt wie ein Mädchen, was Lisa zu erschrecken scheint, die einen Satz nach vorne macht, um loszulaufen, sodass der Mann beinahe auf dem Bauch landet. Den Sturz kann er verhindern, den Hund jedoch nicht mehr stoppen und gleich darauf sehe ich die beiden nur noch von hinten.

Wenigstens konnte er mir die Reinigung seiner Treter nicht mehr aufhalsen, denke ich und spaziere gelassen weiter, als wäre nichts geschehen.

Der nächste Flirtversuch soll im Fitnesscenter stattfinden. Ich ziehe mir also ein bequemes Shirt über, quetsche mich in schwarze Leggings, schnalle mir Gymnastikschuhe unter die Füße und trabe in die Sporthalle unserer Stadt, um mir ein sexy Muskelpaket mit Sixpack zu krallen. Im Studio angekommen verbringe ich die ersten zehn Minuten erst einmal akklimatisierend in der Garderobe, da mein Frühstücksbrötchen aufgrund des seltsamen Aromas in den heiligen Turnhallen, das ich als Mischung aus Schweiß, Fußgeruch, penetrantem Deo und Desinfektionsmittel identifiziere, in meinem Magen mit Dreifachschraube Achterbahn fährt. Gegen die Körperrebellion ankämpfend marschiere ich dann mit zusammengekniffenem Riechorgan in Richtung Kraftkammer, um mir ein geeignetes Flirtopfer zu suchen. Als Fitnesslaie würde es mir sicher nicht schwer fallen, passende Fragen zu stellen, auf die ich – wenn ich taktisch klug mit der Freude des eitlen Mannes, einer dummen kleinen Frau etwas erklären zu können, spiele – auch ausführliche Antworten zu erhalten hoffe.

Am Ort des Geschehens angekommen mustere ich die anwesenden Männer und stelle fest, dass ich eigentlich keinen davon ansprechen möchte. Keiner von ihnen sieht auch nur annähernd gut aus – es handelt sich um einen weißen Spaghettitarzan, der höchstens 18 Jahre alt ist, und drei solariumgebräunte Muskelprotze, die mit verbissenem Gesichtsausdruck Gewichte stemmen. Dazwischen tummeln sich noch zwei blonde Tussis in Designer-Aerobicanzügen, wovon eine bei meinem Auftauchen ihren kleinen Hintern auf einem Indoor-Fahrrad platziert, während die andere todesmutig den riesigen Stepper besteigt. Hinten in der Ecke läuft eine drahtige Frau um die 60 auf einem Laufband einen Marathon. Jetzt bin ich da, jetzt zieh ich's auch durch, denke ich und spreche einen der drei schweißüberströmten Muskelprotze an. „Hallo, kannst du mir bitte erklären, wie das Ding dort vorne funktioniert?", frage ich strahlend. „Du siehst doch, dass ich arbeite. Frag den Basti!", lautet die ernüchternde Antwort. Kurz darauf weiß ich zwar immer noch nicht, wie das Ding dort vorne funktioniert, aber ich erfahre, dass Basti der Name des Trainers ist, der mir nach zwei Minuten seine Telefonnummer gibt. Zu flirten begonnen hat allerdings er, ich habe nicht agiert, sondern nur reagiert. Um die Mission abzuschließen, besuche ich noch den Zumba-Kurs, der zwar Spaß macht, in dem ich aber außer ein paar Möchtegern-Latinos im fortgeschrittenen Alter keinen männlichen Kandidaten entdecke, der meiner Beachtung würdig wäre.

Ein letztes Mal will ich es wissen und werde die angeeignete Theorie in einem öffentlichen Verkehrsmittel in die Praxis umsetzen. Ich steige also in einen fast vollbesetzten Bus ein, der etwa eine Stunde für seine Runde durch die Stadt und zurück zu meiner Einstiegsstelle benötigt. Froh darüber, noch einen Sitzplatz zu ergattern, sehe ich mich um und entdecke tatsächlich einen alleine reisenden feschen Mann in der hintersten Reihe. Ich erhebe mich also wieder, falle auf meinem Weg nach hinten in einer Kurve fast auf einen älteren Herren, trete einem Schuljungen auf die Zehen und lande zuletzt völlig ungeplant in den Armen meines Auserwählten, als der Bus genau in dem Moment abbremst, als ich vor dem Mann ankomme und gerade zum Sprechen ansetzen will. Wir lachen und ich überlege, ob ich ihn nun etwas fragen oder mich mangels eines freien Platzes an seiner Seite auf seinen Schoß setzen soll. Doch bevor ich eine Entscheidung treffen kann, sagt er: „Hi, mein Name ist Sandro. Hast du Zeit? Wollen wir aussteigen und auf einen Kaffee gehen?" Danke, lieber Herr Busfahrer!

Aus Sandro und mir ist zwar kein Paar geworden, dennoch habe ich letztendlich das öffentliche Verkehrsmittel zur besten Flirtlocation erwählt.

Laut Profis ist aber auch der Arbeitsplatz ein geeignetes Eheanbahnungsinstitut, da sich einem dort angeblich weit mehr Möglichkeiten eröffnen als nur ein Quickie im Kopierraum, außerdem die Straße, auf der sich möglicherweise schon bei der Frage nach dem Weg ein Flirt entwickelt, und das Schwimmbad, wo die Menschen, so behaupten die Singleflüsterer, aufgrund der Teilnacktheit angeblich offener und empfänglicher für Kontaktaufnahmen sind.

Also liebe Frauen: Ran an die Männer!

Auf der Suche nach dem Endorphin

Laut Definition bei Wikipedia, die unter anderem weitgehend dem Begriff „eudaimonia" nach Aristoteles entspricht, ist Glück „ein Hochgefühl, das vom Wunsch nach Bestehen gekennzeichnet ist, solange es andauert, und vom Wunsch nach Wiederkehr, wenn man sich seiner erinnert. Seine ekstatischen Momente heben diesen Gemütszustand über die Genugtuung oder die Zufriedenheit hinaus".

Auf der Suche nach dem Glück, das in den USA in der Unabhängigkeitserklärung 1794 von Thomas Jefferson (dritter Präsident der Vereinigten Staaten, 1801–1809) als Menschenrecht definiert wurde – in Österreich und Deutschland geschah dies erst rund 100 Jahre später –, haben bereits viele Wissenschaftler Federn gelassen. Doch die Glücksforscher geben nicht auf, diesem „positiven Zufall oder (un)verdienten positiven Umstand, beziehungsweise dem positiv empfundenen Zustand" auf den Grund zu gehen, um ihn irgendwann einmal vielleicht sogar (als logische Folge des menschlichen Bestrebens, die Natur zu kopieren oder nichts dem Zufall zu überlassen) künstlich herstellen zu können.

Dank einer Hormondrüse im Gehirn, der Hypophyse, können wir in Zusammenarbeit mit dem Hypothalamus unserem persönlichen Glück auch selbst auf die Sprünge helfen, und zwar mit der Produktion von Endorphinen.

Vor allem wir Frauen wollen diese Endorphine, die genauso euphorisierend wirken wie körperfremde Rauschmittel (die auch beispielsweise bei der Geburt ausgeschüttet werden, damit uns die Schmerzen nicht töten), ständig, denn sie lindern nicht nur physische Qualen, sie sind außerdem Balsam für die geschundene Psyche und „streicheln die Seele". Vereinfacht ausgedrückt: Endorphine heben die Stimmung und machen uns froh.

Allerdings werden sie nur dann ausgeschüttet, wenn wir sie locken, und das ist für Frauen gar nicht so einfach. Da haben es Männer leichter, die produzieren das Opioid bereits in dem Moment, in dem sie an Sex denken – „leider" sind wir Frauen feinmaschiger gehäkelt.

Fakt ist: Man muss sein Glück selbst in die Hand nehmen, um zu einem befriedigenden Ergebnis zu gelangen.

Mein Entschluss steht, trotz des Fingerzeigs meiner Mutter in Richtung ihrer Stirn und der geschüttelten Köpfe meiner Freunde, fest: Ich werde mich auf die Suche nach meiner inneren Droge machen und hoffe dabei zumindest auf ein Endorphin zu stoßen.

Beim Geschlechtsverkehr werden ja angeblich die meisten Glückshormone ausgeschüttet – da ich diesen in unregelmäßiger Häufigkeit praktiziere, muss ich diesen Versuch nicht durchexerzieren und die Situation nicht abexperimentieren. Ich würde allerdings nicht unbedingt behaupten wollen, dass uns Sex generell glücklich macht – dagegen sprechen etliche gestresste Karrierefrauen, die den Akt, noch die Geschäftsakten im Kopf, abends müde „über sich ergehen lassen", überforderte Vollzeitmütter, die ebenfalls wenig Freude empfinden, wenn der Göttergatte, der sich im Büro den Hintern plattsitzt, nach einem Tag voller Kindergeschrei und dem Waschen der vom Baby angesabberten Klamotten über sie drübersteigen möchte, oder ältere Kaliber, die den Opa noch einmal pro Monat Mann sein lassen wollen, obwohl sie selbst viel lieber längst zölibatär leben würden. Ich selbst bin beim Geschlechtsverkehr jedenfalls nur dann glücksberauscht, wenn er gut ist. Und das ist unregelmäßig selten. Und von übersprudelnden Endorphinen kann frau sowieso nur dann profitieren, wenn sie den Kerl auch mag, mit dem sie ins Bett steigt. Dass Frauen Sex und Liebe nicht trennen können, stimmt deshalb aber noch lange nicht, denn die meisten sind dazu sehr wohl in der Lage (auch wenn sie es vielleicht nie ausprobiert haben und daher gar nicht wissen), bloß es hilft, wenn der Mann nicht nur geil, sondern einem auch tatsächlich sehr sympathisch ist.

Die Sonne ruft ebenfalls Glückseligkeit hervor, wird behauptet. Auch das muss ich nicht austesten, um zu wissen, dass es ebenfalls nur teilweise stimmt. Es wird dabei wohl hin und wieder ein Endorphin die Drüse verlassen, aber ein Garant für dauereuphorische Zustände ist der gelbe Gasball, besonders wenn er heiß auf uns herunterstich und uns Temperaturen im Weltrekordbereich beschert, nicht.

Auch gutes Essen soll selig machen. Ich denke, es macht in erster Linie satt, vor allem in den Ländern, in welchen die Mehrheit der Bevölkerung nicht im Sternerestaurant ein Sechs-Gänge-Menü serviert bekommt. Und mich persönlich berauscht ein Glas Wein mehr als ein Wiener Schnitzel (und sei dieses noch so gut).

Schokolade macht uns Frauen froh, heißt es. Das Experiment kann beginnen. Ich kaufe mir im Supermarkt einen lila Riesen, wobei zu diesem Zeitpunkt bereits das erste Endorphin mein Gehirn verlässt, da ich mich im selben Moment auf einen gemütlichen Fernsehabend mit der süßen Nascherei zu freuen beginne. Das Hormon verflüchtigt sich allerdings sofort wieder, als mir meine Freundin am Telefon mitteilt, dass man, um denselben Rauscheffekt zu erzielen wie beim Genuss eines Joints, etwa 20 Kilo Schokolade essen müsste. Da ich nie gekifft habe und das auch nicht vorhabe, allerdings auch nicht fett werden möchte, erwäge ich den

Versuch abzubrechen. Doch nein, kneifen kommt nicht infrage. Ich verputze die Tafel innerhalb von zwei Stunden bei zwei Folgen „Bones", wobei mir Teile der Süßigkeit beim Anblick der verstümmelten Leichen partiell bis zur Hälfte der Speiseröhre wieder hochkommen, doch ich gebe nicht auf und esse trotz bereits widerlich klebrigen Gaumens weiter. Natürlich gehe ich während des Verzehrs in mich und fühle nach, ob ich euphorisch bin, wenn ich Schokolade esse. Ich muss leider sagen: Froh bin ich nur beim letzten Stück, nämlich darüber, dass es endlich vorbei ist.

Erwiesenermaßen macht aber auch Fernsehen glücklich und tatsächlich ruft eher Dr. Temperance Brennan als der lila Riese dieses Gefühl in mir hervor – wenn ich dabei nicht gerade Süßes in mich hineinstopfen muss.

Auch beim Sport werden Endorphine freigesetzt …, sagt man. Speziell bei extremen Herausforderungen wie bei einem

Bungee-Sprung sollen die Hormone nur so aus der Drüse quellen. Da ich aber nicht lebensmüde bin, gehe ich lieber joggen. Ich laufe so dahin und fühle ein gewisses Wohlbefinden in mir aufsteigen, auch wenn ich schon nach einem halben Kilometer aus allen Löchern pfeife wie ein Dudelsack. Doch es macht mich tatsächlich ein wenig froh, durch die Frühlingsluft zu rennen und dabei etwas für meine Kondition zu tun.

Als Nächstes ist berauschendes Kinderlächeln an der Reihe, wobei es laut gängiger Theorie egal ist, ob es sich dabei um das des eigenen Babys oder um jenes eines fremden Minimenschleins handelt. Ich besuche zum Zwecke dieser Übung meine Freundin samt sechs Monate altem Sohnemann. Der Kleine grinst auch tatsächlich recht häufig, wobei sich seine Mundwinkel kaum heben, sich der Schnabel nur in die Länge zieht und er jedes Mal die Augen bis zur Untertassengröße aufreißt, was ihn wie Donald Duck aussehen lässt, während ihm Spucke aus dem Mund tropft. Süß ... und zugleich beängstigend und feucht. Als jedoch plötzlich eine Babykatze angelaufen kommt, von der ich nicht wusste, dass meine Freundin seit Neuestem eine solche beheimatet, spüre ich sie plötzlich, die Endorphine. Viele, viele Endorphine. Der Sohn meiner Freundin grinst dabei süß weiter – so wird mir berichtet, da ich Donald Duck nicht mehr sehen kann, weil ich bereits auf dem Fußboden hocke und mit dem kleinen Fellknäuel spiele. Jetzt bin ich tatsächlich fast glücklich, auf alle Fälle aber ausgeglichen und zufrieden!

Auch anderen Menschen eine Freude machen, also etwas Gutes tun, kurbelt, so die Meinung der Wissenschaftler, die Endorphin-Produktion an. Ich beschließe auf einem Wohltätigkeitsflohmarkt mitzumachen, sortiere Freitagabend Kleidung aus, die ich vermutlich nicht mehr benötige, hieve mich am Samstag um sieben Uhr morgens aus dem Bett und stehe Punkt acht Uhr auf dem Areal, das von dem Gutmenschen-Verein gemietet wurde, vor meinem reservierten Stand. Gegen Mittag bin ich bei Temperaturen um die 35 Grad kurz vor dem Zusammenklappen, um 14 Uhr ist mein Nervenkostüm so löchrig wie termitenbefallenes Holz und um 17 Uhr liefere ich die eingenommenen 374 Euro beim Vereinsvorstand ab und schleppe mich Richtung heimwärts. Ich bin nicht berauscht, sondern erschöpft, ich verspüre kein Glücksgefühl, sondern ein Brennen in meinem krebsroten Gesicht, das sich morgen als Monstersonnenbrand entpuppen wird. Endorphine habe ich keine bemerkt, wenn welche da waren, muss ich sie unbemerkt sofort ausgeschwitzt haben.

Herzliches Lachen und Zeit mit Leuten verbringen, die man gern hat, soll das Gehirn ebenfalls zur Produktion der körpereigenen Glücksdroge animieren, was bedeutet, dass ich ohnehin jedes Wochenende high bin, da meine Freunde ausgezeichnete Witzeerzähler und in jeder Hinsicht Spaßvögel sind. Und ich gebe zu, dass auch ich in diesen Situationen immer sehr ausgelassen bin. Aber habe ich tatsächlich ein Glücksempfinden? Ich glaube, dass dazu mehr gehört als Kurzweile und Fröhlichkeit.

Auch ein Unfall oder eine Verletzung regt neben der Adrenalin- auch die Endorphin-Ausschüttung an, heißt es, damit diese dem Körper nach dem Schock dabei helfen, Schmerzen nicht wahrzunehmen, und die Psyche gegen Reizüberflutung schützen. Da ich, nur um das auszutesten, aber nicht vor ein Auto laufen möchte, werde ich meine Zunge in eine Chilisoße mit dem Schärfegrad neun stecken, was etwa 50.000 bis 100.000 Scoville-Einheiten entspricht, also bereits im oberen Bereich (extrem scharf) auf der entsprechenden Skala angesiedelt ist.

Ich bitte einen guten Freund mich zum Würstelstand meines Vertrauens zu begleiten, damit er mich heimtragen kann, sollten mir die Beine wegknicken. Peppi, der Mann in der Bude, fragt mich, ob ich jetzt völlig verblödet sei, als ich ihn von meinem Vorhaben unterrichte, ihm den Grund dafür nenne und ihn dann bitte mir ein bisschen Höllensaft zu servieren. Kopfschüttelnd drückt er mir ein Glas Milch in die eine und den Löffel mit der „Soße Nr. 8" in die andere Hand. Tapfer tauche ich die Zungenspitze ein, was sofort ein heftiges Brennen auf meinen sensiblen Papillen auslöst, woraufhin ich sie sofort wieder im Mund verschwinden lasse. Und während mir die Tränen in die Augen schießen, habe ich das Gefühl, als würden winzige Tierchen mit spitzen Zähnen meine Schleimhaut auffressen. Und wo bitte sind jetzt die Endorphine? Ich entscheide mich dafür, nicht auf sie zu warten, und schütte die Milch in mich hinein, was nur wenig Linderung bringt. Aber: Ich bin noch heute glücklich darüber, dieses Experiment überlebt zu haben, ohne dabei meine Geschmacksnerven auf Dauer eingebüßt zu haben.

Ebenso sollen auch Angst, Stress oder Schrecken einen Endorphinschub auslösen, was ich natürlich ebenfalls ausprobieren muss. Mit Stress wird der Versuch allerdings nicht funktionieren, denn diesen habe ich so oft, dass ich die hausgemachte Droge und ihre Wirkung in so einer Lage nicht einmal dann wahrnehmen würde, wenn sie mir als Marsmensch verkleidet auf die Schulter tippen würde. Es soll also der Schrecken sein, und das im wahrsten Sinne des Wortes, da ich eine Freundin bitte mich in einer Situation zu erschrecken, in der ich nicht damit rechne, ersuche sie allerdings darum, Schimaske und Fakepistole wegzulassen. Das Angstgefühl würde sich davor oder danach wahrscheinlich von alleine einstellen, weshalb ich, doppelt gemoppelt, auf alle Fälle mit einigen Endorphinen rechne.

Es vergehen fast drei Wochen, bevor meine Freundin in Aktion tritt. Doch sie will mich offensichtlich unter die Erde bringen, denn sie schickt ihren Mann Bernhard, um mich in Panik zu versetzen, worauf ich natürlich überhaupt nicht gefasst bin. Als ich eines Sommerabends gedankenverloren gegen 21 Uhr die paar Meter von der Straße durch unseren kleinen Park in Richtung meiner Wohnung gehe, während mich die üblichen Wohnhausanlagengerüche und -geräusche wie Grillgutdüfte und Rasensprengergetuckere einlullen und in trügerischer Sicherheit wiegen, springt plötzlich Bernhard hinter einem Baum hervor und schreit „Buh". Kann ich mich auch im Nachhinein über die Einfallslosigkeit dieses Plans amüsieren – ich hätte eher mit einem „Überfall" in der Nacht, wenn ich mit meinem Hund die letzte Gassirunde drehe und mich auch viel weiter vom Haus entferne, gerechnet, war dabei in den letzten Wochen zugegebenermaßen aber stets auf der Hut gewesen –, bleibt mir in diesem Moment fast das Herz stehen. Während sich Bernhard vor Lachen über meine weit aufgerissenen Augen und den mädchenhaften Quietscher, den ich vor Schreck ausgestoßen habe, den Bauch hält, versuche ich herauszufinden, ob ich außer einer vorübergehenden Mordlust gegenüber dem immer noch schadenfroh kichernden Ehemann meiner Freundin auch noch irgendetwas anderes verspüre. Doch da ist nichts, rein gar nichts. Dafür scheint Bernhard richtig glücklich darüber zu sein, mich dermaßen erwischt zu haben. Ob das wirklich so sein soll?

Ich befürchte, ich bin einfach zu anspruchsvoll, was das Glück betrifft, weshalb es die seligmachenden Hormone bei mir schwer zu haben scheinen.

Doch im Prinzip hätte ich mir die Suche nach den Endorphinen auch sparen können, denn gerade jetzt, während ich diese Worte tippe, bin ich wahrhaft glücklich – wie immer, wenn ich vor meinem Laptop sitze und schreibe.

Verflucht und zugenäht

Will man sich an einem Menschen rächen, der einem nicht wohlgesonnen ist oder übel mitgespielt hat, könnte man diese Person verfluchen, beispielsweise mithilfe eines Voodoo-Rituals – denn liebkindmäßig (oder gutgläubig) zu denken, dass ohnehin jeder Mensch früher oder später seine gerechte Strafe erhält, ist mir zu langweilig ... und darauf verlassen will ich mich auch nicht.

Die Religion Voodoo, deren Name wortwörtlich mit „Gottheit" oder „Geist" übersetzt wird, entspringt einem westafrikanischen Kultus und ist heute hauptsächlich in Teilen Afrikas, auf Haiti und in einigen US-Städten wie New Orleans und Miami beheimatet.

Mit Voodoo verbinden die meisten Menschen in erster Linie „Böses" und „Abartiges", was größtenteils mit dem Todesenthusiasmus der Gläubigen, also mit ihrer Verehrung und Beschwörung Verstorbener, dem „culte des morts", zusammenhängt (wobei wir nicht vergessen sollten, dass auch die Evangelien und Katholiken einen Toten vergöttern), außerdem mit den teilweise unappetitlichen Fetischgegenständen, derer sich die Voodoo-Priester und -Priesterinnen, Houngan und Mambo genannt, bedienen (allerdings finde ich ein Kreuz, das symbolisch für ein Foltergerät steht, auf dem jemand angenagelt wurde und aus den Wunden blutend verstarb, auch nicht gerade gustiös).

Natürlich ist Voodoo, so wie jede andere Religion, nur dann „böse", wenn sie machtmissbraucht wird, was auch im Christentum oft genug vorgekommen ist. Zombies und rituelle Menschenopfer gibt es, außer in Hollywoodfilmen, aber nicht. Voodoo-Puppen hingegen, die für magische Praktiken (Analogiezauber) verwendet werden, haben auch in Europa einmal – und zwar im Mittelalter – existiert: die „Atzmänner", Figuren aus Wachs, Holz oder anderen Materialien, die man mit heilenden Kräutern belegt oder mit Nägeln durchbohrt hat, je nachdem, welche Wirkung man auf die reale Person übertragen wollte.

Einen besonders hohen Stellenwert besitzt beim Voodoo der Loa (= Gottheit) Baron Samedi – als Symbol des Todes ist er der Beherrscher aller Friedhöfe, der als formell gekleideter schwarzer Mann mit Zylinder, Spazierstock und einem langen, weißen Bart (wahlweise auch als Skelett) beschrieben wird –, da er bei vielen rituellen Handlungen im Rahmen magischer Praktiken eine zentrale Rolle spielt.

Ich möchte nun unbedingt bei einer Verwünschung, am besten tatsächlich filmreif mit einer Puppe und Nadeln, zusehen oder diese selbst vornehmen, da mir schon seit längerer Zeit meine Nachbarin auf die Nerven geht, die nicht nur klatschsüchtig, sondern richtig gehässig ist und über jeden im Haus lästert, sobald diese Person ihr den Rücken zudreht. Natürlich will ich die Frau nicht umbringen, aber einen kleinen Denkzettel hat sie auf alle Fälle verdient.

Ich mache also eine in Österreich lebende Voodoo-Priesterin, die sich Mambina nennt, ausfindig und bitte sie um Hilfe. Sie ist auch sofort bereit mich zu unterstützen und bittet mich, in ihr Domizil am See zu kommen.

Als Mambina mir die Türe öffnet, stehe ich keiner niedlichen, einer Comicfigur ähnelnden Person, wie ich es bei diesem Namen erwartet hätte, gegenüber, sondern einer etwa 70-jährigen Frau mit langem, grauem Haar und tiefblauen Augen, deren große hagere Gestalt in einen türkisfarbenen wallenden Einteiler Marke textiles Verhütungsmittel gehüllt ist. Nachdem ich der Voodoo-Priesterin von meinem Problem mit der Nachbarin erzählt habe, bietet sie mir an zuerst einmal die negativen Energien, die zwischen mir und dieser Frau fließen, zu beseitigen.

Sie führt mich in einen Raum im Keller ihres Hauses, in dem alle Wände mit Regalen vollgestellt sind, auf denen sich unzählige bunt gefüllte Flaschen und Gläser mit recht dubios aussehenden Inhalten – in einem davon glaube ich einen ausgetrockneten Frosch zu entdecken – befinden. Ich nehme an einem kleinen Holztisch auf einem wackeligen Stuhl Platz und sehe vor mir eine riesige Kartoffel liegen, die einen roten Plastikhut trägt. Mambina nennt mir den Namen des Loa, der durch das Gemüse dargestellt werden soll, und beginnt danach mit einem Ritual. Sie nimmt die Kartoffel liebevoll in eine Hand und greift mit der anderen nach einem Becher, sie trinkt und spuckt die blaue Flüssigkeit in ihrem Mund danach auf die Knolle, während sie zwischendurch monoton immer wieder denselben Spruch murmelt: „Der Loa reinigt dein Inneres und den Weg zu deinem Feind." Dieser Vorgang wiederholt sich gefühlte 100 Mal, bevor sich die Voodoo-Priesterin eine dicke Zigarre anzündet und die Kartoffel nun mehrmals mit dem Rauch einnebelt, während sie gleichzeitig mit hoher Stimme ein Lied in einer mir unbekannten Sprache kräht. Als Mambina zuletzt die Kartoffel in den Becher mit der blauen Flüssigkeit eintaucht, um diese, wie sie mir erklärt, von meiner negativen Energie, die jetzt im Gemüse steckt, zu reinigen, befinde ich mich bereits fast im Koma, einerseits weil ich mir schon seit einer Stunde das Lachen verbeißen muss, andererseits weil mir der dicke Qualm des übelriechenden Stumpens, der in einem Aschenbecher weiter vor sich hin glost, mittlerweile das Atmen fast unmöglich macht.

Spätestens jetzt befürchte ich, dass mich die Frau nicht richtig verstanden hat – schlechte Energien hin oder her, ich will mich an meiner Nachbarin rächen und sie zum Schweigen bringen, nicht vollständig und schon gar nicht für immer, aber zumindest im Bezug auf die in unserem Haus lebenden Menschen. Mambina hört mir aufmerksam zu, als ich das Problem erneut schildere, und schüttelt dann mit weiser Miene ihr graues Haupt: „Das kann ich nicht machen, das müssen Sie selbst tun, wenn Sie die Verantwortung dafür übernehmen wollen." Ich will. Daraufhin stattet mich die Voodoo-Priesterin mit einigen Utensilien, einer genauen Anleitung für das Ritual und einem passenden Spruch aus, bevor sie mich mit einigen wohlmeinenden Ratschlägen verabschiedet.

Zu Hause angekommen bereite ich mich gewissenhaft auf meine Voodoo-Verwünschung vor: Ich zünde die große weiße Kerze von Mambina an und forme aus dem Wachs in mühsamer Kleinarbeit eine Figur, die mangels Geduld sehr kleinwüchsig gerät, danach bestreiche ich das Frauchen mit Fischblut – ich hoffe jedenfalls, dass für die übelriechende Flüssigkeit, die mir die Voodoo-Priesterin mitgegeben hat, nur ein Tier sein Leben lassen musste – und taufe es mit dem Spruch „Baron Samedi, sei an meiner Seite, wenn ich den Stellvertreter benenne" auf den Namen meiner Nachbarin, während ich eine gelbe Flüssigkeit, ebenfalls ein Geschenk von Mambina, auf die Wachsfigur hinabrinnen lasse. Zehn Minuten später soll ich heißes Wachs von der weißen Kerze auf die Stelle träufeln, an der sich der Mund des Frauchens befindet, und dabei folgende Sätze drei Mal hintereinander aufsagen: „Baron Samedi, ich opfere dir diese Kerze. Ich bitte dich deine Macht in das Wachs zu senden, denn ich brauche es für mein magisches Ritual. Baron Samedi, Hüter der Friedhöfe und der Toten, dieses Wachs soll das Werkzeug deiner Macht sein, von meiner Hand und meinem Willen gelenkt. Ich erbitte von dir, dass der Mund der betreffenden Person, die ich hiermit verwünsche, hiermit versiegelt sei, auf dass nichts Lästerliches mehr aus ihm hinaus an die Öffentlichkeit dringe."

Ich muss mir auch jetzt das Lachen verkneifen, während das heiße Wachs langsam den winzigen Kopf der Figur umschließt, und hoffe, dass die Frau das Ritual überlebt, sollte es tatsächlich wirken.

Drei Wochen später: Meine Nachbarin ist in bester Verfassung, sie lästert mehr denn je und wird vermutlich auch weiterhin tratschen und klatschen, wie es ihr gefällt.

Einmal Sexfilmstar

Seichte Sexfilme zeichnen sich in der Regel durch eine spannende Handlung und geistreiche Dialoge aus – eine der bedeutendsten Produktionen dieses Genres, der Klassiker „Achtzehneinhalb 18" aus der spitzen Feder des Regisseurs Walter Molitor (selbst im Film mitwirkend als „Moli"), wurde berühmt und zum YouTube-Liebling durch die hier aus dem aktionsreichen Zusammenhang gerissene Wortaneinanderreihung „Warum liegt hier überhaupt Stroh?".

Die hochwertige Unterhaltung, innerhalb welcher oben erwähnter Satz gesprochen wird, ist eingebettet in eine Szene, bei der eine junge Frau in Strapsen und Spitzenunterwäsche einen Elektriker zu sich nach Hause bestellt. Im Detail heißt es da: „Ja, das ist der Stromkasten, mit dem wir immer Probleme haben. Wenn Sie sich den mal angucken könnten." „Sehr gerne, aber warum liegt hier überhaupt Stroh?" „Und warum hast du ne Maske auf?" „Hmmhh ... grummel ... dann blas mir doch einen."

Da ich mich bei Sexfilmen immer königlich amüsiere und dabei an so ziemlich alles andere denke als an Sex – was meine jeweiligen Partner stets sehr bedauerten, auch wenn sie mir immer versichert haben: „Eigentlich schaue ich mir so etwas ja nicht an ..., aber mit dir ..., aber nur zum Spaßhaben, nicht dass du denkst, wir müssten das nachspielen oder so ...!" –, würde es mich reizen, einmal auszuprobieren, wie realistisch die Handlung tatsächlich aufgebaut ist. Denn nur weil der Inhalt dieser Filme fiktiv ist, heißt das noch lange nicht, dass nicht alles wirklich genauso ablaufen könnte. Ich will es einfach wissen!

Ich orientiere mich also zielstrebig an oben erwähntem Klassiker, lockere eine Sicherung im Stromkasten und rufe zügig einen Elektriker an. In zwei Stunden könnte der Herr S. vorbeikommen, erfahre ich von der netten Dame im Büro des Unternehmens. Den guten Mann in Strapsen und Spitzenunterwäsche zu empfangen scheint mir dann doch zu gewagt und so entscheide ich mich für eine hautenge Hose und eine durchsichtige weiße Bluse, unter der ich keinen BH trage. Jetzt bleibt nur noch zu hoffen, dass Herr S. halbwegs attraktiv und ungebunden oder nicht treu ist, wobei ich dennoch nicht beabsichtige bis zum Äußersten zu gehen, da ich ja nur austesten möchte, ob es prinzipiell möglich wäre, aus so einer Situation heraus tatsächlich Sex zu haben.

In etwa zweieinhalb Stunden später klingelt es und ich öffne dem Elektriker erwartungsvoll die Türe. Vor mir steht ein kleines weißhaariges Männlein, das sich offensichtlich bereits im zweiten Windelalter befindet. Herr S. strahlt mich an und kugelt mir beim Händeschütteln beinahe die Schulter aus, dann fragt er höflich, was ich denn für ein Problem hätte. Während ich versuche halbwegs unauffällig meine Blöße unter der Bluse durch Verschränken meiner Arme vor der Brust zu verdecken, lotse ich den Mann zum Stromkasten, der die lockere Sicherung auch nach zwei Minuten entdeckt und sie wieder festschraubt. Zumindest will er mich nicht abzocken, denke ich erleichtert, denn allzu kostspielig soll mein Experiment ja auch nicht unbedingt werden. Als ich ihm einen Zettel für die Rechnung unterschreiben muss und dafür die Arme vom Brustkorb löse, denn es hätte weiß Gott dämlich ausgesehen, nur den linken weiterhin an mich zu pressen, wachsen die Augen des Alten auf zweifache Größe an und ich wundere mich fast darüber, dass er sich nicht auch noch auf den blauen Overall sabbert. „Ist was?", frage ich provokant. „Äh ... nein, nein ... alles in Ordnung", stammelt der Elektriker, ohne seinen Blick von meinem Busen abzuwenden. Wahrscheinlich könnte ich Herrn S. jetzt mit nur wenigen Kommandos wie ein dressiertes Äffchen in mein Schlafzimmer befehligen, da er offensichtlich unter einer Art Tittenhypnose steht. Doch es gibt natürliche Ekelgrenzen, die ich trotz Experimentierfreudigkeit niemals überschreiten würde.

Aber noch gebe ich mich nicht geschlagen. Eine Woche später erwarte ich im selben Outfit Elektriker Nummer zwei von einem anderen Betrieb – natürlich habe ich vor meinem Anruf bei der Firma erneut eine Sicherung ein Stück aus der Fassung gedreht. Groß ist mein Erstaunen, als gleich zwei Männer zwecks Fehlerbehebung bei mir erscheinen, ein etwa 50-jähriger Typ mit Bierbauch, ziemlich sicher von der Sorte treusorgender Familienvater mit Schrebergarten, und ein sehr hübscher junger Knabe, vermutlich nicht älter als 17 oder 18. Der Ältere übersieht scheinbar meinen nackten Busen unter dem dünnen Leinenstoff und macht sich mit verbissener Miene ans Werk, während der Bursche die gesamten zehn Minuten, die der ältere Elektriker benötigt, um die lockere Sicherung ausfindig zu machen, mit der Gesichtsfarbe eines Feuerlöschers verlegen grinsend vor mir steht und mich stotternd in ein Gespräch zu verwickeln versucht. Seufzend hänge ich ein weiteres Mal meinen Plan an den Nagel und unterschreibe nach verrichteter Arbeit das Zeitaufwandsprotokoll.

Um bei dem Versuch, einen Handwerker, zumindest theoretisch, zu verführen, nicht pleitezugehen, muss es beim letzten Mal endlich klappen, und so telefoniere ich ein paar Tage später erneut mit einem Elektriker, der verspricht sofort persönlich vorbeizukommen. Schnell werfe ich mich in meine hautenge Hose und die dünne Bluse und lockere die Sicherung. 15 Minuten später steht ein glatzköpfiger Muskelprotz Marke Vin Diesel vor meiner Türe. Bingo! Ok, allzu hohe Ansprüche darf man in der Sexfilm-Branche nicht stellen, denke ich mir. Auch dieser Mann hat den Fehler rasch gefunden und behoben, wobei er mich während der Arbeit nicht aus den Augen gelassen hat, ohne ein Wort mit mir zu sprechen. Nachdem ich, wie gehabt, wieder etwas unterschrieben habe, grinst mich der Typ an und meint in prolligem Slang: „Soll ich noch ein Kabel? Ein langes natürlich!" Ha! So unrealistisch sind diese Filmchen also doch nicht! „Nein, danke", erwidere ich kühl und schubse den Mann Richtung Türe. „Ich dachte … na, weil Sie so angezogen sind!" „Ach, weil ich mich gerne sexy kleide, bedeutet das, dass ich jeden Mann, der an meiner Türe läutet, flachlegen möchte? Sehe ich irgendwie unbefriedigt aus?" „Um Gottes willen, das wollte ich keinesfalls andeuten. Nein, Sie sehen sehr gut aus …" Ich lächle und versetze dem Vin für Arme den Todesstoß: „Nun gut, ich gebe zu, ich wollte tatsächlich einen Handwerker verführen. Aber die Lust darauf ist mir in dem Moment vergangen, als Sie den Mund aufgemacht haben. Und jetzt: Auf Wiedersehen!"

Mission erfüllt!

Der Hexenapfel

Glaubt man der einschlägigen Literatur und meiner Freundin Miriam, die sämtliche Bücher zu dem Thema auswendig gelernt zu haben scheint, gibt es jede Menge manipulativer Maßnahmen, mithilfe welcher es angeblich gelingt, jeden beliebigen Mann in sich verliebt zu machen, und wenn er sich noch so dagegen wehrt – und diese Tricks sollen tatsächlich funktionieren, egal ob man bei Anwendung derselben „Mr. Right" finden oder sich nur einen Spaß machen will. Doch egal was mir Miriam in ihrer Nachhilfestunde „Einem Kerl den Kopf verdrehen" für Ratschläge erteilt, es läuft neben der Aufzählung von uralten Kniffen ohne jeden Einfallsreichtum wie: „Stets dasselbe Parfum tragen, wenn du ihn triffst, damit er den Duft immer mit dir in Verbindung bringt und somit häufig an dich denkt" (also wär's wohl am klügsten, nach Bier, Schweinefleisch oder Kaffee zu riechen), im Endeffekt darauf hinaus, in Erfahrung zu bringen, was das Zielobjekt an einer Frau schätzt, um dieses subjektive Idealbild verkörpern zu können und dem Mann vorzugaukeln, er hätte seine fleischgewordene Traumfrau vor sich.

Da ich diese Vorgehensweise für langweilig und viel zu zeitaufwendig halte, entscheide ich mich auch bei diesem Experiment für den manipulativen esoterischen Weg: Ich muss vorübergehend zur Hexe werden.

Das Wort „Hexe" leitet sich vom althochdeutschen Begriff „hagazussa" ab, was frei übersetzt „Person an der Grenze" bedeutet, beziehungsweise „Zaunreiterin" oder auch „Heckenreiterin" (der Hexenbesen entwickelte sich unter dem Einfluss des Christentums aus den gegabelten Ästen einer Hecke) im Sinne einer Vermittlerin zwischen der Dieswelt und der Anderswelt. Eine andere Bedeutung erklärt die „Person an der Grenze" zur Springerin zwischen dem kultivierten Raum (begleitendes Symboltier Katze) und der unkultivierten Natur (begleitendes Symboltier Rabe).

Dass die Hexe auch als „böse" gilt, haben wir einerseits der vom Volksglauben beeinflussten christlichen Panikmache im Mittelalter und in der frühen Neuzeit zu verdanken, andererseits Leuten wie den Gebrüdern Grimm, die zu Beginn des 19. Jahrhunderts viel Fantasie bezüglich der Tätigkeiten einer Hexe an den Tag legten.

In Österreich wurden die „Zaunreiterinnen" bis zum Beginn des 18. Jahrhunderts verfolgt, wobei es im Laufe dieses Hysterie-Phänomens zu massenweisen Verdächtigungen und Denunziationen kam. Unter Kaiserin Maria Theresia gab es dann fast keine Hexenprozesse mehr – die letzte Hinrichtung erfolgte 1750 in Salzburg –, obwohl Zauberei theoretisch noch unter Strafe stand. Die größte Prozessserie in Österreich war jene von 1675 bis 1690 in Salzburg, im Zuge derer 138 Menschen, darunter 56 Kinder, hingerichtet wurden. Die Zahl der Opfer in Europa beläuft sich auf rund 20.000 Personen (auch wenn von etwa vier Mal so vielen Hinrichtungen ausgegangen wird), 80 Prozent der Getöteten sind Frauen gewesen.

Durch Kontakte lerne ich Hexe Frida kennen, die mir einige Rituale verrät, weiß- wie auch schwarzmagische. Ihre Empfehlung, keine Macht auszuüben und niemanden zu manipulieren, also ausschließlich weiße Magie anzuwenden, nehme ich zur Kenntnis, ihre Warnung, dass schwarze Magie mir letztendlich selbst schaden würde, schlage ich in den Wind, da ich an den Hokuspokus sowieso nicht glaube – was nicht bedeutet, dass ich die Lebenseinstellung „echter Wicca", die sich gerne und oft spirituell mit der Natur verbinden und ein Faible für Mystik haben, nicht respektiere. Frida ist allerdings einfach nur eine durchgeknallte und doch zugleich unoriginelle Alte, die ihren Kunden mit ihrer „Weisheit" und allerlei Utensilien, die man zum Hexen braucht, Geld aus der Tasche zieht.

Jetzt muss ich nur noch einen geeigneten Mann finden, der vorher nicht wissen soll, was ich vorhabe, und mir danach meine Hexerei verzeiht, wenn ich ihm von meinem Experiment berichte. Ein geeignetes Opfer ist rasch ins Auge gefasst, es handelt sich dabei um den Kellner aus meiner Lieblingsbar, Frederic, der wirklich süß ist, aber auch ziemlich unnahbar wirkt.

Als Nächstes lese ich mich durch die 15 Rituale, die Frida

mir für 77 Euro überlassen hat – ein Schnäppchenpreis, da es sich immerhin um echtes Hexenwissen handelt.

Die ersten beiden Beschreibungen befördern beinahe mein Mittagessen nach oben, da hier angeleitet wird dem Mann, den man begehrt, pulverisiertes Menstruationsblut beziehungsweise kleingeschnittene Schamhaare ins Getränk oder unter sein Essen zu mischen. Beim dritten Ritual soll man eine Spinne in eine Nussschale sperren und ihr Netz dem Angebeteten in einer Speise servieren. Kommt auch nicht infrage – ich quäle vielleicht Menschen, aber sicher keine Tiere.

Der vierte Text lässt mich ein wenig verzweifeln und meinen 77 Euro nachweinen … es geht dabei um eine am Friedhof ausgebuddelte Leiche, der man einen Hautstreifen abtrennt und diesen dem Geliebten auf den Körper pickt. Danach lese ich noch etwas über befruchtete, faule Hühnereier und Fledermauskot. Schließlich finde ich doch noch ein Ritual – eines von der bösen Sorte, nachdem mir die weißen mit Utensilien wie Rosen, Lavendel und Perlen einfach zu lieblich scheinen –, das leicht durchführbar und auch nicht ekelerregend ist.

Ich soll in einen Apfel, mit so kleinen Buchstaben wie möglich, die drei Namen Sitri, Furfur und Sallos ritzen, diesen dann eine Vollmondnacht lang zwischen meinen Schenkeln halten und ihn am Folgetag an das Objekt der Begierde verfüttern. Außer, dass ich mit dem Obst im Bett schlecht schlafen würde und vermutlich ein paar Druckstellen bekäme, sehe ich keine Probleme bei der Verwirklichung meines Plans, Frederic zutraulicher zu machen, auf mich zukommen. Gesagt getan, ich ritze, so klein ich kann, die drei Namen in einen schönen roten Apfel und platziere ihn beim Schlafengehen zwischen meinen Oberschenkeln. Wie befürchtet verlebe ich eine unruhige Nacht, weil mir das Stück Obst immer wieder auskommt, einmal sogar aus dem Bett

auf den Boden fällt und davonrollt, was meinen Hund dazu veranlasst, ihm schnuppernd nachzulaufen.

Am Abend fahre ich dann müde in mein Lieblingslokal, verwickle Frederic in ein Gespräch und überreiche ihm den Apfel mit der Lüge, dass meine Oma besondere Sorten kultiviere und er mir unbedingt sagen müsse, wie die Sorte „Rote Versuchung" schmecke, wofür er das Stück Obst aber aufessen müsse, da sich das Aroma erst nach und nach im Mund entfalte. Ohne Misstrauen verspeist der Kellner den Apfel und nickt dabei anerkennend, dann meint er: „Der schmeckt so süß, wie du heute aussiehst!" Hoppla, wirkt der Liebeszauber echt so schnell? Nach dem Spruch wendet sich der Angehexte wieder seiner Arbeit zu und beachtet mich nicht mehr. Und das ändert sich auch nach Wochen des Immer-wieder-Auftauchens in Frederics Dunstkreis nicht. Kurz überlege ich wieder zu Frida zu gehen und mir einen Verwünschungszauber für Buckelwachstum oder Hodenschrumpfung zu besorgen, verwerfe diesen Gedanken dann allerdings wieder.

Miriam meint zu meinem Versuch, dass mein Scheitern mit meinem mangelnden Vertrauen in die Kraft der Magie generell und dem Nutzen dämonischer Kräfte speziell zu tun hätte und dass ich dem Kellner über die Apfelsache Bescheid geben müsse, damit sich die Macht des Bösen nicht gegen mich wende – und das, obwohl es gar nicht funktioniert hat. Da ich das ohnehin vorhatte, beichte ich Frederic drei Tage später alles und erzähle ihm von dem Hexenritual. Ich erfahre, was ich aufgrund seines Namens und der Art, wie er Cocktails mixt, hätte erahnen können – der Süße ist schwul und nun, nach meinem Geständnis, richtig sauer auf mich.

Mittlerweile darf ich meine Lieblingsbar, nach drei Monaten Lokalverbot, wieder betreten, wahrscheinlich auch deshalb, weil in der Zwischenzeit ein neuer Kellner den Job übernommen hat. Er heißt Jürgen und ist wirklich süß!

Das etwas andere Vorstellungsgespräch

Ich hasse Vorstellungsgespräche: Egal wie gut (oder genial) man ist und wie gut (oder oberspießig) man sich benimmt, es ist meistens nicht gut genug, um den guten (oder den zumindest zumutbaren) Job auch tatsächlich zu ergattern.

Die Verhaltensregeln bei einem solchen Termin sind eigentlich jedem bekannt: dezentes und gepflegtes Outfit und Styling, pünktliches Erscheinen, selbstsicheres, aber dennoch zurückhaltendes Auftreten, höfliches Benehmen, Interesse an dem Job und dem Arbeitgeber zeigen und so weiter.

Als mir meine Freundin Romana, eine gelernte Gastronomin, von ihrem Vorstellungsgespräch in einem Altwiener

Kaffeehaus erzählt, bei dem der Chef Herr K., angeblich ein richtiger Kotzbrocken, sie als Jobsucherin behandelt hätte wie eine Bittstellerin und mit einem lächerlichen Gehalt abspeisen wollte, das Romana natürlich nicht akzeptierte, um sein Gegenüber zuletzt mit den Worten abzuservieren: „Ich glaube, Sie sind mit Ihren Forderungen in einer Nachtbar besser aufgehoben, als bei uns" – wobei das „ch" in „Nachtbar" laut Romana eher wie ein „ck" geklungen haben soll –, ist mir glasklar, was ich zu tun habe.

Mit einem frei erfundenen Lebenslauf, der mich als perfekte Mitarbeiterin in dem Café prädestiniert, bewerbe ich mich bei dem Kotzbrocken, der mich bereits am selben Tag des Posteingangs meiner Unterlagen anruft und zu sich in die altehrwürdigen Hallen des Traditionsunternehmens zitiert.

Tags darauf erscheine ich dezent aufgebrezelt im Büro des Kaffeehauschefs, auf den ich strahlend zueile, als er sich bei meinem Eintritt mit reservierter Miene von seinem Sessel hinter dem Schreibtisch erhebt. Ich strecke ihm beide Hände entgegen und packe seine rechte Pranke, die ich dann etwa fünf Sekunden lang mit den Worten „Es freut mich ja so sehr, dass Sie mir die Chance geben wollen, in diesem Etablissement zu arbeiten" schüttle. Der Mann in den 50ern bittet mich irritiert lächelnd Platz zu nehmen und beginnt dann bedächtig in einer Mappe, es dürfte sich dabei um meine Bewerbungsunterlagen handeln, zu blättern. Ich räuspere mich und säusle: „Wenn Sie jetzt lieber lesen wollen, als sich mit mir zu unterhalten, kann ich auch später wiederkommen!" Herr K. hebt den Blick und mustert mich mit heruntergeklappter Kinnlade, während ich ihn unvermindert anstrahle und mir dabei versonnen Haarsträhnen um den Finger wickle. „Äh ... nein, ich schaue nur schnell in Ihren Lebenslauf ..." „Was? Die paar Daten konnten Sie sich nicht merken von gestern auf heute?", unterbreche ich gespielt erstaunt. Der Mann reibt sich mit gerunzelter Stirn den Nasenrücken, bevor er meint: „Ich habe viel um die Ohren ... Aber kommen wir zu Ihnen. Erzählen Sie mir einmal von sich." „Jessas, Sie haben aber wirklich ein extremes Kurzzeitgedächtnis", erwidere ich mit einem Nicken in Richtung meiner Unterlagen. Spätestens jetzt werde ich wohl vor die Türe gesetzt, denke ich, oder aber die arbeiten hier gern mit unterbelichteten Menschen, die sie vielleicht unterbezahlen können, weil sich diejenigen nicht dagegen wehren. Der Chef grinst jetzt zu meinem Erstaunen und fragt dann: „Haben Sie auch Erfahrung im Bierausschank?" „Ne, aber was nicht ist, kann ja noch werden, oder?" „Natürlich, es ist nie zu spät, um dazuzulernen." Ich beginne langsam daran zu zweifeln, dass ich bei dem richtigen Kotzbrocken im Büro sitze, aber ein Irrtum ist eigentlich ausgeschlossen. „Und wenn Sie hier anfangen würden ... wie stellen Sie sich Ihre Karriere in unserem Unternehmen vor?", fragt Herr K. „Na ja, allzu sehr anstrengen mag ich mich eigentlich nicht ... Geht hochschlafen auch?", frage ich und hebe dabei bereits meine Pobacken vom Stuhl, da ich damit rechne, jetzt unter wüsten Beschimpfungen aus dem Büro gejagt zu werden. Stille. Und dann bekommt der Kotzbrocken doch tatsächlich einen Lachanfall. Er prustet und johlt, dass die Wände wackeln, während ich mich äußerst unbehaglich zu fühlen beginne. Womöglich ist der Mann geisteskrank oder aber ein Sektenführer ... wer weiß, ob ich hier lebend beziehungsweise ohne Gehirnwäsche, nach der ich nur noch Gänseblümchen essen und all mein Geld auf ein dubioses Konto in der Schweiz überweisen würde, herauskomme ... Meine Gedanken überschlagen sich, während bei Herrn K. der Lachanfall langsam abebbt, und ich überlege, ob jetzt der richtige Moment wäre, um die Flucht zu ergreifen. Doch wie festgetackert bleibe ich sitzen und starre fasziniert auf den immer noch leicht bebenden Riesenklops mir gegenüber, der nicht minder gebannt in meine Richtung glotzt – aus der Ferne betrachtet müssen wir wie zwei Urzeitviecher wirken, die sich das erste Mal über den Weg laufen und nicht fassen können, dass so etwas Seltsames wie das jeweils andere Individuum auf demselben Planeten existiert.

„Sie sind ja ein richtiger Spaßvogel", ächzt der Kotzbrocken, „so etwas können wir hier gut gebrauchen. Und Ihr Lebenslauf ist auch sehr beeindruckend. Herzlich willkommen in unserem Unternehmen. Wann können Sie anfangen?" Die Summe, die mir Herr K. anschließend als Gehalt nennt, ist tatsächlich lächerlich – diese Bezahlung in Kombination mit der geforderten Arbeitszeit grenzt an Ausbeuterei.

In meiner Rolle bleibend antworte ich: „Da muss ich nicht darüber nachdenken – gar nicht." Mit reservierter Miene erhebe ich mich von meinem Stuhl und schreite hocherhobenen Hauptes zur Türe, drehe mich dann noch einmal um, bevor ich das Büro verlasse, und sage: „Viel Spaß übrigens in der Nachtbar, in die Sie in Ihren Augen weniger geeignete Jobanwärterinnen schicken! Auf Wiedersehen!" „Auf Wiedersehen …", piepst es zurück, als ich die Türe hinter mir schließe.

Zwei auf einen Streich

Nicht nur Kinder spielen gerne Streiche, auch Erwachsene – nur trauen sich die seltener ihrer Fantasie in dieser Hinsicht freien Lauf zu lassen, weil sie befürchten, dass dem Opfer der Fopperei das Verständnis und der Humor dafür fehlen.

Es gibt viele Gründe dafür, jemanden hereinlegen zu wollen – häufig ist Rache ein Motiv, oft geht es aber einfach nur um den Spaß, den man dabei hat –, und auch viele Möglichkeiten, die im Idealfall der eigenen Motivation, den Gegebenheiten und der Zielperson perfekt angepasst und außerdem einfallsreich sind. Ein lieblos gespielter Streich, ohne jede sorgfältige Planung und kreative Umsetzung, ist so fad wie Chili con carne ohne Chili.

Anleitung zum guten Gelingen: Opfer wählen, Streich kreieren, gegebenenfalls Verbündete suchen, Vorhaben genauestens planen, falls nötig Utensilien besorgen, Idee sorgfältig umsetzen.

Natürlich passieren Streiche auch hin und wieder aus einer Laune oder einer guten Gelegenheit heraus, wenn man beispielsweise bei einem lustigen Spaziergang durch die Nacht ein wenig angeheitert bei einem „Kellner", dessen Namen man zufällig beim Vorbeigehen an einem Türschild liest, klingelt, um zwei Bier zu bestellen.

Aber grundsätzlich ist eine exakte Planung wichtig, um den Erfolg des Vorhabens zu gewährleisten.

Hier nun ein paar Anregungen für rotzfreche Frauen – sieben auf einen Streich:
- Dem Partner ein Hosenbein unten zunähen (ist der Typ ein wenig ungeschickt, sollte man, sobald er in das Kleidungsstück schlüpft, allerdings neben ihm stehen, um ihn gegebenenfalls aufzufangen). Wahlweise kann auch das Ärmelloch eines T-Shirts mit einem Faden fest verschlossen werden.
- Grassamen auf die Türmatte des nervenden Nachbarn streuen, während dieser auf Urlaub ist, und ein paar Tage lang kräftig gießen.
- Sich mit fluoreszierender Körpermalfarbe Fratze ins Gesicht schminken und bei völliger Dunkelheit Partner (bitte nur, wenn er kein schwaches Herz hat) oder den Nachwuchs erschrecken – zum Beispiel, wenn die Person spät abends nach Hause kommt, bevor sie das Licht anschaltet, oder das Opfer einfach in der Nacht aufwecken.

– Im Lokal seines Vertrauens Peperonischnaps (klar) bestellen und mit einem Freund auf einen schönen Abend anstoßen (sich selbst vom Kellner, der eingeweiht ist, Leitungswasser einschenken lassen).
– Dem Partner mit Scherzartikel-Farbe einen Zahn schwarz einfärben, während er schläft (das funktioniert natürlich nur, wenn er nicht bei der geringsten Berührung sofort aufwacht, notfalls vorher alkoholisieren, damit er nichts mitbekommt).
– Eitlem weiblichen Nachwuchs anbieten ausgewaschene Haarfarbe nachzutönen und statt der gewünschten eine quietschbunte auftragen (lässt sich relativ schnell wieder auswaschen).
– Glückwunschkarte mit Musikgedudel im Schlafzimmer des Opfers verstecken, während es schläft, und unbemerkt dafür sorgen, dass es aufwacht, die Karte aber nicht sofort findet.

Da ich selbst ein Streichprofi bin – mein Exmann kann ein Lied davon singen, auch wenn er sich nicht unbedingt deshalb, oder nicht nur deshalb, von mir getrennt hat –, möchte ich gerne einen Schritt weiter gehen und zwei Fliegen auf einen Streich erschlagen.

Ich benötige für mein Vorhaben zwei Opfer und eine Verbündete, Ort der Umsetzung ist meine Wohnung. Danach wird genau geplant, damit im entscheidenden Moment alles klappt. Als Streich wähle ich eine Szene, die sich seit Jahrzehnten oder länger durch Komödien in Film, Fernsehen und Theater zieht, außerdem Inhalt unzähliger mehr oder weniger guter Witze ist und trotz ihrer mit beinahe nichts zu überbietenden Klischeehaftigkeit die Menschen immer wieder zum Lachen bringt. Und ich möchte ausprobieren, was bei der Umsetzung dieser Szene als Reinleger, und das in genauer Betrachtung hinsichtlich der Reaktionen und des Unterhaltungswerts für alle Beteiligten, tatsächlich passiert.

Voraussetzung für diesen Streich ist eine Beziehung, die ich führen muss, und sei es nur vorübergehend. Dies ist der Fall, daher steht der Inszenierung nichts mehr im Wege. Und ... Action!

Ich überlasse an einem Freitag meinem Kurzzeitpartner Felix ausnahmsweise einen Zweitschlüssel für meine Wohnung und bitte ihn mich am darauffolgenden Abend gegen 20 Uhr zu besuchen, informiere ihn gleichzeitig darüber, dass ich mich vielleicht ein wenig verspäten würde, er es sich in der Zwischenzeit aber ruhig schon bequem machen könne. Danach lasse ich Felix von meiner Freundin Beate anrufen, die ihm mitteilt, dass er unbedingt schon gegen 19 Uhr erscheinen und heimlich die Wohnung betreten solle, da sie wüsste, dass ich ihn betrüge. Währenddessen telefoniere ich mit Harald, einem Gelegenheitsgeschlechtsverkehr-Partner von mir, der mir hin und wieder zu Diensten ist, wenn ich gerade Single und zugleich sexbedürftig bin, und ersuche ihn um ein Treffen am Samstag gegen 18 Uhr in meiner Wohnung, da ich ihn wieder einmal in meiner Nähe beziehungsweise in meinem Bett bräuchte.

Harald erscheint pünktlich und wir kommen nach dem Austausch einiger Neuigkeiten dann auch relativ schnell zur Sache, die sich gegen 18 Uhr 45 ins Bett verlagert. Ich bin ein wenig abgelenkt, was mein Liebhaber mit einem „Du bist heut nicht richtig bei der Sache, Häschen" nicht unkommentiert lässt, trotz meiner Unkonzentriertheit jedoch unbeirrt eifrig fortfährt und dabei seine Zärtlichkeiten von Bemühungsgrad fünf auf eine solide Zwei steigert.

Kurz vor 19 Uhr höre ich endlich ein zaghaftes „Ratsch", als Felix vorsichtig den Schlüssel ins Schloss meiner Wohnungstüre steckt. Jetzt muss alles schnell gehen: Während dem „Ratsch" das „Klick" folgt, stoße ich Harald von mir und wispere, dass mein Freund unerwartet auftauchen würde und er sich sofort verstecken müsse.

Ich bekomme fast einen Krampf im Bauch, als ich die Panik in den Augen des Mannes sehe, der sich gerade noch mit verklärtem Blick bemüht hatte mir alles recht zu machen, zwinge mich aber dazu, in meiner Rolle zu bleiben und nicht zu lachen. Ich deute hektisch auf den Kleiderschrank, ohne ernsthaft anzunehmen, dass Harald wirklich hineinsteigen würde – doch da keine Möglichkeit zur Flucht nach draußen besteht und die anderen Verstecke in meiner Wohnung auch nicht attraktiver sind als das von mir vorgeschlagene, kraxelt mein Liebhaber, nachdem er hastig seine Kleidungsstücke zusammengesammelt hat, tatsächlich in den Kasten und schließt die Türe von innen hinter sich zu, nicht ohne mir vorher noch einen entsetzten und zugleich gehetzten Blick zuzuwerfen. Kaum ist Harald von der Bildfläche verschwunden, betritt Felix das Schlafzimmer, sieht mich nackt im Bett liegen, glotzt mich ungläubig an und beginnt dann zu wüten: „Wo ist der Kerl?"

Vor lauter Faszination, dass sich in der Realität tatsächlich alles genauso abspielt wie in der Fantasie eines Drehbuchautors oder Stückeschreibers, und Verwunderung, dass dieser Klischeeklassiker über die Jahrzehnte nichts an Dramatik und Groteske verloren hat, bleibt mir die Spucke weg. Ich höre Felix brüllen und kann nichts anderes tun, als blöd aus der Bettwäsche zu schauen. Endlich krächze ich: „Was meinst du denn, bitte?" „Jetzt tu doch nicht so unschuldig, ich weiß Bescheid. Du betrügst mich! Also, wo ist das Schwein?" Es spielt sich tatsächlich alles wie im Film ab, sogar die Wortwahl des Betrogenen ist ident mit jener der Schauspieler, denke ich. Felix stürmt jetzt auf mich zu und schreit mir mit heißem Atem ins Gesicht: „Sag schon, WO ... IST ... ER?" Kurz überlege ich, ob ich Angst bekommen sollte, doch dann gewinnt die Heiterkeit über die Vorstellung, welches Gesicht Harald gerade im Schrank machen würde, die Oberhand. Als ich gerade mit einer Unschuldsbeteuerung antworten will, beginnt Felix das Schlafzimmer zu durchsuchen, was mich gespielt entsetzt rufen lässt: „Nicht, ich flehe dich an, lass das, da ist niemand, so glaub mir doch, hör auf damit!" Unbeeindruckt wieselt mein in diesem Moment wohl schon Exfreund durch den Raum, wirft einen Blick unter das Bett, schaut hinter den Vorhang und öffnet dann den Kleiderschrank, in dem Harald nackt, und ich bilde mir ein auch zitternd – so würde jedenfalls die Regieanweisung lauten –, hinter meinen Sommerkleidern kauert. Jetzt herrscht vollkommene Stille im Zimmer, es ist lediglich das leise Schnarchen meines Hundes zu hören, der sich, gelangweilt und wahrscheinlich auch ein wenig überfordert von dem Spektakel, unter den Schreibtisch schlafen gelegt hat. Laut Drehbuch muss ich mich jetzt ausreden und versuche es mit einem Spruch, welcher der Situation würdig ist, vorgetragen in sanftem, beruhigendem Tonfall: „Schatz, es ist nicht so, wie du denkst. Lass es mich bitte erklären, bevor du etwas Unüberlegtes tust." Felix stiert zuerst mich, danach Harald an und zerrt meinen Liebhaber dann am Arm aus dem Kasten, während er abwechselnd ihn und mich mit wüsten Beschimpfungen überschüttet. „Das hat sich so ergeben, ich hatte Sehnsucht nach dir und er war vorher da. Das bedeutet aber nicht, dass ich nicht weiter mit dir zusammensein will!", gebe ich jetzt von mir und wundere mich erneut, dass ich angesichts dieser äußerst bizarren Situation und meines unsinnigen Geschwafels tatsächlich ernst bleiben kann. „Warum hast du mir nicht gesagt, dass du derzeit einen Freund hast?", kreischt Harald hysterisch, während er versucht sich aus Felix' Umklammerung zu lösen – ich werde mir wohl einen neuen Liebhaber suchen müssen, beginne ich zu ahnen. „Harald, das wollte ich ja, aber es ging alles so schnell ...", improvisiere ich holprig, da ich mir eigentlich nur Ausreden für den betrogenen Partner zurechtgelegt habe, und bringe deshalb gleich eine weitere an selbigen: „Liebling, ich weiß nicht, was mit mir los ist, vielleicht hatte ich Angst davor, dass das mit uns zu schnell geht, zu eng wird und ich etwas verpassen könnte. Aber es hat mir überhaupt keinen Spaß mit ihm gemacht, es ist nur mit dir wirklich schön!" Wenn er mir diese Erklärung abkauft und mir verzeiht, überlege ich, sattle ich sofort auf Schauspielerei um. „Glaubst du im Ernst, dass mich das jetzt noch interessiert? Mit uns ist es vorbei!", giftet Felix in meine Richtung und wendet sich dann Harald zu: „Und du ... du ..." „Ich habe nicht gewusst, dass sie eine Beziehung hat, ehrlich!", wimmert mein Schrankuntermieter, der, zu einem Häufchen Elend zusammengefallen, mit einer Hand seine Genitalien bedeckt und mit der anderen in meine Richtung wedelt. Spätestens nach diesem Anblick hätte ich Harald ohnehin nie wieder sexy finden können, stelle ich fest, weshalb sich meine Traurigkeit über den Verlust eines nicht unbegabten Liebhabers in Grenzen hält.

Ich überlege kurz, wie ich die Situation aufklären soll: Die Verkündung, dass ich den beiden Männern einen Streich gespielt hatte, könnte den Fremdgang nicht ungeschehen beziehungsweise für Felix nicht weniger bedeutsam machen, und Harald würde sich vermutlich gleich wie eine Laborratte fühlen und ebenfalls wenig Verständnis für meine Art von Humor aufbringen, geschweige denn meine gekonnte Inszenierung gebührend würdigen. Dennoch, ich muss jetzt Farbe bekennen.

„Leute", beginne ich zaghaft, da mir langsam bewusst wird, dass ich zwei Menschen weiter als jemals zuvor eine Person in eine Spaßdimension katapultiert habe, die für sie offensichtlich doch noch zu futuristisch ist, „das war ein Scherz. Ich habe das alles geplant und ihr seid mir beide voll auf den Leim gegangen." Keiner lacht, wie erwartet, woraufhin ich alles genau schildere, damit sie mir glauben. Das tun sie ... aber keiner lacht.

„Harald, es ist vielleicht besser, wenn du jetzt gehst", sage ich dann mit fester Stimme, woraufhin Felix zustimmend nickt und meldet: „Und ich gehe gleich mit." Kurz darauf verlassen die beiden Männer, einträchtig nebeneinander, meine Wohnung.

Nachdem die Türe ins Schloss gefallen ist, rufe ich, wie versprochen, Beate an, um ihr von dem – zumindest für mich – gelungenen Streich und von den dummen Gesichtern, die mir Harald und Felix gleich in zweifacher Ausfertigung und gleich zwei Mal, zuerst während der Szene, danach bei der Verkündung, dass ich die beiden reingelegt habe, präsentiert haben, zu berichten. Ich verrate ihr allerdings nicht, dass ich Harald und Felix ein wenig vermissen werde.

Vom Kuscheln und Lachen

Menschen machen mittlerweile die verrücktesten Dinge, um ihr verkorkstes Leben in den Griff zu bekommen und Erklärungen für die permanente oder momentane Schräglage zu finden. Ich werde zwei der Möglichkeiten testen, die helfen sollen nicht mehr zu eiern, sondern rundzulaufen.

Bei Kuschelpartys, die vorwiegend für Personen geeignet sind, welche die Leere in ihrem Inneren füllen und der Einsamkeit entfliehen wollen, beginnen sich fremde Leute zu umarmen und Zärtlichkeiten miteinander auszutauschen. Die Teilnehmer sind dabei vollständig bekleidet und angeblich verfolgt beim Gruppenkuscheln niemand eine sexuelle Absicht. Erfunden haben das Massengefummel, in den USA „Cuddle Party" genannt, ein New Yorker Sexualtherapeut und seine als Beziehungsberaterin arbeitende Partnerin im Jahr 2004, das in zweierlei Hinsicht eine therapeutische Wirkung haben soll: Einerseits, so wird behauptet, entwickeln vor allem Frauen durch das zwanglose Anfassen ein gewisses Urvertrauen Männern gegenüber und bauen gleichzeitig Selbstvertrauen auf, andererseits stärkt Kuscheln das unter anderem aufgrund von Berührungsmangel geschwächte Immunsystem und bremst dabei das Stresshormon Cortisol aus.

Lachyoga wiederum ist ideal für alle jene, die ihr „inneres Kind" mit dem Wunsch nach Unbeschwertheit wiederentdecken wollen, sie dürfen das allerdings nur dann, wenn sie nicht bereits psychisch krank sind oder an beispielsweise Bluthochdruck, Inkontinenz oder einem Bandscheibenvorfall leiden. Bei dieser Form des Yoga sollen grundlose und künstliche Heiterkeitsausbrüche in echtes, herzliches Lachen übergehen, was in Form von gruppendynamischen pantomimischen Übungen mit spielerischen Elementen erreicht werden soll. Durch das letztendlich entstehende echte Lachen werden die Menschen in einen Zustand kindlicher Verspieltheit versetzt. Seinen Ursprung hat das Lachyoga in den 1970er-Jahren, als ein US-amerikanischer Journalist und Friedensaktivist schwer an Rheuma erkrankte und daraufhin beschloss seine Schmerzen wegzulachen, was ihm auch gelang, sodass er mit seinem Leiden noch rund 20 Jahre annähernd beschwerdefrei lebte. Die Gelotologen (Lachforscher, die ebenso anerkannt sind wie die Glücksforscher) wissen heute, dass beim Lachen unter anderem entzündungshemmende und schmerzstillende Substanzen freigesetzt und Stresshormone abgebaut werden, sich außerdem die Atmung verbessert und der Sauerstoffgehalt im Gehirn erhöht. Weltweit verbreitet hat das Lachyoga dann in den 1990er-Jahren ein indischer Arzt und Yogalehrer, der 1995 auch den ersten Lachclub gründete.

Da ich wieder experimentieren möchte, werde ich beide

Kurse einmal besuchen und mir die Leute ansehen, die sich ihre Probleme wegkuscheln oder weglachen.

Frisch gewaschen, dick gelotioned und gewaltig parfümiert – schließlich werde ich in Kürze hochprivaten Körperkontakt mit Fremden haben und will mich mit diesem Duftschild vor meinen, vielleicht auch weniger gut riechenden, Mitkuschlern schützen – erscheine ich zur ersten Schmusestunde in einem Gemeindesaal und würde, als ich die anderen Teilnehmer sehe, am liebsten sofort wieder umdrehen und nach Hause gehen. Das liegt weniger daran, dass diese einsamen Herzen, die sich schnatternd im Kursraum versammeln, allesamt hässlich sind, sondern eher an dem Umstand, dass hier auf fast jedem Einzelnen mindestens 50 Kilo zu viel schwabbeln und ich Angst davor bekomme, erdrückt zu werden. Einen Teil des Problems dieser Menschen habe ich also bereits erkannt und könnte das Einschlagen eines anderen Lösungswegs als den hin zum Gruppenbetatschen vorschlagen.

Die meisten Leute scheinen sich bereits zu kennen, wahrscheinlich sind sie sich bereits sehr nahe gekommen, näher, als ich gerne hätte, dass sie mir kommen, doch eine Flucht kommt jetzt nicht mehr infrage.

Zehn Minuten später erscheint die Kursleiterin, eine kleine mollige Frau mit einem buschigen Pferdeschwanz, die ein kleines Podest betritt, sofort Stimmung zu machen beginnt und wie ein Sektenguru im rhythmischen Sprechgesang Anweisungen gibt, wobei sie wie ein angestochener Luftballon herumsaust und nach jedem Satz einmal in die Hände klatscht – hier wird Gehirnwäsche vom Feinsten betrieben. Die Leute, die in dem Raum willkürlich verteilt vor dicken Matratzen stehen und wie hypnotisierte Karnickel zu Gea, wie sich die weibliche Stimmungskanone nennt, emporstarren, beginnen nach einer Weile mit zu sprechsingen, zu klatschen und rhythmisch ihre Hüften zu wiegen. Ein Königreich für ein Mauseloch, denke ich, während ich mich steif wie ein Stock hinter einem dicken Senior verstecke, damit das Augenmerk der wilden Hummel auf dem Podest nicht auf mich fallen möge. Geschafft, wir dürfen uns auf den Unterlagen niederlassen. Gea fordert uns nun auf uns kurz vorzustellen, danach soll sich jeder einem anderen Menschen zuwenden und leise mit ihm zu plaudern beginnen. Ich drehe mich schnell von dem Senior weg in Richtung der jungen pummeligen Frau schräg hinter mir und rede einfach drauf los, was einen dicklichen blonden Mann mit Überbiss dazu veranlasst, mir einen bösen Blick zuzuwerfen, bevor er sich abwendet. Dankbar lächelt mich das Mädchen an und verdreht die Augen in Richtung des hasenzähnigen Rammlers. Sie heißt Agnes, ist 23 Jahre alt und arbeitet als Fleischhauerin. Schnell schaue ich auf ihre Finger, denn hätte sie Blut unter den Nägeln, würde ich mich keinesfalls von ihr befummeln lassen, doch ihre Hände sind sauber.

Es ertönt nun belanglose Liftmusik und gerade als ich mich zu entspannen beginne, verspanne ich mich sofort wieder, da Gea jetzt anordnet unser Gegenüber zu berühren. Gar nicht schüchtern greift Agnes nach meiner Wade, die sie zu streicheln beginnt, danach rutscht sie näher und legt einen Arm um meine Schultern. Ich bin ein Teddy, sie will nur mit mir kuscheln, ich darf mich nicht wehren, ich spüre es nicht, denn ich bin ein Teddy, suggeriere ich mir mit geschlossenen Augen, unfähig selbst auch nur die geringste Initiative zu ergreifen. Ich beiße die Zähne zusammen, als mich das Mädchen nun auch noch mit ihrer anderen Hand am Oberarm streichelt, und als wäre das nicht schon genug an Zuwendung von einer fremden Person, spüre ich eine dritte Berührung am Rücken. Ich blinzle irritiert und blicke direkt auf das breite Grinsen des Seniors, das sich nur wenige Zentimeter vor meinem Gesicht befindet. Plötzlich kräuselt der Mann die Nase, da er offensichtlich den Duft meines Parfüms inhaliert hat, und beginnt zu niesen, was ihn dazu veranlasst, die Hand von meiner Rückseite zu nehmen – Danke, Elizabeth Arden. Bevor sich der mehrmals fast explodierende Senior wieder in meine Richtung drehen kann, schiebe ich mich weiter nach hinten und bringe mich dabei unbeabsichtigt in die ungünstige Position, nun direkt zwischen Agens und Hasenzahn, dem ich den Rücken zudrehe, zu sitzen. „Umarmen", singt Gea auf ihrem Podest, und schon fällt mir die junge Frau um den Hals, während sich der dicke Bauch des männlichen Blondschopfes gegen meine Wirbelsäule drückt und seine Hände auf meinen Hüften landen. Danke, das war's! Ich springe auf, werfe Agnes einen entschuldigenden Blick zu und stürme ohne Erklärung in Richtung Kursleiterin, die schon wieder wie ein Eichhörnchen auf Red Bull auf dem Podest herumhüpft, aus dem Kursraum.

Sollte ich jemals so einsam sein, beziehungsweise unter mangelndem Körperkontakt leiden, dass ich in Erwägung ziehe, erneut eine Kuschelparty zu besuchen: Bitte erschießt mich!

Heute werde ich eine Lachyoga-Stunde besuchen, die Beschreibung auf dem Folder, den ich in Händen halte, klingt allerdings seltsam: „Es ist nicht notwendig, dass du Humor hast", und: „Unsere Anweisung: Fake it, until you make it = Tu so, als ob, bis es echt ist!"

Ok, ich darf also ruhig griesgrämig und total unlustig erscheinen und soll dann so tun, als ob ich Spaß habe, und gezwungen kichern, in der Hoffnung, das dann so witzig zu finden, dass ich irgendwann wirklich herzlich darüber lachen kann.

Ich treffe den Vorturner, Onkel Fredi – so nennt er sich selbst –, und den Rest der Gruppe in dem Saal eines Ärztecenters, in dem diversen Privatunternehmern Räume für ihre Vorträge oder andere Veranstaltungen zur Verfügung gestellt werden. Nach einer kurzen einleitenden Vorstellung, in welcher sich der Schwachsinn „tu so, als ob" aus dem Folder wiederfindet und Plattitüden im Sinne von „Wer täglich mindestens 15 Minuten lang lacht, bleibt länger gesund" und „Positives Denken macht glücklich und frei" breitgeklatscht werden, beginnen wir auch schon mit den Übungen.

Und es geht schon gut los: Wir sollen Tiere imitieren, also wie Hühner gackern, wie Pferde wiehern, wie Stiere schnauben, wie Affen kreischen, wie Löwen brüllen und so weiter, natürlich alles mit dazugehöriger Körpersprache und so fröhlich wie möglich. Ich verwandle mich also in ein Huhn, doch gerade als ich beseelt gackernd Körner vom Boden aufpicke, kollidiere ich mit einem schreienden Gorilla und werde gleich darauf von einem schnaufenden Rindviech attackiert. Ich lande auf meinem Hinterteil und beschließe, von Huhn auf Löwe umzusatteln, um den beiden Männern, die mich gerammt haben, einen zu brüllen, und finde die Situation jetzt doch sehr komisch. Da jedoch niemand lacht, sondern alle Teilnehmer weiter wiehern, brüllen und kreischen, mitten unter ihnen agiert Onkel Fredi als grunzendes Schwein, rapple ich mich auf und pfauche mich tatzenschwingend durch den Saal.

Nach etwa 15 Minuten wird die tierische Übung beendet und wir erhalten die Anweisung, mit einem imaginären Handy am Ohr durch den Raum zu gehen und mit einem unsichtbaren Gesprächspartner zu scherzen und zu lachen. Ich halte also den Daumen an mein Ohr und spreize den kleinen Finger ab, marschiere los und erzähle meinem nicht vorhandenen Frauenarzt einen schweinischen Witz, über den ich dann doch nur maximal schmunzeln kann, da ich ihn ja schon kenne. Also worüber um alles in der Welt soll ich mich jetzt amüsieren? Ich verlege mich aufs Beobachten der anderen Personen im Raum, doch den Anblick der Selbstgespräche führenden Menschen, die hin und wieder künstliche Lacher ausstoßen, finde ich eher traurig als lustig.

Endlich sind weitere zehn Minuten überstanden und wir dürfen auflegen.

Jetzt geht's ans Eingemachte: Wir sollen Nikolaus spielen. Dazu umfassen wir unseren angedachten Fettwanst und lachen aus der Tiefe unseres Körpers ein sattes „Ho, ho, ho", während wir herumgehen und mit den Händen den dicken Bauch auf und ab schubsen sollen, damit er auch ordentlich wackelt. Beim Nikolausen gelingt es mir tatsächlich, belustigt zu sein, da die anderen Teilnehmer wirklich dämlich mit ihren nicht vorhandenen hüpfenden Wampen aussehen, während sie ohrenbetäubend laut „Ho, ho, ho" brüllen.

Als Nächstes zeigt uns Onkel Fredi die Übung „Mäher-Lachen": Wir versuchen einen unsichtbaren altersschwachen Rasenschneider, ein Benzinvehikel natürlich, zum Laufen zu bringen, was erst beim fünften Mal gelingt, und als die Kraxen endlich anspringt, zischen wir, vor Freude darüber laut lachend, durch den Raum, den Rasenmäher vor uns herschiebend. Da ich selbst praktizierende Mäherin bin, kann ich mich wenig über die vor allem in der Sommerhitze lästige Gartenarbeit freuen, die ich jetzt sogar in meiner Freizeit, wenn auch nur vorgestellt, verrichten soll, weshalb mein Lachen hierbei vermutlich mehr als erzwungen klingt.

Nach dem Rasenmähen erklärt uns der Vorturner, dass wir uns jetzt gefälligst viel wohler und freier zu fühlen haben als noch zu Beginn unserer Stunde und eine positive Grundstimmung mit nach Hause nehmen würden, die uns kreativer und offener mache. Danach stimmen wir zum Abschied noch den Schlachtruf aller Lachyogini auf der ganzen weiten Welt an: „Ho, ho, ha ha ha, ho, ho, ha ha ha!"

Beim Gehen teilt Onkel Fredi noch Zettel aus, auf welchen ein paar Übungen vermerkt sind, die wir zu Hause täglich praktizieren sollen. Ich persönlich ziehe es jedoch vor, mir entweder einen Louis de Funès-Film anzuschauen beziehungsweise mit Freunden über ihre Witze, lustigen Geschichten oder andere Menschen zu lachen, um auf herkömmliche Weise Spaß zu haben. Aber vielleicht wollen Sie ... wenn Sie Louis de Funès nicht mögen und Ihre Freunde langweilig sind ... hier bitte:

— Sich bereits am Morgen im Spiegel zulächeln – durch das Hochziehen der Mundwinkel wird dem Gehirn „Freude" signalisiert, wodurch sich automatisch die Laune verbessert.
— Danach „Ich bin glücklich, ich bin fröhlich, ich bin motiviert" rufen und dabei die Arme kräftig nach vorne, zur Seite und dann nach oben stoßen. Dieser Muntermacher lässt einen aktiv in den Tag starten.
— Zurücklehnen und entspannen, etwas Schönes visualisieren und dabei lächeln. Hilft zwischendurch meditativ dem „kleinen Glück" auf die Sprünge.
— Immer wieder im Laufe des Tages mit dem Finger auf sich selbst zeigen, dabei die Thymusdrüse (oberhalb des Herzens) durch Antippen aktivieren und über sich selbst lachen, wodurch sich der Abstand zu Problemen vergrößert und man nicht alles ernst nimmt.
— Oberkörper nach vorne fallen lassen, mit den Armen schlenkern und dabei lachen – sorgt für Muskelentspannung (auch ohne Lachen).

Die Geisterjagd

Wer Bücher über Geister schreibt (beispielsweise „Geisterjäger", „Hexen, Heiler und Dämonen", „Spuk in Österreich"), sollte auch einmal mit auf die Jagd nach selbigen gehen, um das Fürchten zu lernen, daher beschließe ich mich der Gruppe API (Austria Paranormal Investigators) und ihrer angstfreien Frontfrau Uschi, die mittlerweile meine Freundin und Co-Autorin einiger meiner Gruselwerke ist (siehe außerdem das Kapitel „Wenn Männer eine Reise buchen" unter dem Abschnitt „Noch mehr böse Frauen und ihre Geschichten"), anzuschließen, um einer PU (Paranormalen Untersuchung) beizuwohnen. Außerdem sollte eine böse Frau keine Memme sein ... schon alleine deshalb musste ich das tun.

Der Kontakt mit Jenseitigen soll auf Burg Lockenhaus erfolgen, einem um 1200 erbauten Gemäuer, das sich mitten im heutigen Naturpark Geschriebenstein im Burgenland befindet, in dem angeblich im 14. Jahrhundert Templer hausten, die nach ihrer Ächtung durch König Karl I. Robert von Anjou am Verlassen der Burg gehindert, im heuten Rittersaal zusammengetrieben und dort ermordet wurden, und das im 17. Jahrhundert von einer der bösesten Frauen der Geschichte, nämlich Gräfin Elisabeth Báthory (auch „die Blutgräfin" genannt), bewohnt wurde.

Erzsébet (Elisabeth) durfte keine schöne Kindheit verleben, sie litt an Epilepsie und musste im Alter von neun Jahren mitansehen, wie ihre beiden Schwestern von rebellischen Bauern vergewaltigt und aufgehängt wurden. Ihr Mann Ferenc, mit dem ihre Eltern sie im Alter von 15 verheirateten, dürfte ein perverser Sadist gewesen sein, der seine Frau in die Geheimnisse des Okkultismus einweihte und ihr sogar Foltertechniken beibrachte. Als Ungarn von den Türken bedroht wurde, musste Ferenc in den Krieg ziehen und Erzsébet begann sich zu langweilen, was sie dazu veranlasste, ihre Bediensteten loszuschicken, um junge Frauen unter dem Vorwand einer Anstellung als Dienerinnen auf die Burg zu locken, wo die Gräfin die Mädchen grausam misshandelte und tötete. Sie soll ihnen unter anderem mit der Schere die Stimmbänder durchgeschnitten, den Mund zugenäht und ihnen mit den Zähnen das Fleisch von den Knochen gerissen haben.

Als Erzsébet Báthory jedoch begann sich an adeligen Mädchen zu vergreifen und auch mehrmals bei Hofe angezeigt wurde, ist sie am 29. Dezember 1610 auf Burg Lockenhaus (im heutigen Nichtraucherraum des Burg-Restaurants) verhaftet, aufgrund ihres Standes jedoch nicht zum Tode, sondern zu einer lebenslangen Kerkerstrafe im Turmzimmer ihrer Burg in Cachtice (heute Slowakei) verurteilt worden, auf der sie im Jahr 1614 verstarb.

Die Taten der „Blutgräfin" sind unbestritten und historisch belegt, lediglich über die Zahl ihrer Opfer gibt es keine genauen Angaben, aber es müssen einige Hunderte gewesen sein.

Diese Informationen und auch jene, dass ein Mann im Jahr 2011 nach einem kurzen Aufenthalt in dem Gemäuer in eine Psychiatrie eingeliefert werden musste, ein anderer bereits 1983 nach drei Wochen dauernden handwerklichen Arbeiten in der Burg Selbstmord beging, sind notwendig, um zu wissen, wie sehr es mich gruselt, als ich Uschi und Tina von der Gruppe API an einem heißen Tag Mitte Juli bei strahlendem Sonnenschein auf ihrer ersten Erkundungstour durch Burg Lockenhaus begleite.

„,Die' haben es offensichtlich eh nur auf Männer abgesehen", beruhigt Uschi mich grinsend, die mir ansieht, dass ich mich nicht wirklich wohlfühle. Wir starten unseren Rundgang im „Kultraum", in dem die Templer rituelle Handlungen vorgenommen haben sollen, und ich stelle mit leichtem Unbehagen fest: „Meine Uhr ist stehen geblieben", woraufhin mir Tina einen erschrockenen Blick zuwirft. Ich relativiere geistesgegenwärtig: „Nein, nein, ich hab nur vergessen sie aufzuziehen", was natürlich nicht stimmt. Uschi grinst wieder, Tina schaut skeptisch.

Wir halten uns eine Zeit lang im Kultraum auf, danach

begutachten wir die alte Burgküche („Rauchkuchl") aus dem 16. Jahrhundert, dann geht es weiter in die Folterkammer, anschließend schauen wir uns die Kapelle an. Dort wundern wir uns über eine anzügliche Skulptur (eine Frau, die mit nach hinten geneigtem Kopf und offenem Mund unter einem Kreuz und einer darauf befindlichen Jesus-Figur kniet) und gruselige Gemälde (Bilder von Totenköpfen) an den Wänden. Zuletzt nehmen wir noch den Rittersaal („Bluthalle") unter die Lupe, bevor wir essen gehen und eine Stunde später wieder nach Hause fahren. Das war der harmlose Teil der Geschichte.

Zwei Wochen später stehen Uschi, Tina und ich erneut vor den imposanten Mauern von Burg Lockenhaus. Dieses Mal ist es jedoch bereits finster, kühl und regnerisch. Gegen 21 Uhr trifft der Burgherr ein, um uns das Tor zu öffnen und durch die einzelnen Räume zu führen (er zeigt uns dabei vor allem die Bereiche, die „normale" Besucher nicht zu Gesicht bekommen), wobei er mit knappen Worten schildert, welche Verbrechen in dem Gemäuer im Laufe der Jahrhunderte verübt wurden. Seine Stimme hallt gespenstisch von den kahlen Wänden wider, während der Wind durch die undichten Fenster pfeift und der Regen gegen die Scheiben prasselt. Nach dem Rundgang erhalten wir die Erlaubnis, uns alles anzuschauen und jeden Raum zu betreten, der sich mit dem Generalschlüssel, den uns der Burgherr mit wichtiger Miene überreicht, öffnen lässt, danach verabschiedet er sich eilig und verschwindet mit einem knappen „Viel Erfolg!". Wir holen die für die Geisterjagd notwendigen Geräte aus dem Auto, schleppen sie die steile Treppe hinauf, deponieren sie in der riesigen Eingangshalle, schließen das massive Burgtor und sperren hinter uns zu, damit kein Fremder sich Zutritt verschaffen und unsere Suche nach den Jenseitigen stören kann.

Als Nächstes platzieren wir die Videokameras, wobei wir

mehrmals von Fledermäusen angeflogen werden, die offensichtlich kein Problem mit unserer Gegenwart haben und sich uns ungeniert bis auf wenige Zentimeter nähern. Einmal biegt ein besonders abenteuerlustiges Tier (das vielleicht auch nur schlecht navigiert oder dessen Echoortung mittels Ultraschallwellenausstoß nicht richtig funktioniert hat) zu spät ab und landet vor dem Abdrehen mitten in Tinas Gesicht, was einen Kreischanfall von uns dreien zur Folge hat, während die Fledermaus in aller Seelenruhe weitersegelt.

Dann starten wir unseren ersten Rundgang durch die Burg, bei dem in der alten Küche, in der es riecht wie in einer Selchkammer, gleichzeitig die Videokamera und das Diktafon, das ich in der Hand halte, ausfallen, Uschi mehrmals ein leises Wimmern vernimmt und aus dem verriegelten Türkenkeller in der Eingangshalle ein lautes Poltern zu hören ist. Die Nacht verspricht interessant zu werden.

Uschi beginnt jetzt mit der Verkabelung der Geräte, während Tina und ich, mit Taschenlampen und Walkie-Talkies ausgerüstet, uns erneut auf Erkundungstour begeben. Während der Wind immer noch heftig an den Fenstern rüttelt, finden wir oberhalb des „Pfaffenzimmers", in dem das Diktafon plötzlich unmotiviert zu rauschen beginnt, das Schlafgemach von Erzsébet Báthory, das wir über eine enge, steile Wendeltreppe erreicht haben. In dem Raum befinden sich ein Bett mit verschmutzter Matratze und ein Nachtkästchen und in beide Möbelstücke sind Pentagramme (Bannzeichen gegen böse Mächte) eingeritzt. Tina vermeint eine eigenartige Energie in den kargen vier Wänden wahrzunehmen und sieht sich weiter um, während ich eine Kamera aufstelle und danach darauf dränge, zu Uschi zurückzukehren. Doch zuerst besichtigen wir noch einen weiteren Raum, ganz oben in der Burg, in dem ich das Gefühl bekomme, als säße etwas auf meiner Brust, daher beschließe ich wieder nach unten zu klettern. Auf dem Hof sauge ich gierig die frische Luft in meine Lungen und lasse mir den Regen aufs Gesicht prasseln, danach marschiere ich schnellen Schrittes – denn mir ist tatsächlich etwas unheimlich zumute – zurück in die Eingangshalle und suche nach Uschi. Diese berichtet mir, dass nun alle Geräte bereit seien: „Vier Kameras nehmen auf Laptop auf, eine davon steht im Rittersaal, eine in der Kapelle, die nächste im Kultraum und eine in der Burgküche." „Die fünfte haben wir im Bárthory-Schlafzimmer platziert", berichte ich. Uschi richtet jetzt noch die letzte, an einen weiteren Laptop angeschlossene Kamera auf den Türkenkeller, den sie bereits geöffnet hat und von dem es heißt, dass dort die Gefangenen hineingeworfen und sich selbst überlassen wurden, bis sie elendiglich zugrunde gingen. Endlich taucht auch Tina wieder auf, die etwas blass um die Nasenspitze ist, aber nur abwinkt, als ich mich nach ihrem Befinden erkundige.

Uschi möchte nun das Schlafzimmer der Blutgräfin sehen, doch kaum betreten wir den kalten Raum, wird Tina übel, außerdem beginnt ihr Diktafon wild zu rauschen und so kehren wir in die Kapelle zurück, wo Uschi eine Türe zu einem neuen steinernen Stiegenaufgang öffnet. Ächzend erklimmen wir geduckt die schmale Wendeltreppe, während die Kegel unserer Taschenlampen gespenstisch über die mit Spinnweben behangenen Mauern tanzen, und landen schließlich auf einem kleinen Balkon. Doch es geht noch weiter nach oben und so zwängen wir uns dicht hintereinander die jetzt immer enger werdende Treppe hinauf, bis wir vor einer versperrten Türe stehen. Fluchend rüttelt Tina an der Klinke, doch sie sieht schließlich ein, dass der Generalschlüssel hier nicht sperrt, und so kriechen wir wieder nach unten und machen uns auf den Weg zum Festsaal, bevor es Zeit wird, die Bänder in den Kameras zu wechseln. Da wir von dem vielen Stufenklettern schon ein wenig müde sind, setzen wir uns auf der oberen Brüstung auf drei der dort befindlichen Klappstühle und starten mit eingeschaltetem Diktafon eine Befragung. Als wir wissen wollen: „Ist hier jemand?", beginnt das Diktafon wieder extrem laut zu rauschen. Uschi befiehlt: „Pst, jetzt sei einmal leise!", und noch bevor ich ob dieser schroffen Aufforderung fertiggegrinst habe, verstummen die Geräusche schlagartig. „Und jetzt langsam, hier ist das Mikro. Sprich deutlich, bitte!", weist Uschi die Störquelle, die sich eventuell als unruhiger Geist entpuppen könnte, an. Und tatsächlich, das Rauschen beginnt wieder, weit weniger hektisch als vorher. „Der hat aber viel zu erzählen", stellt Tina trocken fest. Wir beginnen alle möglichen Fragen zu stellen und hören ein Rauschen, wenn ein „Ja" zu erwarten ist, das Diktafon bleibt stumm, wenn „Nein" gemeint zu sein scheint. Die Kommunikation mit den Jenseitigen funktioniert offensichtlich tadellos.

Als das Gerät einige Zeit lang keinen Ton mehr von sich gibt, fordert Tina mich auf das Band im Schlafgemach der Blutgräfin wechseln zu gehen. Mit Walkie-Talkie, einer Stirnlampe und reichlich Gummi in den Beinen mache ich mich auf den Weg und verrichte dir mir übertragene Aufgabe. Als ein greller Blitz vor dem Fenster vom Himmel zuckt, falle ich vor Schreck fast in das grausige Bett und rase danach wie ein Hase mit angesengter Blume nach unten zu Uschi und Tina zurück, die mich wortlos in den Arm nehmen. „Mutprobe bestanden", trösten sie sanft hinter meinem bebenden Rücken.

Nachdem ich mich wieder beruhigt habe, beschließen wir eine letzte Runde zu drehen und dann die Geräte abzubauen. Es ist inzwischen 2 Uhr 30. Im Rittersaal angekommen erstarren wir alle drei zur Salzsäule, nachdem wir seine Schwelle überschritten haben: Die Stühle, die beim letzten Verlassen des Raumes auf beiden Seiten ordentlich in Reih und Glied vor den Tischen platziert gewesen waren, stehen jetzt auf der linken Seite des Saales in einem heillosen Durcheinander. Stumm rücken wir sie wieder zurecht und sind gespannt auf die Kamerabilder, die in der Auswertung zeigen würden, ob die Sesseln am Anfang tatsächlich manierlich bei den Tischen standen, und wenn ja, wer sie verstellt hat.

Zuletzt entdecken wir in der Burgbibliothek in einer der Vitrinen ein sehr dickes, sehr altes Buch. Nachdem wir beim Öffnen des Wälzers einen Kilo Staub eingeatmet haben, finden wir in dem Werk Hexensprüche der sehr bösen Art vor, die mir mehr Angst einjagen als alle Geister, die sich in der Burg aufhalten mögen. Als mein Blick auf die Wand hinter uns und dabei auf ein eigenartiges Gemälde, das den Teufel darstellt, fällt, sehe ich das als deutlichen Hinweis, dass wir den Raum wieder verlassen sollten.

Wir sammeln also die Geräte ein, entwirren den entstandenen Kabelsalat, suchen Uschis Autoschlüssel, verabschieden uns von den Fledermäusen und verlassen gegen vier Uhr die Burg.

Einige Tage später, nachdem Uschi die Aufzeichnungen ausgewertet hat, halten wir die optischen und akustischen Beweise in Händen: Wir hatten die ganze Zeit über, in der wir uns in Burg Lockenhaus aufhielten, recht gesprächige Begleiter. Und im Rittersaal wurde gefeiert – ohne uns!

Uschi präsentiert mir das Ergebnis der Untersuchung: Wir haben einige Stimmen, vorwiegend männliche, aufgenommen – die meisten davon sind recht deutlich sowohl zu verstehen als auch im Hinblick auf ihren Inhalt: „Etwas" wünschte: „Kommt her", während wir das Gemäuer durchstreiften, dann wieder befahl man uns kurz darauf: „Weg hier!" Des Weiteren wurde uns mitgeteilt: „Wir leben, wir leben", und „Wir gehen nie." Ein wenig kryptisch klingt folgende Aussage: „Wir gehen mit, für immer wird wehgetan, bitte gib ihnen dieses Zimmer nie wieder." Folgender Satz gelangte beim Öffnen des Türkenkellers aufs Diktafon: „Danke, er hat die Geheimgänge gezeigt." Ein weiterer Satz klingt nach: „Der ist ein Meter, wie's einmal war." Was mit dieser Feststellung, die ausnahmsweise eine Frauenstimme tätigt, gemeint sein kann, erschließt sich uns leider nicht. Uschi präsentiert mir auch noch ein lautes Stöhnen, das sehr verzweifelt oder gequält klingt. Könnte eventuell meines gewesen sein, denke ich.

Doch am lustigsten ist es während unserer Anwesenheit in der Burg offensichtlich im Rittersaal zugegangen: Wir haben den ultimativen Beweis auf Band, dass die Stühle bei unserer ersten Besichtigung der „Bluthalle" kerzengerade vor den Tischen standen. Wer aber hat die Sessel verrückt und so schlampig kreuz und quer aufgestellt? Unsere Hoffnung, den Übeltäter gefilmt zu haben, wird enttäuscht. Uschi verkündet: „Wir hatten ab ein Uhr 15 Minuten lang einen totalen Ausfall, keine der aufgestellten Kameras hat aufgezeichnet, obwohl sie während der ganzen Zeit ,Record' anzeigten."

Die grausame Gräfin Elisabeth Báthory selbst hat uns leider nicht die Ehre erwiesen, mit uns zu kommunizieren oder sich zu zeigen, was ich persönlich keineswegs bedauere.

Noch mehr böse Frauen und ihre Geschichten

So, meine Arbeit ist getan, mein Auftrag sollte erfüllt sein!

Im letzten Kapitel möchte ich nun aus frauensolidarischen Gründen Autorenkolleginnen und Freundinnen zu Wort kommen lassen, die genauso viel zu sagen haben wie ich und genau das an dieser Stelle jetzt auch tun können.

Denn wir „bösen Frauen" werden immer mehr – die Zeiten, in welchen wir uns hinter unserer „guten Erziehung", oder noch schlimmer, hinter einem Mann, versteckt haben, weil man uns das so beigebracht hat und es über lange Zeit auch so gewesen ist, sind endgültig vorbei. Und wenn wir uns heute selbst in den Hintergrund schieben, dann aus voller Berechnung und aus taktischen Gründen, denn nicht immer ist es unklug, eine Maske aufzusetzen oder einem Mann den Vortritt zu lassen.

Auch wenn ich meinem einzigen männlichen Autor in diesem Buch nicht den Vortritt gelassen habe, durfte er doch zumindest die letzte Geschichte in dem nun folgenden Kapitel schreiben – damit es nicht heißt, dieses Werk sei ein Frauenmanifest und womöglich gar männerfeindlich. Also: Last but not least gibt es zum Schluss noch einige Gedanken zum Thema „böse Frauen" von einem, der wissen muss, wovon er spricht – er kennt mich schließlich schon lange genug. Allerdings soll mein Gnadenakt, eine männliche Stimme in diesem Abschnitt des Buches zuzulassen, nicht vermitteln, dass mein Autor das letzte Wort hat, denn das ... hab immer noch ich!

Doch zuvor lesen Sie, was Ihnen meine bösen Mädels, denen ich bei der Gestaltung ihrer Geschichten freie Hand gelassen habe, stilistisch wie auch inhaltlich, zu erzählen haben und wie die Damen ihren Status interpretieren und verteidigen.

Ein Date zu dritt
Oder: Warum ein frischverliebtes Pärchen jede noch so überzeugte Singlefrau in die Krise stürzt
Stefanie Hock

Na gut, ich gebe es zu: Ich ahnte eigentlich von Beginn an, dass die ganze Aktion möglicherweise den ein oder anderen Haken für mich bereithalten würde. Als gewissenhafte Leserin diverser Frauenzeitschriften inklusive umfangreicher Hollywood-Schmonzetten-Erfahrung (da macht mir so schnell keiner was vor) wähne ich mich jedoch in relativer Sicherheit, fühle mich gut vorbereitet und kann cool in die Situation gehen. Ich als Single allein mit einem frischverliebten Pärchen, pah, was soll da schon dabei sein? Immerhin bin ich eine selbstbewusste, abgeklärte, moderne Frau und bei besagtem Pärchen handelt es sich ja nicht um irgendwelche hormongesteuerten Teenager, sondern um einen meiner engsten und langjährigsten Freunde, Anton, und dessen neue Partnerin Tina. Beide sind definitiv und deutlich erkennbar über 16 (tut mir leid, werte Tina, da kannst in deiner Q10-Creme schnorcheln gehen, wirst nicht minderjährig aussehen) und zweifellos intelligente und liebenswerte Menschen. Sollte man annehmen.

Gut gelaunt finde ich mich also zur vereinbarten Uhrzeit am vereinbarten Treffpunkt ein. Ich kriege das prima hin, denn ich habe schon als kleines Kind gelernt, die Uhr zu lesen, und dass Unpünktlichkeit in den meisten Kulturkreisen als unhöflich gilt. Besonders im Winter, wenn es erfrischende minus 8 °C hat und man draußen warten muss. Der Anton und sein Liebchen haben die Fähigkeit, ein Zifferblatt zu lesen, offensichtlich spontan eingebüßt. Aber was soll's, denke ich, ist gut für die Haut, die Kälte, hat meine Oma schon immer gesagt. Und wenigstens schneit es nicht. In diesem Moment setzt ein nasskalter Graupelschauer ein, verteilt sich langsam, aber dafür gleichmäßig in meiner frisch gestylten Haarpracht bis hinunter in den Nacken und sorgt dafür, dass ich meinen Verzicht auf einen Schal zugunsten der schicken Frisur gründlich bereue.

Sooo gut gelaunt bin ich jetzt gar nicht mehr. Mit 25-minütiger Verspätung rauscht das junge Glück dann doch noch an. Arm in Arm und eng aneinandergekuschelt schlendern sie die Straße herab. Total unnötig, es ist unter der Woche und früher Nachmittag – und nicht zu vergessen Mistwetter – und es sind kaum andere Leute unterwegs. Platz genug wäre also, um normal zu gehen, und nicht wie ein Team bei diesem seltsamen, unlustigen und verletzungsrisikoreichen Kindergeburtstagsspiel, wo zwei Personen je ein Bein zusammengebunden wird. Aber gut, ihre Entscheidung. Dreibeinig, siamesenartig ineinandergewickelt, mir egal, Hauptsache, sie kommen endlich, denn meine Sehnsucht ist kaum mehr zu ertragen – nach einem trockenen, warmen Platz irgendwo drinnen und vor einem möglichst großen heißen Caffé Latte. Aber erstmal sehen sich die beiden genötigt mir eine Erklärung für ihr Zuspätkommen zu liefern: „Wir haben totaaaaal die Zeit übersehen, weil na ja, wir haben …

äääähm … du weißt schon …", berichten sie mir kichernd und augenzwinkernd. Jaaa, ich weiß schon. Ich wünschte mir, ich wüsste nicht, denke ich und verdrehe im Geiste seufzend die Augen. Es soll nicht zum letzten Mal an diesem Tag geschehen.

Ich beschließe, der allgemeinen und vor allem meiner Stimmung zuliebe, sämtliche Details der Verspätungserklärung in eine dunkle, staubige Ecke meines Unterbewusstseins zu verbannen und das Ganze mit der vielsagenden Erklärung zahlreicher U-Bahn-Verspätungen zu maskieren: „Wegen Erkrankung eines Fahrgastes …" Damit kann ich leben. Und jetzt Schluss mit dem Herumgeeier, mir ist kalt!

Dann nehmen wir endlich in der erlösenden Wärme eines Kaffeehauses Platz, Tina und Anton quetschen sich zusammen auf ein Mini-Sofa, ich setze mich gegenüber in einen gemütlichen Ohrensessel, gerade noch nahe genug, um mich – zeitweise unter Zuhilfenahme von Handzeichen, die Espressomaschine ist ganz schön laut – mit den beiden verständigen zu können.

Die Konstellation erinnert mich irgendwie an eine Paartherapie. Patienten auf der Couch, analytische und in meinem Fall durchfrorene Therapeutin gegenüber. „Warum sind Sie denn heute zu mir gekommen?" „Ach, Frau Doktor, wir glauben, wir haben PPV!"

PPV? Penetrantes Pärchenverhalten. Ein Begriff, den ich im Kreise meiner lieben Wahlfamilie, damals alle Singles, schon vor Jahren geprägt habe. Anton war damals einer der glühendsten Gegner dieses „Zustandes", jetzt hat er, wie ich feststelle, mittlerweile Probleme, unfallfrei die Milch in seinen Tee zu befördern und den Teebeutel auszudrücken. Er hat dazu nämlich nur eine Hand zur Verfügung. Der Arme. Nein, nein, keine Sorge, weder ist Anton Kriegsveteran und Held, noch als neugieriges Kind zu nahe an einen Häcksler geraten, er hat bloß nur den linken Arm frei, weil der andere sich in einem gordischen Knoten mit dem Arm von Tina befindet. Ob die zwei wohl irgendwo ganz tief drin wissen oder zumindest ahnen, wie sagenhaft blöd sie sich gerade anstellen?

Von mir gibt's jedenfalls kein Mitleid, als sich der heiße Teebeutel an seiner baumelnden Schnur verselbstständigt und tropfend auf Antons Oberschenkel landet. Ups, das ist jetzt sicher nicht angenehm, denke ich mit einem Hauch von Schadenfreude.

Ich mag Anton ja wirklich gerne und seine neue Freundin scheint eh auch eine ganz umgängliche Person zu sein, aber schön langsam geht mir das kitschige Herumgeschnurzel schon auf die Nerven. Ich meine, sie sind ja nicht die Einzigen da, es gibt genug Kinder oder Nonnen, die das stören könnte. Wegen mir ist es ja nicht, ich bin cool und selbstbewusst und total gern Single. Aber wie muss sich einer fühlen, der sich zum Beispiel gerade frisch getrennt hat und sich zum Trösten einen riesigen Caramel Macchiato holen will, und dann ist das Erste, was er sieht, wenn er ins Café reinkommt, ein sich liebkosendes Pärchen? Nicht, dass die da noch ein Trauma verursachen am Ende ... Bedenken die das denn gar nicht?

Während ich diese Überlegungen anstelle, hat Tina in puncto Teebeutel bereits rettend eingegriffen und die ernste Gefahr einer lebensgefährlichen Heißgetränkverletzung abgewendet. Jetzt muss Anton natürlich getröstet werden, das arme Ding. Ganz viele Küsschen und Streichler sollen das Leid lindern. Ich hoffe bloß inständig, sie kommt nicht auf die Idee, diese Maßahmen direkt an der betroffenen Stelle anzuwenden, schließlich sind wir an einem öffentlichen Ort, und obwohl ich Anton schon lange und gut kenne, ist es mir doch lieber, wenn er seine Hose anbehält.

Um irgendwie das Thema zu wechseln und die zwei daran zu erinnern, dass ihre Thera-... äh, Verzeihung, ihre

Begleitung, nämlich ich, immer noch da ist, schiebe ich freundlich die Zuckerdose über das winzige, nussholzfarbene Tischchen. Anton ist ja Purist und Engländer, was seinen Tee angeht, das weiß ich, aber vielleicht will ja Tina ihren Cappuccino zuckern. Doch weit gefehlt. „Also ich brauche keinen Zucker, der Mann an meiner Seite ist süß genug", zwitschert das Täubchen mit eindeutigem Zwinkern in Richtung des besagten Mannes, der ob dieser Aussage vor Rührung gleich zu zerfließen droht. Heißt das jetzt, dass ich mir Sorgen machen muss, dass sie ihm gleich den kleinen Finger abhackt und ihn zum Umrühren ihres Kaffees verwendet? Die beiden tauschen verliebte Blicke und flüstern sich etwas zu. Es ist gut, dass sie flüstern, weil das Gesagte wahrscheinlich die Sinnhaftigkeit von „Das Pferd frisst keinen Gurkensalat" kaum zu übertreffen vermag, aber das kann ich zum Glück nur vermuten. Wenn sie schon ein Beil dabei hat, um an ihren Zuckerfinger zu kommen, darf ich mir das eventuell auch mal kurz ausleihen ... für mich? Kann man sich selbst köpfen? Die Wahrscheinlichkeit, dass ich es schaffe, der Situation zu entrinnen, indem ich mich kopfüber in meinem gigantischen Glas Latte Macchiato ertränke, erscheint mir bedauerlicherweise auch recht gering. Das Gespräch will auch nicht so wirklich in Gang kommen. Wenn ich rede, hören die beiden kaum zu, und erzählen sie etwas, beginnt jeder Satz mit „wir". „Wir finden, dass ...", „Wir haben ...", „Wir wollten ...". Außerdem weiß ich nie so recht, wo ich hingucken soll, komme mir vor wie ein Spion, der das Verhalten des Feindes erkunden soll. Aber ich bin kein guter Agent, ich muss mich nämlich leider ganz furchtbar fremdschämen bei PPV. Deswegen gucke ich meistens betreten weg, in meinen Kaffee oder entweder nach schräg rechts oben oder schräg links unten. Das Muster der Tapeten gefällt mir ausnehmend gut, muss ich sagen, und von meinem Sitzplatz bis zum Fenster sind es exakt zwölf Bodendielen. Die Holzmaserung wiederholt sich bei jeder fünften Diele.

Nach einer Weile holt mich ein Satz aus meiner versonnenen Betrachtung des wirklich geschmackvollen Mobiliars. „Du, wir kommen gleich wieder, wir müssen aufs Klo ..." Wir!? Wir mit unserer Gemeinschaftsblase, die wir ganz günstig beim Beautydoc haben machen lassen?! „Werdet ihr es denn überhaupt so lange ohne einander aushalten?", frage ich sarkastisch. Erst verlegenes Kichern als Reaktion, dann seufzt Tina: „Hach ja, wär das nicht ursuper, wenn es Lokale gäbe, wo man wirklich alles gemeinsam machen kann als Pärchen, also so mit Unisex-Toiletten, und überhaupt, auch lauter Zweierbänke zum Sitzen und Partnermenüs ... Da könnte man dann wirklich alles miteinander teilen, wär das nicht ein Traum?" Erwartungsvoll schaut sie mich an. Erwartet sie da jetzt ernsthaft eine Antwort? „Klingt suuuper", erwidere ich gepresst und ringe mir krampfhaft ein Begeisterung vortäuschendes Lächeln ab. Na, wenn das ein Traum ist, dann ziehe ich es vor, vom heutigen Tag an nie wieder zu schlafen ...

Gefühlte zehn Stunden später verabschieden wir uns, ich gehe als glücklicher Single alleine nach Hause und werfe keinen letzten Blick auf Anton und Tina, die gackernd und schon wieder ineinander verschlungen von dannen ziehen, um jede weitere Sekunde ihrer Beziehung miteinander verbringen zu wollen.

Am nächsten Tag rufe ich Anton an und sage ihm ins Gesicht ... äh ... ins Ohr, dass er sich benommen hat wie ein Volltrottel mit rosafarbenen Augäpfeln. Es ist mir wichtig, dass er das weiß und ich mit dieser unverblümten Aussage die Horrorbilder vom Vorabend aus meinem Gedächtnis löschen kann.

Einer dieser Tage
Sabine Angelo

Das ist einer dieser Tage ..., wenn man in der Früh die Augen aufschlägt und weiß: „Heut gibt's noch Ärger." Nun ja, ganz überraschend überkommt mich dieses Gefühl in dem Fall natürlich nicht, denn seit Tagen und Wochen quäle ich mich mit ein und demselben Problem: *meinem Gärtner!*

Ich sollte vielleicht kurz etwas weiter ausholen: Es war Anfang März, als mein Göttergatte und ich den „Gärtner der Region" aufsuchten – man will ja schließlich die Wirtschaft in der Gegend unterstützen – und ihm den Auftrag erteilten, in unserem neuen Garten einen Rollrasen zu verlegen. Und zwar sobald der erste Sonnenstrahl unser hübsches Dorf erreicht. Sollte alles kein Problem sein und unser seehundähnlicher Gärtner (sowohl in Sachen Schnauzbart als auch figürlich) war sofort mit uns auf einer Wellenlänge. Er erzählte noch von ein paar „unmöglichen Kunden" und dass man gar nicht glauben würde, was einem als Geschäftsmann alles unterkäme. Nun ja, mir war's egal – ich wollte meinen Rasen und somit gab ich ihm mit einem süßen Lächeln einfach nur recht.

1. April – als hätte man einen Hebel umgelegt, war der Sommer da. Juhu – her mit unserem Rasen!

Um ja keinen Tag zu versäumen, rief ich sogar direkt in der Gärtnerei an, um den Seehund anzutreiben. Er gab mir wissend recht, dass jetzt der richtige Zeitpunkt zur Gartenanlage war, und versprach Rasen und Bewässerungsanlage in den nächsten Tagen.

Eine Woche später saßen wir immer noch im völlig verwüsteten Erdreich – umgeben von Unkraut. Meine Geduld – für die ich ohnehin nicht bekannt bin – wackelte gefährlich. Ein neuerlicher Anruf beim Gärtner ließ mich aber frohlocken. Man würde das Angebot für die Bewässerung in den nächsten Tagen erwarten – der Rasen komme dann direkt danach. Aber man könne ja mal die Thujenhecke setzen. Okay!

Ich muss neidlos anerkennen, in Sachen Hecke macht dem dicken Herrn N. keiner was vor. Er schickte einen ungarischen Kraftprotz, der innerhalb weniger Stunden 60 Laufmeter Graben rund um unser Grundstück in die Lehmerde schlug. Und flugs hatte er auch schon die Stauden eingebuddelt. Große Begeisterung machte sich bei uns breit! Ähm, ... und wie war das jetzt mit unserem Rasen? „Ja, ja, ich bin dran – der kommt nächste Woche, ganz sicher."

Raten Sie mal! Richtig – die darauffolgende Woche verging und wir saßen immer noch im Morast. Ich weiß gar nicht, worüber ich mich mehr ärgerte. Darüber, dass mich dieser Seehund von einem Mann nicht ernst zu nehmen schien oder dass es in unserem Garten immer noch genauso aussah wie die Wochen davor. Meine Telefonate wurden kürzer angebunden und weit weniger freundlich. Man vertröstete mich auf die kommende Woche. Was für ein Glück, denn mittlerweile klopfte bereits der Juni an die Türe und wir hatten Besuch eingeladen, um unseren wunderschönen Garten herzuzeigen.

Ich war bereits fast hoffnungslos, da kam ich am Donnerstag nach Hause und was sah ich? Einen winzigkleinen Minitraktor direkt vor unserem Garten stehen, wartend, dass er loslegen konnte, um den Acker (man muss es leider so sagen) einmal umzudrehen und für den Humus vorzubereiten. Meine Begeisterung kannte keine Grenzen.

Freitag: Beim Heimkommen erblickten wir es sofort – unser Garten war umgeackert, entsprechend sah es auch rundherum aus. Sogar im Obergeschoß auf den Fensterbrettern lag der Dreck. Das ursprünglich weiße Haus war eingestaubt von oben bis unten und unsere Wochenendbeschäftigung bestand im Großputz. Aber das alles nahmen wir hin, denn am Montag sollten wir unseren Rasen bekommen.

Mittwoch wurde ich dann langsam unentspannt und rief in der Gärtnerei an. „Ja, ja, morgen geht's los." Die Stimme des Gärtners hatte in etwa diesen Tonfall, in dem man mit einem kleinen Kind redet, das zum hundertsten Male dieselbe Frage stellt. Ich brodelte innerlich, hatte mich aber nach wie vor – für meine Verhältnisse – recht gut im Griff.

Mein Mann und ich setzten uns mit einer Flasche Rotwein in den völlig verunstalteten Garten und schworen uns: Wenn diese Woche nichts passieren würde, müssten wir hart durchgreifen – dann wäre definitiv Schluss mit lustig.

Und was soll ich sagen – heute ist der Tag nach dem Wochenende. Montag! Ich schlage die Augen auf und mir ist klar, dass es heute noch richtig Ärger geben wird. Denn wenn bis heute Mittag kein Rasen in unserem – mittlerweile schon von Besuchern leicht belächelten – Garten liegt, dann werde ich zur Furie!

Mein Frühstück wird heute ausgelassen. Ich schaue lieber, dass ich rasch ins Büro komme. Ich muss mich ablenken. Punkt zwölf ist es dann so weit. Ich wähle die Nummer, die sich mittlerweile in mein Gehirn gebrannt hat. Wie immer läutet es ewig, bis jemand abhebt. Ich verlange den Gärtner, habe ihn auch zehn Sekunden später schon dran und meine Frage „Wie schaut's aus?" wird mit einem noch nichts ahnenden „Stellen Sie sich vor, die Bewässerungsfirma hat mir immer noch nichts geschickt" beantwortet. Und in diesem Moment sehe ich rot. Wie bei einem Stier blase ich heiße Luft durch die Nase und meine Stimme wird laut (zum Glück hab ich ein Einzelbüro). Ich haue auf den Tisch und schreie mein Gegenüber an, dass er sich sofort in unser Dorf bewegen soll und seinen komischen Traktor und seinen sonstigen Krempel umgehend von unserem Grundstück zu holen hat. Er soll abdampfen mit seinem gesamten Zeug und ich rate ihm im Guten, dass er sich *nie mehr* bei mir blicken lässt, denn ich habe endgültig die Nase voll davon, mich von ihm monatelang hinhalten und frotzeln zu lassen.

Am anderen Ende der Leitung herrscht Totenstille. Dem muss ich gleich noch ein „Ich sehe, Sie haben mich verstanden" mit zusätzlichem sofortigen Auflegen hinterherschicken.

Mein Gott, was geht es mir jetzt gut! Wie erleichternd war es, diesem Ungustl endlich die Meinung sagen zu können. Einfach herrlich – ich sollte das öfter tun!

Am Abend lasse ich mir extra etwas Zeit beim Nach-Hause-Fahren, denn ich habe keine Lust, diesem Menschen nochmal zu begegnen. Als ich gegen 20 Uhr daheim eintreffe, erwartet mich mein Ehemann bereits. Er war gleichzeitig mit dem Gärtner und seinen Helfern bei uns angekommen. Der Seehund hatte sich entrüstet und schockiert gezeigt. Er meinte, er hätte *so was* noch nie erlebt, und das von einer Frau, und noch dazu von einer, die so freundlich und harmlos aussieht. Anschließend soll er sich auf seinen Minitraktor gesetzt haben und mit sagenhaften 5 km/h wie ein „Affe am Schleifstein" davongetuckert sein. Seine Mitarbeiter haben sich für ihn entschuldigt, denn in Wirklichkeit hatte er niemals bei der Beregnungsfirma angefragt – er hätte uns wohl das restliche Jahr auch noch im Dreck hocken lassen.

So, meine lieben Handwerker und Firmen im Umkreis – lasst euch das eine Lehre sein. Nicht immer sind Frauen, die zierlich aussehen, das schwächere Geschlecht und ich glaube, mittlerweile eilt mir mein Ruf voraus – und das ist gut so!

Die Stimme am anderen Ende der Leitung
Patricia Rappold

Ich kann mich noch genau erinnern, als wäre es gestern gewesen ..., obwohl es mittlerweile doch schon ein paar Jahre her ist.

Wilde achtzehneinhalb, heiß aufs Leben, voller Tatendrang und Power suche ich nach meiner Matura als „kleines Mädel vom Lande" einen Job. Ich überlege, was ich am besten kann, und da liegt die Antwort recht schnell nahe: reden! Und ich will Gehör finden.

Somit beginne ich damit, mich beim Radio zu bewerben. Und weil ich eher der Mensch bin, der gleich mal nach den Sternen greift und lieber oben als unten beginnt, habe ich relativ schnell alle „namhaften" Sender durch. Wie eigentlich vorauszusehen ist, trudelt eine Absage nach der anderen ein. Das hält mich in meiner jugendlichen Coolness aber nicht davon ab, mir zuletzt das Telefonbuch zu schnappen und auch Radiosender anzuschreiben, die gar keine Radiosender sind. Sie verfügen eben nur über das Wort „Radio" im Firmennamen. Ich danke Gott heute noch dafür, dass mir die Antworten dieser Firmen erspart geblieben sind. Obwohl, wenn ich jetzt so darüber nachdenke, ertappe ich mich mit einem Schmunzeln auf den Lippen bei der Frage: „Was haben die damals wohl über mich und meine Forschheit gedacht?"

Weil ich ja sehr wenig für mich behalten kann und über alles gleich reden will, weiß natürlich mein kompletter Freundeskreis, dass ich die neue Starmoderatorin werde. Eines Nachmittags ruft mich dann ein Freund an und fragt mich tatsächlich, ob ich schon einen Job beim Radio hätte. Ich verneine die Frage, gehe sofort in Abwehrhaltung und sage mit fester Stimme: „Ich sondiere noch, wieso?" Besagter Freund gibt mir dann den entscheidenden Hinweis, dass es seit Kurzem einen kleinen, aber feinen Lokalradiosender in Niederösterreich gebe. Er ist sich nicht sicher, aber er glaubt, dass die Chefs immer wieder Leute suchen, und ich solle es dort doch einmal probieren.

Freitagnachmittag. Nervosität macht sich in mir breit. Ich greife zum Telefonbuch. Suche die entsprechende Nummer, schreibe sie auf und fahre dann zu meiner Oma. Ja, ich muss jetzt zu meiner Großmutter und mir moralische Unterstützung holen.

Dann stehe ich da, vor dem kleinen roten Telefon meiner Oma mit Viertelanschluss (in Zeiten von iPhone, Tablets, Notebook, Surface etc. weiß wahrscheinlich die Hälfte der Leute, die das jetzt liest, gar nicht mehr, was ein Vierteltelefonanschluss ist. Anmerkung 1: Ein Viertelanschluss ist eine Leitung mit vier Anschlüssen, die nicht zur selben Zeit benutzt werden können – wenn der eine telefoniert, haben die Inhaber der anderen drei Anschlüsse Pech gehabt und müssen warten; Anmerkung 2: Nein, ich bin nicht uralt!).

Voller Mut nehme ich den Hörer, wähle die Nummer, lausche meinem rasenden Herzschlag und bin so konzentriert, dass ich die Stimme am anderen Ende der Leitung, die einem Mann, der mehr als doppelt so alt wie ich zu sein scheint, gehören muss, zuerst gar nicht wahrnehme. Nach dem dritten „Hallo" werde ich aus meiner Starre gerissen und erwidere: „Grüß Gott, mein Name ist Patricia."

Die Stimme am anderen Ende der Leitung ... sagt freundlich: „Grüß Gott!"

Ich weiß nicht, was gerade mit mir passiert, doch meine Nervosität ist wie weggeblasen. Ich bin cool, lässig, souverän und sage wortwörtlich Folgendes: „Ich weiß jetzt nicht, wer Sie sind, aber ich würde Sie bitten, mich in die Personalabteilung zu verbinden, oder am besten gleich zum Chef, denn ich möchte mich heute hier bewerben und ich gehe davon aus, dass ich sehr gut zu Ihrem Sender passe, und ich habe nicht vor meinen Lebenslauf zweimal zu erzählen, und nichts für ungut, aber das schon gar nicht einer Person, die nichts zu entscheiden hat. Also wenn Sie so nett wären. Vielen Dank."

Die Stimme am anderen Ende der Leitung ... ist verstummt.

Die Stimme am anderen Ende der Leitung ... ist in unerträglich langes Schweigen verfallen.

Ich: „Hallo? Haben Sie mich nicht verstanden?"

Die Stimme am anderen Ende der Leitung: „Wir haben keine Personalabteilung, ab ..."

Ich falle dem Typen ins Wort und verkünde: „Dann zum Chef bitte."

Die Stimme am anderen Ende der Leitung ... jetzt mit einer sehr klaren und kräftigen Stimme: „Also, Patricia, mein Name ist Walter und ich bin der Geschäftsführer dieses Radiosenders. Wäre Ihnen das genehm? Personalabteilung gibt es keine, da ich imstande bin die Entscheidungen über die Personen, die ich einstelle, selbst zu treffen."

Ich: „Oje."

In diesem Moment traue ich mich gar nichts mehr zu sagen. Ich stehe vor dem kleinen roten Vierteltelefonanschluss meiner Oma und bete zu Gott, dass sich irgendwo ein Loch im Boden auftut, in dem ich versinken kann.

Die Stimme am anderen Ende der Leitung ... bereits in etwas angenehmerem Tonfall und überraschend freundlich: „Patricia, ich muss Ihnen schon sagen, so hat sich noch niemand bei mir angekündigt, vorgestellt oder gar beworben. Das macht mich natürlich neugierig, weil ich immer freche Persönlichkeiten suche. Somit entscheide ich jetzt gleich und spontan, dass ich mir Ihren Lebenslauf anhören werde. Montag, 11 Uhr, im Sender. Schönes Wochenende."

Ich erwidere so gut wie sprachlos, aber zum Glück nicht ganz, was mir ohnehin nie passiert: „Echt? Danke! Bis Montag", und lege auf.

Ich denke, der Spruch „Frechheit siegt" kommt nicht von ungefähr – genauso wie „seines Glückes Schmied sein" nicht eine Frage des Alters oder von „wo und wann" ist, sondern von „hier und am besten sofort", und das zu jeder Zeit des Lebens.

Willkommen im Leandertal
Gabi Schuh-Edelmann

Röhrende Motoren, blitzendes Chrom, ein Sommerwochenende in Kärnten – ich, Anfang zwanzig und in meinem Element. Es ist Bike-Week am Faaker See, für meine beste Freundin Nina und mich ein Fixtermin im Kalender. Wir sind verrückt nach Harley-Davidson-Motorrädern und fahren den ganzen Sommer über zu diversen Treffen in Österreich. Das Beste davon ist aber stets jenes Anfang September im Süden des Landes. Aber diesmal ist alles anders: Andi, ein von seiner Mutter beglückter Jüngling, älter, als er aussieht, der sich in seinem Knabenkörper merklich unwohl fühlt. Mit vollem Namen heißt er Leander. Seine stechend blauen Augen haben etwas Verrücktes, das mich schon bei der ersten Begegnung mit ihm irritiert.

Er kommt sich wirklich sehr charmant vor. Es ist schwer zu sagen, wen von uns beiden er ursprünglich eigentlich anbaggern wollte, mich oder Nina. Er glaubt uns mit Geschichten wie „Ich habe das letzte Jahr in Spanien gelebt" beeindrucken zu können. Leider funktioniert das bei einer von uns beiden. Einen Monat später werden meine schlimmsten Befürchtungen wahr – und Nina und Andi ein Paar. Das unbeholfene Geschwafel und Getue des Möchtegern-Easy-Riders haben wohl Mutterinstinkte bei ihr geweckt. Mit seinem Dackelblick und blond gefärbten Zoten passt der Junge aber eher auf ein billiges Schlager-CD-Cover als zu den „Wilden" und ihren Maschinen. Er selbst hat noch nicht einmal ein Motorrad, ich glaube, gar keinen A-Schein. Später, als Nina einen Chopper ihr Eigen nennt (leider ein japanisches Gefährt, denn es gibt niemanden, der ihr oder auch mir das amerikanische unserer Träume kaufen könnte), ist Andi ihr Sozius. Sein Vater hat eine richtig große Harley. Dem Sohn selbst bleibt nur im Windschatten seiner Eltern zwischen Chrom und Leder herumzuirren und den Bad Boy zu mimen, was bei seiner Statur und Größe – er ist kleiner als ich – tatsächlich mutig erscheint. Nina und Andi ... Ninandi, Andinina, Leandrina ... die beiden geben auch noch Stoff für jede Menge bescheuerte Pärchennamen her.

    Der helläugige Gnom hat mir einmal fast die Laune verdorben, als er unvorhergesehen und spätnachts, noch dazu volltrunken, auf meiner Geburtstagsparty aufgetaucht war. Nina wollte eigentlich schon gehen, da erreichte sie der Anruf ihres Herzibinkis, der woanders unterwegs gewesen war und unbedingt noch herkommen wollte. Man muss wissen, dass Andi nicht nur aufdringlich, sondern auch ein verwöhnter Balg mit sicherem Gespür für absolut unpassende Augenblicke ist. Wenn man etwas vermeiden sollte, dann sind das betrunkene Komplexler auf der eigenen Fete – das weiß ich noch von meinem Ex, der so einige berauschende Einlagen lieferte, aber das ist eine andere Geschichte. Meine liebe Nina durfte nun nicht nur nicht nach Hause gehen, sondern Andi auch noch irgendwo aufpflücken und herkarren. Und das tat sie tatsächlich. Mein Ärger darüber war kaum geringer als meine Vorfreude auf den späten Gast. „Ich bin die Mitternachtseinlage, hihichnnnn ..." mischte er sich, kaum zur Türe herein gewankt, lallend unter das Partyvolk. Sein breites Grinsen hatte etwas derart Penetrantes, dass einige meiner Freunde – offenbar unbewusst – bald die sichere Nähe zum Ausgang suchten. Er zog reihenweise Karten aus seiner Geldbörse. Keine Kreditkarten wohlgemerkt, sondern Diskothekenpässe und andere Werbeutensilien, mit der vollsten Überzeugung, das interessiere alle. „Ich bin ein Wiiip – ein V.I.P.!", tat er in Endlosschleife kund und hielt mit einem gefälligen Schulterklopfen und Dauergrinsen seine Karten jedem unter die Nase. Es war leider unmöglich, den Alleinunterhalter einfach zu ignorieren oder ihn in eine Ecke zu stellen. Dafür hatte er noch zu wenig getankt. „Kennsssst du den Ditschee Eeeeey? Was? Den kennnsdu nich? Ich bin das!" Seine Vorstellung wurde immer erbärmlicher, jetzt gab's eine laminierte, selbstgebastelte Karte als Geschenk, auf der das Wordart-Logo „DJ A." prangte. Ja, Andi war überzeugt von Beruf Plattenaufleger zu sein, auch wenn er das, außer im Keller des elterlichen Wohnhauses, noch nirgendwo getan hatte. Inzwischen brachten die anderen nicht einmal mehr ein halbherziges Lächeln zustande. Auch die hartgesottensten Gute-Laune-Vertreter warfen das Handtuch angesichts von so viel Blödheit. Die Erbärmlichste war aber Nina. Sie stand die ganze Zeit daneben, zuckte mit den Schultern und sagte zu mir: „Mach was. Bitte mach halt was." Ich warf ihn hinaus.

Jetzt muss gesagt sein, dass man als gute Freundin natürlich so einiges toleriert. Ich bleibe stets höflich, bin zudem immer der rücksichtsvolle Typ, der sich selten traut Dinge zu gerade heraus zu sagen, aus Angst, jemanden vor den Kopf zu stoßen. Das gilt vor allem für Nina, aber auch für Andi. Meine Geduld mit ihm hatte damals erstmals ihr Ende erreicht.

Ich hätte mir natürlich schon denken können, dass das kein gutes Ende nehmen würde. Aber ich kann sehr viel ertragen. Außerdem bricht man nicht einfach wegen eines dahergelaufenen Bengels mit der Tradition, ich wollte mir den ultimativen Harley-Spaß nicht verderben lassen.

Nun bin ich also wieder in Kärnten und darf eine weitere Andi-Vorstellung erleben. Weil dessen Eltern einen Bungalow gemietet haben, wohne ich zwangsläufig auch dort. „Mama!" Der bald 30-jährige Blondschopf sitzt am ersten Morgen im Bett seines Schlafzimmers, ungefähr einen halben Meter vom Kasten entfernt, neben ihm Nina. Mama Leander zischt von der Küche, wo sie gerade das Frühstück bereitet, zu ihm. „Kannst du mir die Unterhose geben?", kräht Sohnemann, starrt schlaftrunken ins Nichts und fingert an seiner Nase herum. Das Entsetzen packt mich nicht nur ob der Vorstellung eines nackten Halbwahnsinnigen, den ich dank meiner Schlafstatt mitten im Wohnzimmer und geöffneter Türe gut im Blickfeld habe, sondern auch wegen der bühnenreifen Szenerie. „Ja, hier mein Leandri." Die Mutter hantiert im Kasten herum. „Und ein T-Shirt. Nein, nicht das! Das grüne. Na, grün hab ich gesagt. Ja, das da." Wie eine Zofe bedient sie ihn. Nun taucht der Vater auf, sieht mich entschuldigend an (er weiß wohl, welchen Eindruck das auf Außenstehende machen muss) und zuckt mit den Schultern: „Ich hab's aufgegeben. Ich darf nix sagen, da wird sie zur Furie. Sie verhätschelt ihn, aber ich mische mich da schon lange nicht mehr ein." Na, super, denke ich mir. Da wird der eigene Sohn zum Psycho verzogen und Papa schaut untätig zu. So sieht Verantwortungsbewusstsein aus. Was aber für mich das Schlimmste ist: Nina verändert sich durch ihren Andi. Sie sieht sich als fixes Familienmitglied, wird mitverhätschelt und lässt sich das gerne gefallen. Schon die leiseste Kritik an ihrem Hasi schmettert sie ab. Gut, wenn sie glücklich ist, soll es so sein. Jedoch mir von ihr auch noch Moralpredigten anhören zu müssen, sehe ich überhaupt nicht ein. Ich genieße mein Single-Dasein und mache das, was man eben auf Harleytreffen so tut. Ich flirte. Ohnehin bin ich ja nur das fünfte Rad am Wagen. Nina beäugt mich die ganze Zeit über kritisch, nimmt mich schließlich beiseite und redet doch tatsächlich davon, dass dieser Typ, den ich gerade anlächle, doch hässlich sei, ich hätte mir etwas Besseres verdient, quasi so ein Goldstück wie den Andi, der ja sooo lieb zu ihr sei und sie wirklich sooo gern habe wie noch nie ein Mann – ja, sie sagt Mann – davor, so einen finde man eben nicht so leicht. Wenn ich auch einen Harley-Fahrer wolle – wieso denn *auch*? Sie hat doch gar keinen! –, dann würden sie sich (damit meint sie sich und ihren Angebeteten) schon darum kümmern. Einen wirklich Lieeeeben würden sie mir bescheren. Ich finde das zum Speiben, sage ihr das auch, lasse sie mit ihrem gleichzeitig mitleidigen und selbstgefälligen Dackelblick zurück und ziehe alleine weiter. Ausgerechnet sie, die ihre bisherigen Partner regelmäßig betrogen hat, spielt nun Moralapostel. Sie, die sich in jedem gemeinsamen Schiurlaub mindestens drei verschiedene Lover gehalten hat, will mir armem Hascherl in Sachen Traumprinz unter die Arme greifen. Andi hat sie so weit gebracht, dass sie die gouvernantenhaften Allüren, die sie an ihm auslebt, wohl ungehemmt auf alle Menschen in ihrem Umfeld ausdehnen will.

Obwohl das nicht der Plan ist, finde ich einen für meinen Geschmack sehr lieben Harley-Fahrer aus der Schweiz. Außerdem hat er noch ein paar nette Freunde. Wir haben es lustig, die Stunden verfliegen und irgendwann sind alle Festzelte geschlossen und die Quellen versiegt. Also habe ich eine glänzende Idee. Mit der Meute im Schlepptau geht's Richtung Bungalow, an der Tankstelle füllen wir noch Benzin- und Biervorräte auf. Mein Bett, eine ausgezogene Couch, ist schnell von einem Haufen langhaariger Herren in schwarzem Leder bevölkert, alle ziemlich angeheitert und überdreht – aber außer ein bisschen Schmusen passiert nichts, mehr würde ich mich auch nicht trauen, umgeben von vier Leandertalern.

Das Theater an jenem Sonntagmorgen, als der Rest der Addams-Family von lautstarkem Schweizer-Volkslied-Gegröle (oder sollte es doch eine Nummer von Metallica sein?) munter wird, kann man sich vorstellen. Die Typen neben, auf und unter mir, einer bereits abgestürzt am Boden vor dem Bett – Münder bleiben offen stehen, Blicke aus weit aufgerissenen Augen treffen uns, als die beiden Schlafzimmertüren aufgehen. Das wird mit lautem Gejohle quittiert. Mehr als Kopfschütteln und Nach-Luft-Japsen bringen die aufgescheuchten Bungalowmieter zunächst nicht zusammen. Dann stürzt die Mutter zurück ins Schlafzimmer, Nina hinterher. Andi will sie noch aufhalten, sein Arm greift aber ins Leere. Dann merkt er, dass er schutzlos einer ganzen Horde Männlichkeit ausgeliefert ist, und stolpert in sein Zimmer zurück, nicht ohne nach „Papa" zu krähen. Der will nun einen ernsthaften Versuch starten, der Situation Herr zu werden, bringt aber nur ein halbherziges „Ihr verlasst sofort das Haus" heraus. Zwei meiner Schweizer torkeln daraufhin auf ihn zu, umarmen ihn und säuseln: „Komm schon, Papa, sei nid so. Papa, trinkch was mit uns", während sie ihm ein Bier unter die Nase halten. Inzwischen hat Andi es irgendwie geschafft, sich selbst anzuziehen, und will zu Hilfe eilen. An den beiden, die gerade das Familienoberhaupt bearbeiten, kommt er nicht vorbei, also nimmt er Kurs auf mich, die ich immer noch kichernd und prustend im Bett liege. Er kocht geradezu vor Wut und schnaubt in meine Richtung, dann wird er langsamer und sein Blick verzweifelt. Da erhebt sich ein weiterer Schweizer, breitet die Arme aus und stellt sich vor Andi auf: „Komm her, Bueb, muasst nid weinen." Und schon ist Andi in der Luft, liegt wie ein Baby auf den Armen seines Trösters, wird hin und her geschaukelt und bekommt eine Bierflasche an den Mund gehalten. „Papa!", schreit er jetzt zunehmend heiserer und beginnt zu zappeln. „Meimei", sagt der Schweizer, „böser Bueb", und schmeißt ihn zu uns anderen aufs Bett. Schneller als gedacht ist er wieder auf den Beinen und flitzt zu Nina und Mama ins andere Zimmer.

Papa hat sich inzwischen in sein Schicksal gefügt, eine Bierflasche in der Hand versucht er durch defensives Jasagen und Buckeln seine beiden Aufpasser loszuwerden. Ich beschließe dem Spuk langsam ein Ende zu bereiten, rapple mich auf und schreie: „Jungs, die Party ist leider vorbei." Sie stürzen auf mich zu und starten „Nä, nä, nä"-Sprechchöre. Da steht auf einmal Nina vor mir. Ihre ernste Miene signalisiert, dass ich verachtenswert bin. Ich kichere nur, sie setzt an: „So etwas kannst du nicht machen, wir waren ja auf Einladung vom Papa vom Andi hier, echt jetzt. Wir sind sehr enttäuscht von dir", begleitet von „Ohhs" und „Ahhs" aus den Mündern der Umstehenden. Eines ist fix, Nina hat am meisten Mumm von allen hier. Bevor sie mich jedoch weiter langweilen kann, rufe ich in die Runde: „Hey Leute, ihr kennt euch anscheinend mit Kindern aus – ich glaube, meine Freundin ist schief gewickelt!" Das lassen sich meine Schweizer nicht zweimal sagen, stürzen sich auf Nina und schmeißen sie aufs Bett. Dann beginnen sie die verstummte Predigerin in eine Decke zu wickeln, während ich meine Sachen packe. Beim Gehen werfe ich ihr noch ein paar Geldscheine hin, was die Schweizer Garde dazu veranlasst, einen wahren Münzregen auf sie loszulassen. „Danke für das amüsante Wochenende", rufe ich Andis Papa zu, der wie vom Donner gerührt auf einem Sessel sitzt, werfe noch einen Blick auf Ninas Liebsten, der verstört und zornig neben seiner Mutter kauert, und ziehe von dannen. Draußen gibt's noch einen Abschiedskuss von jedem Schweizer und nachdem sie mit ihren laut dröhnenden Harleys abgezogen sind, ist wohl auch der Rest der Anrainer munter.

Grinsend mache ich mich auf den Weg zum Bahnhof.

Traue nie einer Frau mit einer Flasche im Arm
Claudia Böhm

Es gibt zwar Männer, die eine Frau als starke, selbstbewusste Persönlichkeit akzeptieren – aber meiner Meinung nach ist das eher eine Seltenheit. Die Mehrheit geht in dem Glauben durchs Leben, das „starke" Geschlecht zu sein, und belächelt jegliche weibliche Handlung, sei es beruflich oder privat. Im Laufe meiner Zeit im Hotelgewerbe habe ich das Vergnügen, gleich mit mehreren dieser Prachtexemplare zusammenzuarbeiten.

Während meine Arbeitskollegin Silvia und ich vorwiegend an der Rezeption beschäftigt sind, besteht das Servicepersonal fast ausschließlich aus Männern. Jeden Abend nach Dienstschluss kommen sie zur Rezeption und schwadronieren über den ach so stressigen Arbeitstag – wir zwei Frauen haben immer noch Dienst und dieser ist mindestens genauso anstrengend. In solchen Momenten kommt es immer wieder vor, dass meine Kollegin und ich uns genervte Blicke zuwerfen, während wir versuchen das Geschwafel zu ignorieren und unsere Arbeit fertigzumachen.

Das ist allerdings nicht das Schlimmste an der Situation, sondern die Tatsache, dass die Männer unsere Arbeit herabwürdigen, indem sie Aussagen von sich geben wie: „Ihr müsst hier nur sitzen und hübsch aussehen, während wir wirkliche Arbeit leisten". Tagtäglich müssen wir uns außerdem Sprüche anhören, wie: Wir wären nur eingestellt worden, um nett zu lächeln, wir wüssten überhaupt nicht, was echte Leistung erbringen bedeutet, und es wäre sowieso besser, wenn wir die echten Jobs den Männern überließen.

Irgendwann haben wir die Nase voll von unseren männlichen Kollegen, denn wir sehen nicht ein, dass wir uns derart dämliche Sager immer wieder anhören müssen. Also schmieden meine Arbeitskollegin und ich einen Plan, mit dem es zu schaffen sein sollte, die Typen ein für allemal zum Schweigen zu bringen.

Zwei Tage später steht eine Firmenfeier auf dem Programm, zu der alle Mitarbeiter eingeladen sind. Kaum bin ich auf dem Fest angekommen, geht das Gerede über die anspruchslose Arbeit an der Rezeption auch schon wieder los. Silvia und ich machen gute Miene zum bösen Spiel, scherzen und lachen mit den Kellnern, trinken ein Glas nach dem anderen – zumindest glauben die Kerle das. In Wirklichkeit tun wir nur so, als würden wir fleißig mittrinken, und schenken immer wieder nach.

Und unsere ach so männlichen Kollegen sind Wachs in unseren Händen, sie trinken brav alles, was wir ihnen vorsetzen, sie wollen schließlich beweisen, wie viel sie vertragen können. Es wird sogar ein richtiger Wettbewerb daraus. Natürlich leisten auch Silvia und ich unseren Beitrag und flirten, was das Zeug hält, was für Männer tatsächlich ein Ansporn zu sein scheint, noch mehr zu trinken. Anders kann ich mir nicht erklären, warum die Flasche Wodka so schnell leer ist.

Nach ein paar Stunden ist eine Unterhaltung mit unseren Kollegen nicht mehr möglich, da man ihr Lallen kaum mehr verstehen kann. Silvia und ich beschließen, dass es an der Zeit ist, unsere Verehrer sich selbst zu überlassen. Wir verlassen die Bar, gehen nach Hause und legen uns schlafen, um für den kommenden Arbeitstag gut ausgeruht zu sein.

Am nächsten Morgen ist genau das eingetroffen, was wir erwartet haben – das halbe Servicepersonal ist nicht aufgetaucht und die beiden Kellner, die es tatsächlich schafften, aus dem Bett zu kommen, lungern in einer Ecke herum und sind zu nichts zu gebrauchen. Einer von ihnen erbricht sich dann auch noch mitten im Speisesaal – zumindest wird uns das erzählt.

Natürlich ist der Chef alles andere als begeistert, er marschiert fluchend durch das Hotel und versucht den Rest seines Personals telefonisch zu erreichen. Nach einigen Stunden können sich auch die Letzten dazu aufraffen, bei der Arbeit zu erscheinen.

Silvia und ich sind gerade damit beschäftigt, die Morgenpost zu übersetzen, als unser Chef kopfschüttelnd im Büro verschwindet. Wir grinsen uns an, sagen aber nichts. Wir sind stolz darauf, wie gut unser Plan funktioniert hat. Auf einmal tritt der Chef an uns heran, legt uns seine Hände auf die Schultern und sagt: „Zumindest auf Sie beide ist Verlass. Bitte seien Sie weiterhin so zuverlässig, Sie leisten gute Arbeit."

Das ist das erste Mal in dieser Sommersaison, dass unsere Leistung von einem Mann gewürdigt wird. Im Gegensatz zu uns kassieren die Kollegen aus dem Service eine Verwarnung und werden beinahe gekündigt.

Ein guter Tipp für alle Männer da draußen: Traut nie einer Frau mit einer Flasche im Arm und einem zuckersüßen Lächeln auf den Lippen.

Frauenträume aus Stoff
Betty Bubla

Eine Bekleidungsfirma im besten Wiener Einkaufsbezirk. Ich habe es gefunden, das Geschäft für Frauenträume, Nobelfeierkleider inklusive. Und da ich dringend ein Kleid für Abend- und Ballveranstaltungen benötige, starte ich voller Elan in das Mekka der Damenmodewelt.

Im ersten Stock empfängt mich eine Mitarbeiterin mit einem „Guten Tag, wie kann ich Ihnen dienen, gnädige Frau?". „Ich bin zwanzig und gnädig bin ich ganz und gar nicht, aber gnädig hab ich es! Abgesehen davon möchte ich gerne Ballkleider probieren", antworte ich und verziehe meine Lippen zu einem Schaukelpferdgrinsen. Das Gegenüber fragt mit säuerlich verzogenen Mundwinkeln: „Größe 36 oder 38?" „Noch 36", antworte ich, „und nicht zu viele Rüschen, wenn's geht!" „Einen Moment, bitte", erwidert die Mitarbeiterin und holt einige bodenlange Textilien aus dem Ständer. Sie bittet mich in die Kabine und hängt die Kleider auf den dafür vorgesehene Haken. Balltraum für Balltraum zwänge ich mich in die verzierten, gewickelten und gefalteten Stoffbahnen und pendle dabei zwischen dem schmalen Spiegel im Umkleideraum und dem großen im Präsentationsraum hin und her, um mich zu betrachten. Obwohl ich bei der einen oder anderen Abendrobe im silbernen Reflektor eine unansehnliche, stoffgewickelte Raupe wiederfinde, rezitiert das mittelalterliche Wesen der Beratung immer wieder: „Sehr gut, dass passt Ihnen sehr gut! Ausgezeichnet! Eine traumhafte Qualität. Es steht Ihnen wunderbar!" Nach dem drittem Kleid inklusive einfältiger verbaler Kaufanimation werde ich stutzig und frage mich, ob der mir zugeteilte Kleidercoach an einer sich rapide verschlechternden Augenerkrankung leidet. Mittlerweile steckt mein bei Weitem nicht gazellenhaft anmutender Körper mit einer Untergröße von 1,57 m im Mitternachtstraum Nummer vier. „Es ist wie für Sie geschaffen!", flötet die möglicherweise Umsatzpunkte heischende Person schon ungeduldig, als ich mich wieder vor dem Spiegel recke und strecke und im Kreise drehe. Ich gelange jetzt jedoch zu dem Entschluss, dass keines dieser Seiden- und Gorgetteverführungen passt. Der Oberkörper zu kernig, die Beine zu kurz, die Schultern zu breit und die Brust zu klein – eine Sonderanfertigung für diesen Body schein unumgänglich, denke ich frustriert und sehe der scheininteressierten Mitarbeiterin in die Augen.

Plötzlich höre ich meine Stimmbänder vibrieren und aus meinen Lippen fließt laut, bedächtig und gut platziert: „In diesem Abendkleid sehe ich aus wie eine richtig fette Käsekrainer, die droht jeden Moment aus allen Nähten zu platzen. Wie eine überpralle Knackwurst, eine Schießbudenfigur oder ein Michelinmännchen. Das Kleid ist grauenvoll, sieht ekelig an meinem Körper aus und ist auch noch viel zu teuer! Und Sie sind derart beratungsinkompetent ... eine solche Mitarbeiterin wünscht man nicht einmal seiner schlimmsten Feindin beim Einkauf an die Seite!"

Ich drehe mich um die eigene Achse, stürme in die Umkleidenische und entledige mich der Verkleidung, streife mein Büro-Outfit über und verlasse den Ort der Stofftragödien. Mit den Worten „Auf Wiedersehen, auf Ihre Beratung kann ich gerne verzichten" hinterlasse ich die bleiche, mir mit weit aufgerissenen Augen hinterherstarrende, geknickte Silhouette einer Verkäuferin.

Wenn Männer eine Reise buchen
Ursula Hepp

Als sehr selbstständige und bodenständige Frau habe ich gelernt mich immer genau zu erkundigen und sorgfältig zu überlegen, bevor ich große Schritte mache. Männer allerdings handeln scheinbar vorher und denken dann erst. Böse Worte? Zu Recht!

Wenn man sich einen Urlaub auf den Bahamas vorstellt, denkt man üblicherweise sofort an Sonne, weiße Sandstrände, Palmen und türkisfarbenes Meer. Doch was ich auf dem Inselstaat gesehen und erlebt habe, nachdem einige männliche Bekannte einen gemeinsamen „Abenteuerurlaub" – ein Tauchseminar mit Haien unter der Aufsicht eines sehr bekannten Haiforschers – gebucht hatten, ohne dass ich Einsicht in die Planung bekommen hätte, vergönne ich nicht einmal meinem schlimmsten Feind.

Eigentlich sollten schon die Alarmglocken läuten, wenn die Reise bereits katastrophal beginnt: Zuerst ist das Flughafentaxi nicht zum vereinbarten Zeitpunkt vor unserer Türe, weshalb mein Mann Didi und ich in letzter Minute ein normales Taxi rufen müssen, in dem uns ein höchst unwilliger Fahrer zum Flughafen bringt, der kurz vor dem Schichtwechsel steht, als er uns und unsere fünf schweren Koffer aufnimmt, in welchen sich fast ausschließlich Taucher- und Fotoausrüstung befindet.

Nach 23 Stunden Anreise erreichen wir zu sechst dann endlich todmüde unser Hotel auf Grand Bahama, einer der nördlichsten Inseln der Bahamas, das auf den ersten Blick auch in Ordnung zu sein scheint. Als wir jedoch erschrocken feststellen, dass einer unserer Koffer fehlt, herrscht unter den Angestellten nicht einmal ein Hauch mehr an Betriebsamkeit – es ist keine Spur von Engagement zu spüren, uns irgendwie zu helfen, woraufhin ich der Dame an der Rezeption, einer dicken Bahama Mama, die wirkt, als wäre sie im Gedanken bereits zu Hause, am liebsten in den fetten Hintern treten würde. Wir werden diesbezüglich auf den nächsten Tag vertröstet und hören als Nächstes – es ist mittlerweile 22 Uhr 30 –, dass es kein freies Zimmer für uns gibt, obwohl unsere männlichen Bekannten vor einem halben Jahr über ein Reisebüro, das ich neben der Rezeptionistin gleich auch noch verfluche, drei Räume in diesem Hotel reserviert haben.

Andere Länder, andere Sitten, stelle ich nun fest, denn nun wird, anstatt nach einer Lösung gesucht, stumm, dafür aber hektisch auf den Computer eingetippt, um zumindest beschäftigt zu wirken. Zimmer gibt es nach dieser Aktion allerdings immer noch keines.

Zwei Stunden später reißt mein Geduldsfaden endgültig

und ich mache mich lautstark schimpfend auf den Weg, um mir einen „geistreichen" Drink zu beschaffen. Aus dem einen werden mehrere, aber nüchtern kann ich mir dieses armselige Szenario einfach nicht mehr anschauen: Zwei total überforderte Bahama Mamas versuchen verzweifelt die mittlerweile äußerst ungehaltene Gruppe, die immer noch auf ihre Zimmer wartet, ruhigzustellen, während der Manager des Hotels offensichtlich am Pool weilt und nicht zu erscheinen gedenkt, wie mein Mann in Erfahrung bringen kann. Ich habe mich mittlerweile ebenfalls wieder in der Halle eingefunden und schwanke schwitzend und fluchend der Rezeption entgegen, als uns eine der Damen plötzlich einen Schlüssel in die Hand drückt und uns auffordert dem Träger unseres 150-Kilogramm-Gepäcks zu folgen.

Vor einem Zimmer angekommen sperren wir dieses auf und starren in einen im Halbdunkel liegenden, völlig unaufgeräumten Raum. Ich wanke, verwundert über die Unordnung, aber schon beinahe schlafend, hinein und lasse mich auf das Bett fallen, bemerke aber im selben Moment, dass sich dort bereits ein in die Decke eingerollter Körper befindet. Geschockt schleichen wir wieder hinaus und marschieren zurück zur Rezeption, wo wir, von der Hitze und zeitgleichen Übermüdung bereits mürbe, um ein neues Zimmer flehen, das wir eine Stunde später auch endlich bekommen. Dabei handelt es sich allerdings um ein Notquartier, den sogenannten Schauraum, den man Besuchern zeigt, wenn sie sehen wollen, wie in diesem Hotel die Zimmer ausgestattet sind.

Die nächsten fünf Tage verstreichen ohne weitere unerfreuliche Zwischenfälle, wir genießen das karibische Feeling der Insel, auch wenn wir uns mitten in der Partyzone zu befinden scheinen und jede Nacht bis zwei Uhr Höllenlärm durch die Anlage quillt.

Am sechsten Tag holt uns der Haiforscher ab, der uns

nach Grand Cay bringen wird, wo er eine „Sharkschool" aufgebaut hat und seine Studenten unterrichtet.

Doch genauso chaotisch, wie der Urlaub begonnen hat, geht er auch weiter. Wir fahren mit dem Taxi zu einem benachbarten Kanal, wo uns ein „Schiff" aufnehmen soll. Dieses entpuppt sich als kleines Boot, auf dem wir im Stehen noch zu wenig Platz haben. Dazu regnet es in Strömen und der Wind peitscht uns dicke Tropfen ins Gesicht. Wenn mir nicht ohnehin schon übel von der Überfahrt wäre, würde mir jetzt schlecht werden, als ich sehe, wo wir dank unserer männlichen Bekannten gleich landen, um dort weitere acht Tage zu verbringen – ich schnappe fast über und befinde mich kurz vor einem Mordattentat, als ich das heruntergekommene Fischerdorf inmitten von Fischgestank und Mangroven erblicke. Es gibt auf der uns versprochenen Trauminsel keinen Strand und keine Bars, dafür einen Greißler, der, wie ich noch feststellen werde, nichts im Angebot hat außer ein paar alte Konservendosen, winzige verschrumpelte Äpfel und Chips, aggressive Moskitoschwärme und lästige Sandflöhe im Übermaß und ein „Restaurant", das drei sauteure Gerichte in einem auf 15 Grad hinuntergekühlten Wohnraum serviert. Im Zimmer unseres Hotels wackelt alles, was man anfasst, weil kaum etwas verschraubt, sondern alles nur irgendwie festgeklebt ist. Und die Vordertüre ist derart verrostet, dass man ständig über das Geländer ins eigene Zimmer einbrechen muss, weil die Türe nicht aufgesperrt werden kann. Und das Schlimmste dabei ist: Ich kann nicht fliehen, denn es gibt kein Entkommen von dieser Insel, sonst hätte ich mich schon am ersten Tag wieder aus dem Staub gemacht. Alleine, versteht sich.

Wenn ich wütend oder gestresst bin, rauche ich wie ein Schlot und mittlerweile wundert sich niemand mehr darüber, mich nur noch von Rauchwolken umgeben zu sehen. Ich setze meine letzte Hoffnung auf das Seminar über die Haie und das Tauchen mit den faszinierenden Tieren. Das Wetter passt sich auch weiterhin meiner Stimmung an, wir befinden uns in einer Dauerregenperiode mit Wind und Gewittern. Als wir endlich tauchen gehen, stelle ich fest, dass die Meeresbewohner, die große Ruhe und Frieden ausstrahlen, tatsächlich das Beste an diesem Urlaub sind, da ich unter Wasser den Horror an Land vergessen kann.

Ich fühle mich dennoch mehr und mehr wie eine Gefangene auf der Insel des Grauens – wenn wir nicht im Seminar sitzen oder tauchen, schlafen wir, um dem Elend zu entgehen, davon abgesehen, dass es nichts zu tun oder zu entdecken gibt.

Ein klein wenig Zufriedenheit an Land, denn unter Wasser geht es mir eigentlich immer gut, empfinde ich an dem Tag, an dem die Toilette bei einem der männlichen Bekannten übergeht. Zuerst ist sie nur verstopft, woraufhin er meint, dass es noch viel schlimmer kommen könnte – und genau das tut es dann auch. Beim nächsten Gewitter steht Didis Freund nämlich bis zu den Knöcheln in einer braunen stinkenden Suppe. Nach einer Stunde trifft dann auch der Hilfstrupp ein: der Bürgermeister, der mit griesgrämiger Miene und einer Saugglocke in der Hand, die er hinter sich nachschleift, im Schneckentempo zu dem unter „Wasser" stehenden Zimmer trottet, um festzustellen, dass der Zustand übel sei. Danach erscheint eine Hotelangestellte mit Mopp (ohne Kübel), während der Bürgermeister im Schneckentempo, die Saugglocke hinter sich nachschleifend, wieder zurückschlurft. Jetzt bemerkt die Putzfrau, dass sie einen Kübel benötigt, mit dem sie 20 Minuten später wieder erscheint und die Schweinerei endlich beseitigt.

Endlich ist der Urlaub vorbei! Zum Abschied steigen wir, gemeinsam mit einem Käfig voll lebender Krabben, erneut in das viel zu kleine Boot und blicken wehmütig auf den verdreckten Hafen, auf das Restaurant mit den drei Gerichten, auf das Hotel mit den desolaten Zimmern, auf die Millionen Moskitos und die Milliarden Sandflöhe, die uns beinahe aufgefressen hätten, zurück.

Erleichtert, dass der Horrortrip bald ein Ende hat, löst sich langsam meine Kiefersperre, die ich vom ständigen Zähnezusammenbeißen bekommen habe, und ich kann unsere männlichen Bekannten endlich nach allen Regeln der Kunst so richtig zur Sau machen: Sie haben es geschafft, einen Urlaub zu buchen, ohne genau zu wissen, wo wir landen werden, ohne sich zu informieren, wie die Gegebenheiten vor Ort sind, und das alles mit derart idiotisch organisierten Flügen, die uns auch auf der Rückreise ein mehrmaliges Umsteigen bescheren – und mich noch einmal an den Rand des Wahnsinns treiben werden.

Nachdem uns die „Nussschale" wieder nach Freeport gebracht hat, wo wir unsere Koffer einchecken, sind wir noch guter Dinge und freuen uns auf zu Hause – vor allem ich, denn ich bin vierzehn Tage dauergrantig gewesen und war auch nicht in der Lage, diesen Umstand vor den anderen zu verbergen, weshalb unsere Bekannten und auch mein Mann meine Gesellschaft eher gemieden haben.

In Miami geht der Psychoterror jedoch weiter, wir müssen insgesamt zehn Stunden auf den nächsten Flug warten, der uns nach London bringen soll, wobei die Flugdauer neun Stunden betragen würde. Das heißt: Fast 20 Stunden ohne Zigarette, denn auf dem gesamten Areal herrscht Rauchverbot, und das ist für mich als leidenschaftliche Qualmerin gleichbedeutend mit nie enden wollender Qual. Also suche ich den kompletten Flughafen ab und krieche in jedes einzelne Geschäft, um mir eine elektrische Zigarette zu organisieren, die mir über die Durststrecke hinweghelfen soll. Als ich endlich eine gefunden habe, ist es auch kein Spaß, diese zu benutzen, da ich der einzige Mensch weit und breit bin, der raucht – und man muss dazu sagen, dieses Ding verströmt ja weiße Schwaden (Wasserdampf), sodass ich befürchte, man

könnte mich gleich abführen, weil ich gegen das Verbot verstoße. Ich halte daher die elektrische Zigarette verkrampft in meiner geballten Faust und traue mich kaum den „Rauch" auszublasen, was den Genuss, der ohnehin schon mehr als bescheiden ist, weiter einschränkt und mich noch grantiger werden lässt.

Beim Gate angekommen erfahren wir nun, dass sich nicht nur der Flug um weitere drei Stunden verspäten würde, sondern dass es für uns auch keine Sitzplätze gibt, da man scheinbar überbucht hat. Jetzt sind meine Schotten endgültig dicht, ich sitze zusammengesunken in einer Ecke, nuckle apathisch an meiner Zigarette und lasse die Dinge ihren Lauf nehmen.

Endlich steige ich, als Letzte gemeinsam mit dem Kapitän, in die Boeing 777 und habe tatsächlich auch einen Sitzplatz. Ich lache irre, als mir bewusst wird, dass wir unseren Anschlussflug in London versäumen würden, was dann auch der Fall ist. Bei der Ankunft wird uns mitgeteilt, dass unser nächster Flieger nach Hause in acht Stunden startet. Ich verbiete nun allen ausdrücklich mich noch einmal anzusprechen und begebe mich auf Shoppingtour, um meinen Frust mit Einkäufen abzubauen.

Gegen 22 Uhr kommen wir endlich zu Hause an, nachdem wir insgesamt fast 24 Stunden auf Flughäfen verbracht haben.

Die Männer aus unserer Gruppe sind seit der Heimkehr sehr still und in sich gekehrt und sprechen das Thema Urlaub in meiner Gegenwart nicht mehr an.

Früher hätte ich mich schweigend oder die Horrorumstände mit Sätzen wie „Alles halb so schlimm" oder „Ihr konntet ja nicht wissen, dass es hier *sooooo* furchtbar ist" relativierend in mein Schicksal ergeben. Doch heute verstecke ich meine Befindlichkeiten nicht mehr und sage klar und deutlich meine Meinung – warum sollte man andere schonen und ihnen mit Duldung oder gar Verharmlosung das Leben erleichtern, wenn es einem selbst erschwert wird?

Für mich steht jedenfalls fest, dass ich mich nie wieder auf eine Reise begeben werde, wenn ich diese nicht selbst gebucht habe – denn eine Frau handelt erst dann, wenn sie zuvor geprüft hat. Oder?

Relativitätstheorie
Susanne Mairweck

Böse ist relativ. Das ist nicht nur so dahingesagt. Das ist Fakt. Um eines gleich vorab klarzustellen: Ich glaube nicht an böse Frauen. Selbstsüchtig, hinterhältig, eifersüchtig, zynisch, zickig und durchtrieben … ja! Aber böse?

Meiner Meinung nach ist das Wort „böse" lediglich ein Überbegriff, ein Synonym oder eben nur eine unüberlegte Bezeichnung, wenn kein besseres Adjektiv zur Auswahl steht. Ist es zum Beispiel „böse", dass ich einst beim Campen einem russischen Touristen so richtig in den Hintern getreten habe, als ich ihn dabei erwischte, wie er unser Nachbarszelt (in dem Leute geschlafen haben!) abbauen wollte? Oder ist es böse, dass ich mit einem freundlichen Lächeln schon so manchen Strafzettel umgangen bin? Sehen Sie? Zwei verschiedene paar Schuhe, verschiedene Situationen, die bestimmte Handlungsweisen er- und herausfordern, welche dann wiederum mehr Anerkennung verdienen, als einfach nur als „böse" abgestempelt zu werden.

Aktionen erfordern Reaktionen. Je ausgefallener diese Reaktionen ausfallen, als umso „böser" können sie interpretiert werden. Theoretisches Blabla? Von wegen!

In einem Magazin entdeckte ich vor Kurzem eine Liste der skurrilsten Scheidungen, bei welchen sich Männer von ihren Göttergattinnen trennten, weil sie (die Frauen – wer sonst?) einfach zu „böse" waren. Beim Lesen ist mir gleich zu Beginn aufgefallen, dass auch hier wieder einmal der Begriff „böse" viel zu einfältig und unkreativ verwendet wird … das erkennt man spätestens in dem Moment, in dem man die Situationen ein wenig durchleuchtet und mit ein bisschen Fantasie und Einfühlungsvermögen an die Sache herangeht. So weigerte sich zum Beispiel eine Frau aus London ihr Parfum zu wechseln, obwohl der Duft bei ihrem

Ehemann Brechreiz auslöste. Die Folge: Er reichte die Scheidung ein. Klingt erstmal ... na ja ... schon etwas böse. Aber drehen wir den Spieß doch einmal um: Liebe Männer, wenn ihr einen Schweinsbraten plus ein bis zwei Bier intus habt, riecht euer Atem nicht nach Rosen. Ihr wendet euch dann ja auch nicht einmal ab, wenn ihr nach der Völlerei alle zwei Minuten rülpsen müsst! Doch verbieten wir euch den Genuss von Fleisch oder – Gott behüte – das heilige Bier? Nein! Wir hingegen besprühen uns mit einem 60-Euro-Parfum, das Cindy Crawford höchstpersönlich entworfen, hergestellt und getragen hat (das behauptet sie in der Werbung, also stimmt es auch!), und was macht ihr? Ihr reicht die Scheidung ein. Nein, nein, nein, böse ist die betreffende Frau in diesem Fall ganz und gar nicht. Wieso ein teures Parfum in den Müll schmeißen, nur weil er ein bisschen herumzickt? Höchstwahrscheinlich hat sich die Dame das übertuerte Duftwässcherchen extra gekauft, um für ihn gut zu riechen. Perlen vor die Säue, sage ich da nur, Perlen vor die Säue! Ich wäre gekränkt, wenn er lediglich die Nase rümpft und behauptet, meine Verführungskünste lösten bei ihm das Problem aus, seine Nahrung (wahrscheinlich eben den Schweinsbraten und das Bier) bei sich zu behalten.

Eine Option wäre klarerweise, das Parfum nicht mehr zu benutzen – aber liebe Damen, ganz ehrlich, an dieser Stelle kommen eben ein wenig Trotz und Stolz ins Spiel. Als emanzipierte Frauen des 21. Jahrhunderts können wir schließlich selbst entscheiden, wie wir riechen wollen, ohne gleich als „böse" zu gelten ... oder? Summa summarum ist die britische Protagonistin dieser (wahren) Geschichte eine starke Frau, die sich liebevoll darum kümmert, das Feuer in ihrer Ehe immer wieder neu zu entfachen und ihre bessere Hälfte mit sinnlichen Dürften zu bezirzen. Schade nur, dass diese damit zur schlechteren Hälfte wurde ...

Zugegebenermaßen bedarf es bei der zweiten Geschichte

etwas mehr Interpretation, um das „Böse" zu eliminieren: In Texas, USA, reichte ein 67-jähriger Ehemann die Scheidung ein, weil sich seine Ehefrau weigerte ihm ein neues Gebiss zu bezahlen. Er sollte einfach ihre Dritten mitbenutzen, da sich „in seinem Alter so eine Ausgabe nicht mehr lohnt"!

Ok, betrachten wir diese Situation etwas näher. Ich stelle mir vor, ich bin seit … na ja, sagen wir einmal … 40 Jahren mit demselben Mann verheiratet (ich betone hier „selben Mann" … das alleine ist ja schon eine Leistung!). Wir teilen uns also seit vier Jahrzehnten Tisch und Bett, kennen einander in- und auswendig. Ich wasche seine dreckigen Unterhosen und er fischt regelmäßig die störenden Haare (hauptsächliche meine, seine Wüstenlandschaft wirft nicht mehr viel ab) aus dem Duschabfluss.

Gut, bevor ich mich noch weiter in ungustiösen Details verliere … Sie wissen, worauf ich hinaus will. Also, wir sind Ende 60 und hatten während unserer „wilden Jahre", also in Zeiten lange vor der Wirtschaftskrise und der allgemeinen Panikmache, und auch danach die Pensionsvorsorge nicht ganz oben auf unserer To-do-Liste stehen. Wir haben drei Kinder und fünf Enkelkinder. Wir hungern nicht, wir frieren nicht, aber für größere Ausgaben reicht es keinesfalls. Das Gebiss, das für mich vor fünf Jahren zugelegt werden musste, war eine Investition, die nach vielen Jahren voller schmerzhafter (und teurer) Zahnoperationen nun mal eine Notwendigkeit darstellte. Und jetzt kommt er – fünf Jahre später – daher und meint, er müsse es mir gleichtun! Na gut, soll so sein. Mein erster Gedanke wäre: Hey, ist doch prima, jetzt zahlt sich mein teures Gebiss noch mehr aus, wenn es gleich zwei Personen verwenden können! Ressourcenaufteilung – das braucht die Welt! Toll! Wir küssen uns seit 40 Jahren und haben auch schon diverse andere Körperflüssigkeiten des Partners näher kennenlernen dürfen. Wir trinken oft vom selben Glas und verwenden auch nicht selten dieselbe Gabel (ja, für den Geschirrspüler hat es eben auch nie gereicht)! Wieso also auch nicht noch das Gebiss teilen? Na gut, die gemeinsamen Essen werden eben ein wenig zeitverschoben stattfinden ... und wenn schon! Und was macht er? Er reicht die Scheidung ein! Die Scheidung!

Aus meiner Sicht handelt es sich bei dieser US-Bürgerin um eine sparsame Frau, die ihren Mann so sehr liebt, dass sie sogar ihre eigenen Zähne mit ihm teilen würde. Darüber hinaus agiert sie wirtschaftlich gesehen vorbildlich und nimmt sogar persönliche Einbußen in Form von verspäteten Nahrungsaufnahmen (was in dem Alter wirklich eine Einschränkung von Lebensqualität darstellt) in Kauf. Kurz gesagt: eine wahrlich gute Seele!

Was bleibt mir da noch mehr „Böses" zu sagen? Blickwinkel, Leute, Blickwinkel!

Frechheit siegt
Birgit P. Kadlac

„Das einzige Wort, das mir zu Ihnen einfällt, ist aufbrausend. So jemanden lässt man besser nicht für den Straßenverkehr zu. Frau K., wir sehen uns in zwei Wochen wieder. Und wenn es weiter Widerworte gibt, dann sperre ich Sie für eine längere Frist." Ich bin mir sicher, der ältere Mann mit hochrotem Kopf, der sich Prüfer schimpft, spricht noch weiter, nur höre ich es nicht mehr, nachdem die Tür des Prüfungsraumes mit einem lauten Knall (Ok, ich hatte der Tür einen kleinen, aber handfesten Stoß verpasst) ins Schloss gefallen ist. Die im Vorraum wartenden Fahrschüler sehen mich erschrocken und ängstlich (man könnte meinen, man befinde sich im Wartezimmer eines Zahnarztes) an. „Och, das war nur der Wind!", kommentiere ich die Situation und verlasse mit unschuldigem Bambi-Blick die Fahrschule. „Birgit, du darfst nicht immer sagen, was du dir denkst, das bringt dich in Teufels Küche", versucht mein Fahrlehrer mich zu belehren, „sei diplomatisch!"

„Birgit ist halt – wie soll ich es ausdrücken – etwas vorlaut, verstehen Sie? Das ist in ihrem Alter eher unüblich und sollte im Keim erstickt werden!" Während meine Volksschullehrerin (eine Emanze in den Wechseljahren mit Dutt) meiner Mama über meine „Sünde" (so nennt sie es) berichtet, muss diese sich ein Schmunzeln verkneifen. „Aber meinen Sie nicht", erwidert sie dann, „dass Birgit mit knapp sieben noch etwas zu klein ist, um zu verstehen, dass es nicht in Ordnung ist, Sie kleinkariert zu nennen? Sie hat das sicherlich irgendwo aufgeschnappt." Ich hingegen habe meine Lehrerin ganz bewusst kleinkariert genannt, denn sie hat mir einen Fehler berechnet, nur weil ich bei einer Ansage die Ö-Stricherl bei dem Wort „plötzlich" vergessen habe. Daraufhin muss meine Mama einen langatmigen Monolog über sich ergehen lassen, der die Belehrung zum Inhalt halt, was man vor einem Kind sagen darf und was nicht. So viel zum Thema „aufgeschnappt". Zuhause angekommen höre ich zum ersten Mal in meinem Leben „sei diplomatisch" von meiner Mama – was ich für mich schon sehr früh frei interpretiere mit „sei angepasst und brav". Jessas, wie langweilig! Schon damals beschließe ich: diplomatisch? No way!

Seitdem gehe ich mit Birgit-Style durch dieses Universum und ecke damit natürlich auch immer wieder mal an.

Aber seien Sie mal ehrlich und stellen Sie sich folgende Situation vor: Da liegt ein Mann neben Ihnen auf dem Sofa. Es wird geknutscht und geht langsam von Petting „à la Bravo" in Heavy Petting über. (Sollten Sie mit diesen Begriffen nicht mehr vertraut sein, sind Sie jünger als 30. Gratuliere. Sie haben den schlimmsten Geburtstag noch vor sich!)

Also weiter: Sie greifen so langsam in Richtung Schritt des werten Herren und müssen leider feststellen, dass da nicht viel ist und es wohl auch kaum Entwicklungspotenzial gibt. Sie verstehen!? Was also tun? Entweder man hat Sex mit dem Minischwanz-Mann (ich weiß jetzt nicht so recht, wie ich es umschreiben soll, deshalb sage ich es gerade heraus) oder man beendet den Abend ehrlich, direkt und, ja, zugegebenermaßen etwas schonungslos, mit: „Du, ich glaube, das zahlt sich für mich nicht aus." Jaha, er war sauer, aber was soll's! Der diplomatische Weg hätte in einer Sexnacht geendet, in der man sich ständig fragt: „Is' er schon drin?" Und im schlechtesten Fall wäre dem Debakel noch ein Frühstück gefolgt, bei dem er womöglich die Frage stellen würde: „Na, wie war's?" Da wäre man dann schon wieder im Zwiespalt – bin ich jetzt ehrlich oder diplomatisch? Nein, danke!

„Hallooooooooooo, könnten Sie ihn bitte loslassen!", fauche ich einen mir unbekannten, durchaus attraktiven Mann an, der am linken Arm von Michael Bully Herbig zieht, während ich am rechten Arm das Gleiche mache. „Oh!" Mehr kommt nicht aus dem Typen raus. Schnippisch hinterlasse ich ihm, im Trubel noch leicht schreiend, folgende Botschaft: „Wissen Sie, das hier ist Arbeit und Bully muss noch Autogramme geben. Also: Bitte nicht stören! Danke!" Und weg bin ich, mit meinem Star im Schlepptau.

Ich bin Michael Bully – oh mei, is der liab – bei einer Kinopremiere als Assi zur Seite gestellt. Das ist kein schlechter Job, kann ich Ihnen mal sagen! Bei der Aftershowparty stoße ich mit Bully (ich darf ihn so nennen, ich bin schließlich an diesem Tag sein Schatten) auf eine gelungene Premiere an und als sich unsere Red Bull-Dosen (für Champagner hat das Budget nicht gereicht) treffen, ist plötzlich der Typ vom roten Teppich wieder da und meint auffordernd in meine Richtung und mit direktem Blick auf meine Red Bull-Dose: „So etwas hätte ich auch gerne, bitte!" „Na dann, da drüben ist die Bar – und los geht's", erwidere ich. Ich meine kurzfristig einen enttäuschten Blick zu erhaschen, aber dieser wechselt schnell in ein verschmitztes Lächeln und dann kommt die Frage: „Darf ich mich Ihnen vorstellen?" „Aber ich bitte darum." Noch bin ich sehr – hm, wollen wir mal sagen – sicher, dass ich alles richtig gemacht habe. „Ich bin Torsten, Geschäftsführer der Filmfirma." Boden, tu dich auf – bitte ganz schnell. Oder Red Bull wirke und verleihe mir schnell Flügel – nur weg hier! Aber nichts da, abhauen ist nicht drin, also strecke ich Torsten meine Hand entgegen und bleibe ganz ich selbst: „Also wenn Sie der Geschäftsführer sind, dann wissen Sie ja sicherlich, wie man an was zu trinken kommt. Aber ich will mal nicht so sein und spendiere Ihnen ein Red Bull ... auch wenn's heute gratis ist." Ich kröne meinen Konter mit einem Augenzwinkern und ob Sie es glauben oder nicht, Torsten lädt mich gleich mal zu einem Abendessen ein. „So ein freches Luder ist mir ja noch nie untergekommen!"

Manche Frauen fänden solche Aussagen beleidigend und würden hier gleich einen auf Alice Schwarzer machen, aber ich liebe es, Frau, frech und dennoch charmant zu sein!

Seit über 30 Jahren gehe ich nun undiplomatisch durchs Leben. Ich habe den Warnungen meiner diversen Lebenswegbegleiter getrotzt. Meine Mama schüttelt zwar immer noch hin und wieder den Kopf, wenn ich ihr aus meinem Leben berichte, aber ich weiß, dass sie es nicht schlimm findet, sondern mich sogar für meinen Mut, ich zu sein, bewundert.

Reizend
Antonie Hippelang

Es ist später Abend und draußen ist es dunkel. Ich schaue auf die Uhr und seufze. Seit einigen Wochen ist es immer schon spät, wenn er kommt. Die Kinder habe ich gerade zu Bett gebracht und der volle Windeleimer ist auch schon entsorgt. Der ganze Gestank klebt noch an meinen Fingern, obwohl ich sie mir jetzt gerade noch einmal gewaschen habe. Ich schaue auf meine Hände, die ich jetzt mit dem Tubenrest der Babycreme notversorge, und starre auf die alltagsrissige Haut einer Jungmutter. Mein müder Blick wandert zu den Fingerspitzen. Die Nägel könnten auch wieder einen neuen Anstrich vertragen, denke ich, aber dann zentrieren sich meine Gedankenkreise wieder um die alte, quälende Frage, warum ich zu Hause fast alles alleine mache. Ich hasse solche Überlegungen, sie schmerzen im Brustkorb und fesseln mein Gesicht, welches immer tiefer in verbitterte Winkelzüge verfällt, bis die leisen Tränen fließen, die sich zunächst in meinen Augenringen fangen und dann unaufhaltsam wangenwärts rollen, um sich endlich erlöst im Mundwinkel anzusammeln. Die feuchten Lippenränder schmecken heiß und stark salzig. In den Wimpern bleiben wieder die letzten Tränen kleben. Sie brennen ein wenig in den Augenwinkeln, wegen der verwischten Wimperntusche, die ich früher am Morgen auftrug, um das Gefühl zu haben, mich nicht gehen zu lassen. Ich kneife die Augen zusammen, vertreibe die dunklen Gedanken an meinen aushäusigen Göttergatten und schaue müde auf die Uhr im Vorzimmer. Halb neun wird es gleich und die Nacht ist kurz, wenn man ein Baby hat. Ich sollte schlafen gehen ... nur diese gewisse Nervosität lässt mich nicht zur Ruhe kommen.

Die Haustüre geht auf und ein strahlendes Lächeln begrüßt mich und nimmt mich gefangen. Die ausladenden

Arme meines bestgelaunten Mannes ummanteln mich zart und liebevoll schmiegt sich seine glatt rasierte Haut an meine tränenheißen Wangen. „Du hattest sicher einen anstrengenden Tag", säuselt er und streicht mir verständnisvoll die salzig verklebte Haarfranse aus dem Gesicht, um mir einen Stirnkuss zu geben. Ich zögere und schaue ihn intensiv an. Meine skeptischen Falten halten ihn vom beabsichtigten Kuss ab und er stutzt. „So schlimm war es heute?", fragt er jetzt lachend und beugt sich zurück, um mir ein Geschenk zu geben. „Das ist für dich!", sagt er amüsiert und drückt mir vorsichtig einen verpackten Blumenstrauß in die Hand. Ich bin gerührt, aber meine Nackenhaare kribbeln und ich weiß nicht warum. Beschämt über mein Misstrauen gebe ich ihm dann doch noch einen Kuss und wickle langsam mein duftendes Kleinod aus. „Rosen!", glucke ich beglückt und eile in die Küche, in der die Vasen verstaut sind. Über dem Spülbecken enthülle ich die restliche Blütenpracht, um sie zu kürzen, wobei ein Grußkärtchen herausfällt. Während das voll aufgedrehte Wasser aus dem Hahn rauscht und inzwischen im Wohnzimmer die Sportnachrichten plärren, entkommt mir ein ungehört leiser Schrei des Entsetzens: Diese Karte ist gar nicht für mich! „Für meine zarte Rosa-Maus!", steht da geschrieben. Du dämliches Weib von einer Exkollegin, denke ich und bin fassungslos. Wie konnte ich nur so naiv sein", schießt es mir durch das Gehirn und mein Herz rast im Erkennen der Wahrheit. Es ist doch total offensichtlich, wieso bin ich so blind für sein blödes schlechtes Gewissen? Die gute Laune, das verständnisvolle Getue und jetzt noch die Blumen? Das ist doch ein Scherz, poltert es durch meinen Kopf. Jede Pore in mir dampft und müde bin ich auch nicht mehr. Ich könnte auf der Stelle schreiend auf ihn eindreschen, und das gleich mit dem stacheligen Rosenbündel. „Ja, mach das!", kreischt eine hysterische Stimme in mir, aber tatsächlich bleibe ich stumm und nehme lediglich zaghaft zitternd die Rosen in die Hand. Meine verstorbene Großtante fällt mir wieder ein mit ihren klugen Sprüchen: „Ach Kind, die Männer und so, das darf man nicht so eng sehen, sonst wird man als Frau nicht glücklich. Und wegen dem bisschen Hin und Her eine Ehe riskieren, das macht doch keinen Sinn!", waren beliebte Sätze, die sie gerne als unpassenden Trost der weiblichen Verwandtschaft spendete. Unpassend ... überlege ich kurz und jetzt ankert das Wort sogar in meinen Hirnwindungen. Ist es unpassend, seinem Partner die Hölle auf Erden zu wünschen, für ... ja, wofür eigentlich? Ich denke weiter nach: Falls mich gerade nur die pure Eifersucht packt, könnte sie ja recht haben! Aber ist es nicht doch eher das klebrige Gefühl, belogen und betrogen worden zu werden? Wut steigt in mir auf. Hält er mich wirklich für so dumm? Vielleicht auch noch zu Recht, weil ich so blöd bin und diese Karte als Beweis brauchte? Mich quält der Gedanke, für naiv gehalten zu werden, jetzt eigentlich am meisten. Die Rage, in die ich mich denke, bekommt nun einen Namen: Ich brauche kein Schonprogramm, nur weil ich Mutter bin. Mit mir kann man doch reden! Ich bin eine standhafte, begehrenswerte Frau und kein zimperliches Weichweib, das am Abend erschöpft vor sich hin heult – früher jedenfalls war das so, denke ich und ein verzweifeltes Stöhnen rutscht über meine salzigen Lippen. Ein zweiter Gedanke schleicht sich von hinten heran: Was ist, wenn es ernst ist und kein Techtelmechtel? Ungekannte Panik steigt in mir hoch und meine Finger umfassen die Rosen etwas zu fest. Ein Dorn sticht mir in den Finger, der daraufhin heftig blutet. „Mist, das ist jetzt nicht wahr!", brüllt es aus mir heraus und die Ungerechtigkeit sitzt so tief im Fleisch, dass ich ins Badezimmer zur Hausapotheke renne, um die passende Pinzette zu finden. Aus dem Wohnzimmer ertönt ein lautes: „Liebling, alles ok?", darüber hinaus ist außer einem ständigen Senderwechsel bis hin zum Nachrichtenkanal weiter nichts zu hören. Es brodelt in mir, weil der entdornte Finger nicht schnell genug verpflastert werden kann und mein Blut das Waschbecken verschmiert. Außerdem finde ich nicht gleich die richtige Salbe zum Desinfizieren und dabei fällt mir auch noch die Rheumacreme ins Becken. Endlich finde ich die Kinderpflaster, kann den Finger verarzten und höre mich laut sagen, dass alles in Ordnung sei. „Ist der eigentlich noch zu retten?", denke ich und bemerke, dass ich gerade die einmalige Gelegenheit verpasst habe, endlich ein riesiges Theater zu inszenieren.

Ich reinige mit gesammelter Wut das Waschbecken und will die Rheumacreme zurück ins Fach legen, als mir die rote Aufschrift auf der Tube auffällt: „Vorsicht, reizend! Nicht in Kontakt mit Schleimhäuten bringen! Bei Kontakt sofort den Arzt oder die Giftnotzentrale anrufen!" Vor meinem geistig erregten Auge tauchen Bilder aus alten Zeiten auf, wo meine ungezogene und selbstsüchtige Cousine ihren Bruder auf gemeine Art und Weise malträtiert hatte. Die Nummer mit den Hagebuttensamen war ja noch harmlos gegen die Aktion mit der Salbe aus dem Nachtisch vom Opa. Das Biest hatte doch tatsächlich die Unterhose ihres Bruders mit der brennenden Salbe eingeschmiert, der noch lange nach dem Arztbesuch weinte, weil er mit der nässenden Wunde zwischen den Beinen tagelang nicht richtig gehen konnte und beim Fußballturnier nicht mitmachen durfte.

Dieses schmerzerfüllte Bild erstarrt in mir und paart sich mit meinen hasserfüllten Gedanken zu etwas Neuem: Ich sehe mich vor dem Kleiderkasten meines Mannes stehen, die Salbe in der einen Hand und die morgendlich frische Unterhose in der anderen. Mein aufkeimendes Entsetzen über mein Vorhaben verschwindet in dem Moment, als mich das vibrierende Handy meines Mannes, das ich vorhin aus Neugierde und mit dem Ziel, es zu durchforsten, in meine Hosentasche gesteckt habe, aus meiner Trance reißt. Die erste Zeile der SMS auf dem Display wird leuchtend angezeigt und gibt sein Geheimnis preis: „Deine herrlichen Rosen an meinem Bett ...", steht dort. Jetzt ist alles klar – die erkennende Wut über die Feigheit und Lüge formt sich zur ballenden Faust und ein lebendig pulsierendes Gefühl berauscht mein klammes Herz. Ja, ich wünsche ihm die brennende Hölle, schreit es kampfbereit in mir. Ich gehe erfüllt mit dem Gedanken an meine süße Rache ins Schlafzimmer an seinen Kleiderkasten, wo die duftend frische Wäsche jungfräulich wartet. So schnell steckst du dein bestes Stück nirgendwo mehr hin, denke ich zufrieden.

Gazellenjagd
Cornelia Pichler

Das Leben als einzige weibliche Führungskraft in einem Unternehmen ist nicht immer leicht, denn man, beziehungsweise in diesem Fall frau, kämpft in einer männerdominierten Welt mit Herausforderungen, welche die weibliche Diplomatie auf eine harte Probe stellen.

Die Mitbestreiter, also die Männer, können mit einer neuen Kollegin in der Chefetage nur auf dreierlei Arten umgehen: Die einen negieren ihre Fähigkeiten und fühlen sich ihr immer überlegen, freuen sich jedoch über jede Art von Behübschung in Form von kurzen Röcken oder ausgeschnittenen Oberteilen im Büro. Die anderen (an)erkennen sehr wohl ihr Potenzial, würden sich aber auch dann einschleimen, wenn sie keinerlei Qualitäten, weder berufliche noch optische, aufweisen würde, sie ihnen aber dennoch irgendwann von Nutzen sein könnte. Und die Männer, die der weiblichen Führungskraft etwas zu sagen haben, wollen sie meist nicht differenziert behandeln oder gar bevorteilen, sind also extra hart und brummen ihr mehr Arbeit auf als jedem männlichen Mitarbeiter.

Die weibliche Kollegenschaft hingegen steckt „die Neue" in Windeseile in eine von insgesamt zwei Schubladen: Entweder ist sie ein skrupelloses, karriereorientiertes Biest, mit dem man sich nicht anlegen sollte, oder eine sympathische, aber unfähige Chefin, die sich in der oberen Etage vermutlich nicht lange halten wird. Spätestens wenn ihre Affäre mit dem Geschäftsführer, welche ihr diesen Posten eingebracht haben musste, vorbei wäre, würde sie das Feld wieder räumen und man könnte sich auf eine neue Konkurrentin hinsichtlich Aussehen, Sympathie und Kompetenz vorbereiten.

Ich bin mir nicht sicher, welche Schublade ich anfangs bewohnen durfte – ich denke, ich bin einige Male umgezogen, aber im Großen und Ganzen habe ich es geschafft, mich zu behaupten und mit meinen Kollegen – egal ob männlich oder weiblich – so gut wie möglich zu arrangieren.

Da ich schon als Kind den geheimen Wunsch hegte, Schauspielerin zu werden, ist es für mich trotz abgeschlossenen Betriebswirtschaftsstudiums eine kreative Herausforderung, im Job einmal die Böse und dann wieder die Gute zu geben. Ich lernte auch meine Kleidung so zu wählen, dass ich weder den Neid und den damit verbundenen Tratsch der weiblichen Belegschaft auf mich ziehe, noch meinen männlichen Kollegen einen Grund gebe, länger als schicklich auf meinen Oberkörper zu starren und sich nicht mehr auf die Arbeit konzentrieren zu können. Generell ziehe ich es nämlich vor, die Punkte der alltäglichen Agenda so schnell wie möglich abzuhaken, um nicht bis Mitternacht im Besprechungszimmer sitzen zu müssen.

Eines Tages betrete ich das Büro im klassischen schwarzen Anzug und mit Ballerinas, hole mir einen Kaffee aus der Küche und plane mich in meinem Büro zu verschanzen, wo ein Stapel unerledigter Akten auf mich wartet. Meine Assistentin Anita folgt mir jedoch hastigen Schrittes und befördert meine Stimmung in den Keller. „Frau H., Sie haben doch den Acht-Uhr-Termin nicht vergessen? Die Herrschaften von der Zeitschrift warten bereits im Besprechungszimmer." „Mist!", rutscht es mir heraus. Ich konnte diese Sache wohl perfekt verdrängen, denn eigentlich habe ich Besseres zu tun, als mich mit PR-Menschen irgendwelcher Printmedien auf uferlose Gespräche einzulassen, die meinen Geduldsfaden meist überspannen und der Firma so gut wie nichts bringen. Andererseits möchte man sie nicht von vornherein abweisen, dadurch als arrogant verschrien sein und dann vielleicht auch noch eine schlechte Presse haben. „Ich bin in einigen Minuten bei ihnen, vielleicht bieten Sie den Leuten doch schon einmal etwas zu trinken an. Holen Sie außerdem den Praktikanten, er soll bei dem Gespräch dabei sein, damit er weiß, wie man mit Leuten in dieser Branche umgeht."

Schnell verschwinde ich in meinem Büro, mache mich etwas frisch, denn es muss an diesem Morgen bereits um die 25 °C haben, und begebe mich dann auf den Weg in den Besprechungsraum. Vor Anitas Schreibtisch steht bereits Daniel, der sich bei uns als Marketingspezialist beworben hat. Er lächelt mich unsicher an, denn wir hatten noch nicht wirklich Zeit, uns näher kennenzulernen, und ich vermute, dass er sich gerade fast in die Hose macht, weil er „die Chefin" bei einem „wichtigen Termin" begleiten soll. Außerdem fragt auch er sich wahrscheinlich gerade, wie ich zu meinem Job gekommen bin, daher zwinkere ich ihm zu und erkläre trocken: „Ich habe nicht mit dem Geschäftsführer geschlafen, ich bin einfach nur gut." Er sieht mich mit offenem Mund an und kann nichts mehr erwidern, denn in diesem Moment öffne ich die Türe und wir sehen uns einem kleinen, etwas gedrungenen Mann mit Brille gegenüber, an seiner Seite eine hochgewachsene orientalische Schönheit, die sich sofort lächelnd erhebt und Daniel ihre Hand entgegenstreckt. Ihre High Heels verhelfen ihr zu einer Größe von geschätzten 1,90 Metern und ihre engen Jeans offenbaren uns gazellenhafte Gliedmaßen, währenddessen die enge Bluse auf eine überdurchschnittliche Oberweite schließen lässt, die den Proportionen des restlichen Körpers widerspricht. Daniel ist das einerlei, er verfällt in eine Art Schockzustand und bringt kein Wort mehr heraus. Der Anzeigenleiter der Zeitung begrüßt mich nun freundlich und als ich schließlich die zarte Hand der Dame – ihr Tätigkeitsbereich wurde nicht definiert – drücke, komme ich mir mit meinen 1,68 Metern plötzlich sehr klein vor. Ich hätte mich an diesem Morgen doch für ein anderes Schuhwerk entscheiden sollen.

Nach anfänglichem Smalltalk kommt der Herr Anzeigenleiter gleich zur Sache. Es gehe um die einmalige Chance, unser Unternehmen in seinem Medium erstklassig zu platzieren, und darum, den Grundstock für eine zukünftige, für uns mit etlichen Vorteilen bestückte, Kooperation zu legen. Ich habe diese Rede schon diverse Male von unterschiedlichen Verkäufern gehört und schalte mental schon auf Durchzug, als mir auffällt, dass Herr S., so heißt das Werbegenie, seine Sprüche vorwiegend an Daniel adressiert und die Dame an seiner Seite, welche bis jetzt keinen Ton von sich gegeben hat, ihr Zahnpasta-Lächeln ebenfalls fast ausschließlich auf Daniel richtet. Obwohl ich immer wieder Fragen und Argumente einwerfe, während mein Praktikant nur zustimmend nickt und nicht spricht, konzentrieren die beiden ihre Aufmerksamkeit vorwiegend auf meinen männlichen Sitznachbarn. Meine Laune verschlechtert sich zunehmend, obwohl ich es auch sehr skurril finde, wie diese PR-Leute die Situation verkennen. Ich räuspere mich und Herr S. spricht mich nun direkt an. „Ist Ihnen bewusst, welche Möglichkeiten sich für Ihr Unternehmen auftun?" Ich bin mir sicher, dass sich mit dem Geld, das dieser Herr uns gerade abzuschwatzen versucht, auch seiner Firma ungeahnte Möglichkeiten eröffnen würden. Die hübsche Frau hat noch immer nicht gesprochen und weil ich nicht davon ausgehe, dass sie taubstumm ist, frage ich mich langsam nach dem Grund für ihre Anwesenheit. Sie schenkt mir indessen einen kurzen Streifblick, bevor sie sich wieder Daniel widmet. Lächelt sie eigentlich siegessicher, süffisant oder nur penetrant? Irgendwie kann ich es nicht beurteilen. Der Anzeigenleiter hingegen leiert weiterhin seine Rede herunter und schmückt das Ganze mit einer optischen Darstellung am PC aus, die auch nichts Neues für mich darstellt.

Ich frage mich, ob Herr S. – wenn er im Vorhinein gewusst hätte, dass er einer Frau gegenübersitzen würde – mit einer visuellen Ablenkung in Form eines gutaussehenden Jünglings angetanzt wäre. Wie hätte dieser wohl ausgesehen? Eher ein nordischer, sportlicher Typ oder vielleicht doch ein rassiger Südländer? Wäre er auch in enger Kleidung und perfekten Schuhen präsentiert worden? Oder geht man mit Frauen anders um? Bekommen sie einfach nur eine Schachtel Pralinen und als Bonus für den Geschäftsabschluss einen Einkaufsgutschein? Während meine Gedanken abschweifen und ich mir einen schönen Abend inklusive Geschenk aus Fleisch und Blut und Schokotrüffeln ausmale, beendet Herr S. seinen Teilmonolog und meine Konzentration ist wieder gefragt. Ein amikales „Na, was machen wir denn jetzt?" und ein selbstsicheres Grinsen erfordern eine Reaktion meinerseits. Ich räuspere mich, lächle und erkläre ihm, dass ich nicht wisse, was er jetzt mache, aber dass wir uns nun wieder unserer eigentlichen Arbeit widmen würden, uns für das Gespräch bedanken und leider absagen müssen, da wir zurzeit keine Ressourcen in dieser Richtung vorgesehen hätten.

Der Anzeigenleiter erstarrt und blickt etwas hilfesuchend in Daniels Richtung. Dieser zuckt verlegen mit den Schultern, errötet leicht, als er der High Heels-Damenbegleitung einen letzten Blick zuwirft und sich dann langsam erhebt. Der untersetzte Mann mir gegenüber versteht die Welt nicht mehr, versucht die Notargumente, die irgendwo noch versteckt sind, hervorzuholen, doch ich bleibe unnachgiebig, aber höflich. Ich stehe ebenfalls auf und winke ab. „Danke, Herr S., aber es besteht wirklich kein Interesse."

In diesem Moment erhebt sich auch seine schlanke Begleiterin und macht einen Schritt in Richtung Raummitte, nicht bedenkend, dass der Tisch, an dem sie gesessen hat, ein ausgestelltes Bein aufweist, in welchem sich ihr hoher Absatz so verheddert, dass sie mit einem lauten Krach wie ein Brett zu Boden fällt. Da liegt sie nun vor mir wie ein verkehrter Käfer, die Beine in den adretten Stilettos nach hinten gebeugt, die Arme ausgestreckt an ihrer Seite. Die Männer eilen ihr – nach der ersten Schrecksekunde – zu Hilfe, man richtet sie umständlich wieder auf und stellt sie auf die langen Beine.

Ich blicke erschrocken, besorgt, mitfühlend und biete sofort ärztliche Versorgung an, doch im Inneren lächele ich. Nicht siegessicher, nicht süffisant, auch nicht penetrant – in Wahrheit lache ich aus vollem Halse. Zum Glück ist der Geschenkverpackung nicht wirklich etwas passiert, jedenfalls hat sie keine Schrammen davongetragen und ist sicher weiter einsetzbar. Aber sie lächelt nicht mehr, und das beweist mir, dass sie doch kein ferngesteuerter Roboter ist. Vielleicht nur eine Frau, die zu früh in die falsche Schublade gesteckt worden ist.

Als ich zurück zu meinem Büro schlendere, fragt mich ein Kollege, was mir denn Schönes passiert sei. „Nichts Besonderes, ich habe nur gerade eine Gazelle erlegt, und das ganz ohne Gewehr." Er schüttelt verwirrt den Kopf, doch das ist mir einerlei.

Erste!
Martina Dattes

Auf meinem Weg zur Arbeit liegt ein Kindergarten mit Garten. Das bedeutet, dass vor allem im Frühling und Sommer die Schritte von der U-Bahn zum Büro von einer vielspurigen akustischen Installation aus Schnattern und Rufen, Kichern und Brummen, Schaufeln und Stampfen begleitet werden. Dieser Weg ist jeden Morgen ein Erlebnis und kein Morgen gleicht dem nächsten. Nur eine Sache stört diese Idylle empfindlich – die Eltern. Es bleibt immer wieder unerklärlich, welche Verbindung zwischen den fröhlichen Geschöpfen im Garten und den merkwürdigen Erwachsenen außerhalb des Gartenzaunes herrscht. Folgende unterschiedliche Arten der Elternschaft konnte ich bis jetzt beobachten:
– die Trugbilder – sie schlurfen ihrem Kind leise hinterher und lösen sich nach der Abgabe des Kindes in Luft auf;
– die Renner – sie zerren ihr Kind im Laufschritt hinter sich her, werfen es beim Eingang ab und laufen dann weiter;
– die Stauner – sie beantworten jede Frage des Kindes mit: „Dass du das bemerkt hast!", und schütteln dabei voller Bewunderung die Köpfe;
– die Erklärer – das sind die ausgemachten Feinde der Stauner, denn sie meinen, dass ihr Kind gar nichts versteht, und erklären alles, ständig und im Detail.

Und die Bandbreite der Arten erweitert sich jeden Frühling um einige Exemplare.
Eine besonders unangenehme Sorte Eltern zeigt sich in den Besserwissern – die sind sogar schlimmer als die Erklärer. Die Besserwisser erklären nämlich nicht nur ihren Kindern die Welt, sie haben immer auch einige Belehrungen für die sie umgebenden Erwachsenen bereit. So gibt es zum Beispiel eine Besserwisser-Mutter, die jeden Tag ihre Vierjähri-

ge zum Kindergarten bringt, im Kinderwagen ihr zweites, jüngeres Kind. Am Bahnsteig-Ausgang drückt die Kleine auf die Taste, um den Lift zu rufen. Der Lift kommt, alle drei steigen ein, dahinter einige andere Fahrgäste, die Kleine drückt das Stockwerk, der Lift fährt hoch, alle steigen aus. Am nächsten Morgen steht eine Dame vor dem Lift, dahinter besagte Mutter mit ihren beiden Kindern. Die Dame ruft den Lift, alle steigen ein, die Dame drückt, der Lift fährt hoch, alle steigen aus. Da legt die Besserwisser-Mutter los und klärt die verdutzte Dame auf, dass, wenn ein Kind vor dem Lift stehe, dieses das Recht hätte, den Lift zu holen, und dass vermutlich nur jemand, der keine Kinder hat, zu dieser Herzlosigkeit, selbst zur drücken, fähig wäre. Am nächsten Morgen steht ein Mann vor dem Lift, dahinter das Mutter-Nachwuchs-Trio. Der Mann ruft den Lift, der Lift kommt, alle steigen ein, er drückt das Stockwerk, alle steigen aus. Die Mutter schimpft, welche Frechheit es ist, dass niemand die Kinder drücken lässt. Am nächsten Morgen beeile ich mich vor den dreien zum Lift zu kommen. Ich drücke. Zweimal. Sowohl um den Lift zu holen, wie auch um das Stockwerk zu wählen. Auch am nächsten Tag. Und am übernächsten. Die Mutter schäumt. Am darauffolgenden Tag sehe ich aus den Augenwinkeln, dass sie beim Aussteigen aus der U-Bahn schneller wird. Sie überholt mich und die drei sind vor mir beim Lift. Die Kleine drückt. Am nächsten Tag bin ich gewappnet und steige schon am Zuganfang ein, um als Erste beim Aufzug einzutreffen. Ich drücke. Am folgenden Tag steht auch die Mutter im ersten Waggon. Beim Aussteigen versperrt sie mir mit dem Kinderwagen den Weg und nutzt diesen Vorsprung. Das Kind drückt. Am darauf folgenden Tag, nach einem erneuten Treffen im ersten Waggon, spurte ich los, kaum dass sich die Türen geöffnet haben, und auch die Mutter versucht so schnell wie möglich aus dem Zug zu kommen. Womit wir beide nicht gerechnet haben – eine

Putzkolonne versperrt uns den direkten Weg zum Lift. Ich manövriere mich um die Mistkübel herum, auch wenn das einige Meter kostet, sie hat sich für die Schneise zwischen den Hinweistafeln und Wienkarten entschieden und scheint vorne zu liegen. Beide Umwege führen uns auf die Zielgerade Richtung Lift, wir rennen Kopf an Kopf, nur mehr wenige Meter liegen vor uns, da setzt sich die Putzkolonne plötzlich in Bewegung und ein großer Wagen schiebt sich uns in den Weg, versperrt nun schon fast den zweiten Durchgang zum Lift. Das ist meine Chance. Hier kommt sie mit dem Kinderwagen nicht durch. Ich springe durch die Lücke und erreiche den Aufzug. Ich sehe, wie sie mit dem Kinderwagen zum Stehen kommt und mich giftig ansieht. Ich lächle ihr zu und drücke.

Und morgen drücke ich wieder.

Clark Gables Checklist
Raphaela Spadt

Nicht schlecht, schießt es mir durch den Kopf, als ich mich ihm gegenüber auf den Stuhl fallen lasse. Ich habe tatsächlich ein Date mit dem jungen Clark Gable. Zumindest hat er mit diesem Aussehen großes Verwechslungspotenzial mit dem Hollywood-Star. Ein freudiges Lächeln huscht über mein Gesicht und ich bewundere heimlich seine blitzenden Augen und die perfekt gescheitelte Mähne, als ich ihn begrüße.

„Ich bin gerade erst aus Paris zurückgekommen", erklärt er mir den Umstand, dass er eine für männliche Verhältnisse enorm große Tasche neben seinem Stuhl stehen hat. „Ich war auf einer zweitägigen Geschäftsreise. Habe ich dir schon erzählt, dass ich in der Unternehmensberatung arbeite?" Ja, hat er. Aber auch, wenn er es mir nicht erzählt hätte, wüsste ich es bereits. Wer geht denn heutzutage noch zu einem Date, ohne den potenziellen Fang vorher einer ausführlichen Prüfung auf Google, Facebook, Xing & Co. unterzogen zu haben? Ich bin natürlich bestens informiert: Vincent ist 28, geborener Wiener, hat einen Abschluss in Internationaler Betriebswirtschaft, ein ausgeprägtes Interesse für Beratungstätigkeiten in außerwirtschaftlichen Belangen sowie eine zweijährige Berufstätigkeit in Hamburg, gefolgt von einem postgradualen Auslandsstudium in London, aufzuweisen.

„Die Auslandsaufenthalte eröffnen mir immer wieder neue Perspektiven auf das Leben", schneidet er zu meiner Begeisterung sofort eines meiner absoluten Lieblingsthemen an. Da haben wir wohl auf Anhieb eine Gemeinsamkeit gefunden, denn ich liebe fremde Länder. Sechs Wochen ist es her, seit ich selbst erst aus Stockholm zurückgekommen bin. Die Erinnerungen an all meine Erlebnisse dort und die Arbeit außerhalb der Heimat sind noch sehr präsent in meinem Kopf. Die Zeit hat mich stark geprägt, mich entschlossener werden und wachsen lassen. Wie genau ich das denn meine, will er mit einem interessierten, fragenden Blick wissen, nachdem ich meine Gedanken artikuliert habe. „Nun ja, wenn man ganz auf sich alleine gestellt ist, in einer fremden Stadt, ist man gezwungen, sich ein ganzes Stück aus seiner Komfortzone hinauszubewegen, und überdenkt viele Einstellungen und Meinungen." Er nickt zustimmend und ich nutze die Gelegenheit, die Wölbungen seines Bizepses unter dem weißen Hemd eingehend auf seine Abmessungen hin zu prüfen. Sehr zufriedenstellend, das Ergebnis. Er lehnt sich lässig zurück und leert Milch in seine Tasse. Doch das ist nicht Kaffe, sondern Tee, in den er soeben die Milch goss. Hat Stil, der Mann. Und das kann ich bei Gott nicht von jedem Jüngling sagen, mit dem ich in den letzten Monaten ein Date hatte. Über diesen Gentleman will ich mehr wissen! „Und", nehme ich unser Gespräch wieder auf, „warum bist du dann eigentlich nach Österreich zurückgekommen?"

„Ich habe schnell gemerkt, dass ich hier größere Karrierechancen habe, weil ich ganz einfach besser vernetzt bin", erklärt er mir mit dem entschlossenen Gesichtsausdruck eines Businessmannes. Ich will ihm eine weitere Frage stellen, aber da fällt er mir bereits ins Wort: „Außerdem hab ich beschlossen nun sesshaft zu werden, mit Frau und drei Kindern. Innerhalb der nächsten zwei bis vier Jahre. Wie sieht es denn da mit deinen Plänen aus?" Völlig perplex über seine Offenheit und unfähig zu reagieren suche ich krampfhaft nach einer unverfänglichen Antwort. Damit habe ich nun wirklich nicht gerechnet, dass er gleich ans Eingemachte geht. Auch wenn ich ein Familienmensch bin – ich habe erst 24 Jahre lang gelebt und erst vor einem Jahr mein Studium beendet. Also immer langsam, mein Freund. „Der weiß wenigstens, was er will, und hat dazu auch einen Plan", höre ich meine Mutter in Gedanken sagen und nippe schnell an meinem Glas Wein, um Zeit zu gewinnen. Ausweichend gebe ich dann etwas von mir, das ansatzweise nach einer vagen Zustimmung klingt. „Du bist wohl noch nicht reif genug für die wirklich wichtigen Entscheidungen im Leben, was?", wirft er mir postwendend an den Kopf und sanktioniert meine zögerliche Replik. Gerade hatte ich begonnen mich von ihm angezogen zu fühlen und sehe nun, wie sich in das Glitzern in seinen Augen eine ordentliche Prise Arroganz mischt. Scheinbar wertet er moderne und nicht von A bis Z durchgeplante Lebensgestaltungen nicht als Ausdruck gelebter Freiheit und Selbstverwirklichung. So einen Vorwurf lasse ich mir keinesfalls gefallen – ich, die immer frühreif war, die Überlegte, die kaum je etwas tut, ohne es gründlich zu hinterfragen, die immer einen genauen Plan vom Leben hat, der sogar mehrheitlich funktioniert ... „Natürlich will ich Familie, zwei süße Kinder, ein Haus am Land. Und einen Hund", lasse ich ihn in spitzem Tonfall wissen. „Sehr gut. Ich nehme an, du würdest der Kinder wegen erst einmal auf die Karriere verzichten, oder? Ich meine, es gibt ohnehin nur wenige Frauen, die wirklich eine steile Karriere im Business schaffen." Ist der Mann noch zu retten? So etwas fragt er mich beim ersten Date? Ich möchte entspannt und erhaben wirken und ihm lässig erklären, wie äußerst fehl am Platz seine Frage ist. Und noch dazu dieses anmaßende Urteil! Aber ich schaffe nur ein verblüfftes Schnaufen. „Das wird sich ja wohl in der Situation dann zeigen, welcher Bedarf besteht", gebe ich entnervt zurück. Auf einen Schlag spüre ich, wie die Empörung über seinen gesprächsspezifischen Brachialakt meine Angriffslust weckt. „Was würdest du als Mann denn so für die Beziehung und Familie opfern?" „Du musst wissen, ich verdiene wirklich gutes Geld. Ich lasse uns umgehend ein Domizil bauen, das die Familie angemessen repräsentiert. Es macht mir auch gar nichts aus, wenn du nicht aus reichem Hause entstammst", gibt er gönnerhaft zurück und versucht nach meiner Hand zu greifen. Halt! Wer bitte schön ist denn „uns"? Und was lässt ihn eigentlich glauben, dass wir schon beim Händchenhalten angelangt sind? Zu meiner Erleichterung erspart er mir die Suche nach einer bissigen Antwort, indem er sich höflich entschuldigt und die Toilette aufsucht. Mit einem unschicklich großen Schluck Wein versuche ich meine Fassungslosigkeit hinunterzuspülen. Da fällt mir plötzlich auf, dass er sein tolles Hightech-Smartphone am Tisch liegen gelassen hat.

Ohne genau zu wissen warum, greife ich nach dem Handy. Ich entriegle die Tastensperre und kann kaum glauben, was ich sehe. Auf einer Art elektronischem Notizzettel steht da in dicken schwarzen Lettern: „Checklist – potenzielle Gattin", und darunter ein ganzer Katalog an Fragen. Vor jeder Frage befindet sich ein kleines Kästchen, wobei in einigen ein kleines Kreuz prangt.

„Wie viele Kinder?", „Keine Karrierepläne?", „Begeisterung fürs Kochen?", „Kein zu aufreizender Kleidungsstil?", „Geordnete Familienverhältnisse?", „Interesse an karitativen Tätigkeiten?", „Berufsfelder der Expartner?" lese ich da und starre mit weit aufgerissenen Augen auf den kleinen Bildschirm. Na, da hatte ich ja noch Glück, dass wir zu einigen der Fragen, die ich dort erlesen kann, gar nicht gekommen sind.

Das war dann wohl auch mein Stichwort, stelle ich innerlich fest. Kurz denke ich, ich würde die Sache gerne auf eine für mich akzeptable und stilvolle Art und Weise lösen. Aber dann folge ich doch meinem ersten Impuls. Gut lesbar tippe ich in riesigen Großbuchstaben gleich unter seinem kreativen Checklisten-Titel das Wort „Nichts-Checker!" und knalle das Gerät neben seine Teetasse. Ich schnappe meine Jacke, erhebe mich vom Stuhl und schreite lässig in Richtung Ausgang. „Der Clark Gable für Arme übernimmt sehr gerne die Rechnung", werfe ich dem Kellner zwinkernd zu und entschwinde hoch erhobenen Hauptes durch die Türe. Muss wirklich beruhigend sein, in dem Alter schon alles so perfekt geplant und getimt zu haben. Aber in meinem Leben ist kein Platz für Kalkül. Da spielen ausschließlich Menschen mit Persönlichkeit und Leidenschaft die Hauptrollen – und der Typ von eben hat nicht einmal eine Nebenrolle verdient.

Würmer für den toten Fisch
Alexandra Gruber

„Wie oft schmust ihr eigentlich noch?", frage ich spontan in die überschaubare Runde. Es passt gerade, die Stimmung ist ausgelassen, das Bier fließt in Strömen. „Am Anfang dauernd, jetzt so gut wie nie", stellt meine Freundin Monika fest. „Du meinst während des Sex?", fragt ihr Lebensabschnittspartner Arnold. „Nein, einfach so, ohne Anlass!" „Wozu? Ich meine, was wäre der Sinn?", wirft Arnold ein. „Tja, könnte nicht schaden, wenn wir das öfters machen würden", bemerkt Monika spitz. „Auch während des Sex", ergänzt sie. „Das wäre dann ja auch nicht allzu oft", ätzt Arnold.

Mein Freund Jochen springt für seinen Kumpel in die Bresche. „Er hat recht, wozu? Warum sollen wir schmusen ohne Sex? Das bringt doch nichts." „Aber wir haben ja auch Sex ohne Schmusen", kontere ich. „Das ist was anderes." Jochen schreit schon fast ein bisschen.

„Das ist überhaupt nichts anderes und am Anfang haben Arnold und ich uns dauernd geküsst", sagt Monika. „Wir auch. Habt ihr das nur gemacht, um uns rumzukriegen?", frage ich. „Das ist nicht so. Aber am Anfang muss man halt ... wenn man eine Frau noch nicht so gut kennt, kann man halt nicht ... und verdammt, wozu?" Zwei sonst tiefe Männerstimmen orgeln sich schrittweise höher, bis sie sich hysterisch überschlagen. „Deine häufigen Fieberblasen, sind die nur Ausreden?", bohre ich. „Nein, nein, das tut wirklich weh ...", jammert Jochen, der Mann mit dem Immunsystem aus Stahl.

Am nächsten Tag geistert mir unser Gespräch noch immer durch den Kopf. Monika verzichtet für Arnold auf's Küssen? Sie liebt Rumknutschen doch über alles. Ich würde es fast als ihr Hobby, ihre Leidenschaft bezeichnen. Außerdem beherrscht sie eine sehr ausgereifte Technik, für die sie von den Männern stets viel Lob erntet.

Vor ein paar Jahren hat sie auf einer Party mit zwei Männern abwechselnd stundenlang rumgeschmust. Es gab nur eine kurze Unterbrechung, als sie auf den Teppichboden kotzte. Ich habe sie auch schon mal geküsst, als wir im betrunkenen Zustand für ein Foto posierten, und kann ihr herausragendes Talent nur neidlos bestätigen. Außerdem hat sie sehr weiche Lippen.

Ich rufe meinen guten Bekannten Paul an und bitte ihn zwecks Nachforschungen um ein Treffen. Paul entschlüsselt für mich schon seit vielen Jahren die tiefen Abgründe der Männerseelen.

Heute rührt der auskunftsfreudige Paul sehr lange in seiner Melange, bevor er antwortet.

„Es ist so, vor einiger Zeit musste ich deshalb in die Notaufnahme, seitdem mache ich das eher nicht mehr so gerne", flüstert er. „In die Notaufnahme? Wegen einer Schmuserei?"

„Psst. Nicht so laut. Ja, deswegen. Mir haben währenddessen, du weißt schon ... die Hoden plötzlich fürchterlich wehgetan. Ich fuhr ins Spital und bekam eine Infusion."

„Eine Infusion? Weil du geküsst hast?" „Ja, ja, deswegen. Mangelnde Durchblutung, Samenstau, dann Hodenverdrehung. Aber die Ärzte konnten sie retten", sagt er stolz. „Du darfst diese Geschichte auf keinen Fall anderen Männern erzählen, das wäre eine Katastrophe für die Frauenwelt", beschwöre ich ihn. „Mach dir keine Sorgen, ich rede sowieso nicht gerne über diese ... du weißt schon." „Über die Hodenverdrehung?" „Nein, über das andere ..." „Du meinst Schmusen ..." „Ja, ja, über das."

Zuhause durchforste ich die allwissende Suchmaschine Google zum Thema „Ursachen für Hodenverdrehung". Aha, kommt häufig bei Kindern vor. Die Ursache ist meist nicht diagnostizierbar, manchmal passiert es bei übermäßiger Anstrengung oder einem Schlag auf den Hoden. Ich gebe „Küssen + Hodenverdrehung" ein. Keine Treffer. Dafür finde ich später eine Studie, für die in den USA mehr als tausend College-Studenten über ihre Kussgewohnheiten befragt wurden. Demnach bedeutet Küssen für Frauen Vertrautheit, während Männer dadurch nur die Chancen auf Sex erhöhen wollen.

Tage später liege ich mit meiner Freundin Lisa im Freibad. „Glaubst du, dass Männern Schmusen genau so viel Spaß macht wie uns?", frage ich. „Nein, die machen das nur, weil sie Sex wollen", sagt sie. „Bist du dir sicher? Jochen hat bei unseren ersten Dates wie verrückt mit mir rumgeknutscht und ich könnte schwören, es hat ihm Spaß gemacht." „Guter Schauspieler. Behauptet er oft, dass er eine Fieberblase hat, obwohl du überhaupt nichts sehen kannst?" „Ja!" Ich bin schockiert. „Siehst du. Aber mach dir nichts draus. Meiner erzählt mir das auch immer." „Wieso?" „Weil Männer auf der einen Seite Diskussionen vermeiden wollen und auf der anderen Seite nicht einsehen, warum sie einem Fisch, den sie schon an der Angel haben, noch Würmer geben sollen." „Und das nimmst du einfach so hin?" „Nein, natürlich nicht. Erpressung heißt das Zauberwort. Jedes zweite Mal muss geschmust werden, wenn er auch zukünftig Sex mit mir haben will." „Wie romantisch!", ätze ich.

„Romantik ist eine Erfindung für kleine Mädchen", sagt Lisa.

Gott, wie ich diese weise Frau liebe.

„Gehen wir auf ein Eis?"

Als Jochen das nächste Mal unter die Fernsehdecke grapscht, nehme ich seine Hand und schiebe sie sanft weg. „Was ist los?" „Du musst deinen toten Fisch auch in Zukunft füttern", sage ich bestimmt. Er begreift nicht. „Das bedeutet, falls du auch in Zukunft regelmäßig an meinem Sexualleben teilhaben willst, musst du wieder mehr mit mir schmusen." Er schaut mich eine Weile wortlos an, seufzt lange und sagt: „Okay, ein Mann muss tun, was ein Mann eben tun muss." Dann ergibt er sich tapfer in sein Schicksal.

Alles in Schränken?
Nina Lechner

Ich bin Fiona. Manchmal bin ich auch Jule, Serafina oder Andrea. Ich probiere gerne aus, wer ich bin oder was ich sein kann. Wenn schon nichts anderes, macht es sich auf jeden Fall bezahlt.

Ich habe begonnen mir ein Zimmer in meiner Wohnung herzurichten. Zunächst war es das Zimmer für nichts Besonderes, es brauchte eine Zeit, um zu wachsen und seiner wahren Bestimmung zugeführt zu werden. Und tatsächlich wurde dieses Zimmer jeden Tag eine Überlegung größer. Bis ich schließlich auf die Idee mit den Schränken gekommen bin. Es sind begehbare Schränke und in ihnen bewahre ich meine Vergangenheit auf. Um sie nicht dauernd in meinem Kopf herumzutragen.

Ich hatte unlängst ein interessantes Gespräch mit meiner Großmutter. Sie besuche ich im Altersheim, weil ich es schade finde, dass sie ihre Vergangenheit – so wie ich – noch nicht verstaut, aber auch nicht mehr bei sich im Kopf birgt; stattdessen sickert sie aus ihr heraus, wie ein lästiges Sekret, das ihr Gehirn so schnell wie möglich abzuwaschen trachtet. Wirklich schade ist das irgendwie und deswegen bin ich auch, wenn es eben geht, bei ihr und habe in ihren hellen Momenten auch diese eine Ansage von ihr gehört. Es ging um das Wegschieben von Erfahrungen/Empfindungen. „Wegschieben muss man können", meinte meine Großmutter (und sie sagte es mit sehr viel Stolz), „und wenn man es nicht kann, muss man es mühsam lernen, denn sonst kann man nicht überleben. Nicht als Fiona, nicht als Jule, nicht als Serafina oder Andrea." Ich nickte und wir widmeten uns wieder meinen Aufzeichnungen. Vor einiger Zeit habe ich begonnen das Leben meiner Großmutter aufzuschreiben, mit ihr gemeinsam versuche ich das Sekret, das aus ihrem Gehirn läuft, mit meinen Fingern aufzufangen und es zumindest zwischen mehreren Buchseiten zu bewahren. Dabei immer in Erwartung, wie viele Fionas, Jules, Serafinas oder Andreas sich dabei entdecken lassen.

Mit meinem Schrankzimmer halte ich es so: Jeder Name in mir hat seine Erinnerungen. Zu jedem Namen gehören bestimmte Kleidungsstücke, Geschenke, Accessoires, die E-Mails sind auf Sticks gespeichert, die Fotos und Filme auf CDs. So habe ich einen Überblick, so kann ich alles auseinanderhalten. Denn ordentliche Ablage macht wirklich den Unterschied. Mein Leben geht mir nicht verloren auf diese Weise; ich gehe in meinem Leben nicht verloren, und das erfüllt mich wirklich mit Zufriedenheit. Mein Coach sagt auch immer, alles beginnt mit Ordnung. Mit der im Kopf, der am Schreibtisch sowie überhaupt in dem, was man sein ureigenes Zuhause nennt. Damit kommt man eben nicht nur bei sich selbst, sondern auch bei anderen gut an.

Doch gestern ist mir ein Fehler passiert. Ich habe mich, ich weiß nicht warum, aus einer Laune heraus oder weil ich es vielleicht so nötig hatte, doch wieder mit Harry getroffen. Harry gehört zu Serafina und Harry ist inzwischen alt geworden, so wie Serafina auch. Dummerweise habe ich Harry auch gleich zu mir nach Hause eingeladen. Alles hat relativ harmlos begonnen. Wir tranken gemeinsam Wein und schließlich spürte ich, dass er schon die längste Zeit eine Annäherung wollte, und verdammt – ich war wohl etwas alleine in der letzten Zeit –, ich habe es zugelassen, viel, aber nicht zu viel, aber im Endeffekt hat es gereicht.

„Irgendwie stimmt mich das traurig, dass so wenig von mir hier übrig geblieben ist", hat Harry plötzlich gemeint. „Was ist zum Beispiel mit dem schönen holzgeschnitzten persischen Mörser, den ich dir einmal geschenkt habe?" Und so ging es weiter und fort und so gab eines das andere und so haben wir uns schließlich in meinem Zimmer wiedergefunden, in dem Schrankzimmer, das eigentlich nur für sich sein sollte. Harry gefiel dieses Zimmer, es gefiel ihm ganz besonders und er wollte es gleich zwischen den Schränken treiben, der Fußboden hier war ja schön warm und alles irgendwie versteckt und heimlich. Aber ich wollte nicht, es waren hier zu viele Augen, zu viele Sachen, die da starrten, obwohl sie doch gar nicht vorhanden sind, nicht sichtbar zumindest, aber doch irgendwie. Und so sah ich auf die blanken Schränke und alles fiel auf mich ein und über mich her. „Na komm schon", sagte Harry, „ ... es ist doch alles in Ordnung?"

„Es ist alles in Schränken", sagte ich (nicht).

Am nächsten Morgen stehe ich in meinem Schrankzimmer und streiche mit den Fingern über die Kästen, die so viel verbergen und doch zu erkennen geben. In mir, Fiona. In mir, Jule. In mir, Serafina. In mir, Andrea. Serafina geht zu Harrys Schrank, schiebt die Türe zur Seite, zieht die Schubladen heraus und entnimmt vorsichtig Dinge. Wegschieben war gestern, flüstert sie mir dabei zu.

Mit vollen Säcken komme ich bei Großmama an. Großmama gefallen viele Dinge. Und ich weiß auch aus früheren Tagen, dass ihr Herz ganz besonders für die Dinge der anderen schlägt ...

„Wie gefällt dir das?", frage ich und stelle ein Ding nach dem anderen vor sie hin, breite meine Erinnerungen aus. Großmama sieht mir verwundert zu, dann schaut sie die Dinge an und schüttelt den Kopf. Auch in ihr Erinnerungsbuch mag sie heute nicht mehr mit mir schreiben. Es ist doch sehr anstrengend, meint sie, während ihre Augen sich an einem Punkt im Nirgendwo festhalten.

Ein Punkt im Nirgendwo, denke ich, als ich mit meinen immer noch vollen Säcken an Rotz und Wasser – Enttäuschung, nie Wirklichkeit gewordener Hoffnung, Demütigung, Scham, Verzweiflung – nach unserer Verabschiedung dastehe. Soll es das sein?

Ich knie vor den Säcken nieder. Ist ein Punkt im Nirgendwo gleich wie ein Punkt im Irgendwo? Unter dem Plastik zeigen sich Ahnungen von Formen der sich zufällig einmal mit mir in Verbindung gebracht habenden Gegenstände. Ich richte mich wieder auf und mir wird schlecht. Ich muss an einen Leichensack denken. Von Harry kommen SMS. Seine Nummer ist auf meinem Handy nicht mehr gespeichert und mein Kopf weiß endlich, warum nicht mehr und auch nicht wieder.

Dann zittern meine Hände. Ich habe es getan. Ich stand eben in dieser Annahmestelle in einer Schlange hinter mehreren Leuten und meine Arme und Beine wollten schon mehrmals Rückzieher machen. Doch dann ging alles sehr schnell, eine Frau nahm meine Sachen entgegen und erklärte, sie müssten sich noch anschauen, was davon sie wirklich brauchen könnten, aber sie würden auf jeden Fall alles behalten.

Ich verlasse den Platz mit dem Plakat der traurigen Kinderaugen. Fiona, Jule, Serafina und Andrea sehen mir dabei zu. Noch einmal schiele ich auf die im Hof an einer Wand abgestellten Säcke, sehe das darüber im Tageslicht schimmernde Plakat … und laufe, so schnell ich kann, wieder zurück. Kurz entschlossen hole ich mein Handy aus der Tasche. In einem dieser Säcke habe ich gerade den Mörser erspäht, das persische Kleinod, das mir Harry eines Tages nach einer viel zu langen und sich von mir viel zu entfernenden Reise auf den Fußabtreter gestellt hat … Ich stelle mich so, dass man sowohl Gegenstand, Sack und einen Ausschnitt der Umgebung gut erkennen kann, drücke am Display auf das Kamerasymbol und knipse. Ich betrachte das Foto. Alles, was es zeigen soll, ist vorhanden. Ich mache das Foto zum Senden bereit. Die Zahlen von Harrys Nummer erscheinen wie von selbst auf der Empfängerleiste.

Nun bin ich erschöpft, aber ich fühle mich dennoch leicht. Morgen werde ich beginnen mir zu überlegen, was ich mit dem neu gewonnenen Raum in meiner Wohnung anfangen soll.

Wenn es nicht mehr passt
Stefan Kreuzer (last but not least)

Wir Männer sind im Großen und Ganzen oberflächlich und desinteressiert, und Ja: Männer beschäftigen sich mit Beziehungen erst ab dem Zeitpunkt, an dem es zu spät ist. Gibt man bei Google „wie bekomme ich" ein, erscheint als erster Auto-Vorschlag: „Wie bekomme ich meine Freundin ins Bett" – zugegeben, keine große Überraschung.

Der nächste Vorschlag lautet: „Wie bekomme ich meine Ex zurück." Auf diese Frage folgt knapp eine Million Ergebnisse. Die Tipps reichen von gut und brauchbar bis zu absoluter Blödsinn. Es gibt vermutlich bereits Hunderte Bücher, die sich damit beschäftigen, und es existieren mit Sicherheit Techniken, die funktionieren. Die beste Methode ist jedoch, es gar nicht erst so weit kommen zu lassen. Ich behaupte, dass in vier von fünf Fällen der typisch weiblichen Es-hat-einfach-nicht-mehr-gepasst-Trennungen der Mann schuld ist oder die Eskalation zumindest hätte verhindern können (sofern er das möchte!).

Zum besseren Verständnis möchte ich mit der Geschichte von einem Motorradfahrer beginnen, da diese äußerst plakativ für das Zusammenleben zwischen Mann und Frau ist. Kurzfassung: Die Frau lernt den „wilden Motorradfahrer" kennen und verliebt sich Hals über Kopf in ihn. Nach einiger Zeit beginnt sie damit, ihn zu ändern. Schritt für Schritt. Er lässt es geschehen, weil er sie liebt und natürlich nicht verlieren möchte. Er wechselt von der Lederkluft zum seriösen Outfit und sucht sich einen „anständigen" Job. Am Schluss verkauft er das Motorrad und wechselt zum Minivan. Einige Wochen später verlässt sie den nun an ihre Bedürfnisse Angepassten für einen wilden Motorradfahrer.

Was hier passiert ist, liegt auf der Hand: Der arme Mann hat seine Integrität verloren. Er hat sich auf dem schnellsten Weg so uninteressant wie nur irgendwie möglich gemacht und anstatt seine Freundin damit zu halten, genau das Gegenteil geschafft.

Böse Mädchen, böse Jungs ... Jeder sucht nach etwas Speziellem. Niemand möchte mit einem Jasager zusammen sein. Wichtig ist jedoch vor allem, wie bereits erwähnt, die Integrität des Partners. Integrität und Entscheidungsfreudigkeit. Womit wir auch gleich beim nächsten Punkt wären.

Auch wir Männer haben es nicht leicht in Beziehungen. Frauen erwarten immer – bewusst wie auch unbewusst – Entscheidungen von uns Kerlen. Wenn man(n) einen stressigen Tag im Büro hatte und am Abend völlig geschafft nach Hause kommt, wird man mit der Frage „Pasta oder Steak?" überfallen. Macht dann der Mann mehrmals hintereinander den Fehler, die Entscheidung nicht zu treffen oder sie der Frau zu überlassen („Mir ist es egal, Schatz" – „Mir ist es auch egal!"), handelt er sich damit jedes Mal ein fettes Minus auf ihrer geistigen Punktekarte ein. Mein Tipp an den verzweifelten und von unnötigen Fragen – egal welcher Art – gequälten und genervten Mann: Wenn es dir egal ist, sag einfach irgendwas, bestehe aber hinterher auch darauf. Stichwort: Integrität. Oft funktioniert das Zusammenleben nämlich am besten, wenn man sich manchmal nach eigenen Vorstellungen ziemlich dämlich verhält.

Man könnte die Hintergründe, warum das bei manchen Männern besser und scheinbar natürlich passiert, während andere Männer alles falsch zu machen scheinen, ebenfalls in mehreren Büchern zerpflücken und analysieren, der Hauptgrund dafür liegt allerdings in der Erziehung und im Elternhaus. Männer, die von Frauen großgezogen wurden, sei es durch Scheidung oder aus anderen Gründen, tun sich meistens schwerer damit, sich „männlich" zu verhalten. Das liegt auch auf der Hand, schließlich haben sie es nicht gelernt. Der höfliche, rücksichtsvolle Mann, den die Mutter nach bestem Wissen und Gewissen geprägt hat, entspricht nicht mal ansatzweise dem Bild des Marlboro-Cowboys, den die Mutter vermutlich selbst gerne im Bett gehabt hätte.

Jetzt zu einem anderen Thema, das uns Männern auf der Seele brennt. Dazu eine Geschichte aus meiner Studienzeit:

Ich sitze im Hörsaal und vernehme auf einmal hinter mir folgenden Ausspruch einer süßen weiblichen Stimme: „Mit wem muss ich schlafen, um hier den fertigen Fragenkatalog zu bekommen?" Ich drehe mich um und blicke in das Gesicht einer dunkelhaarigen Schönheit. Frisch getrennt von meiner langjährigen Freundin und einem Abenteuer nicht abgeneigt sehe ich sie lächelnd an und antworte: „Mit mir!" Sie lächelt zurück und am nächsten Tag sitzen wir bereits gemeinsam ganz hinten im Hörsaal, wo wir uns kaum auf die Vorlesung konzentrieren können. Am darauffolgenden Freitag besucht sie mich zu Hause „zum Lernen", wobei wir beide vor allem eines in Erfahrung bringen: Es gibt schlimmere Dinge als ungezwungenen Sex unter Fremden. Das Ganze läuft danach noch ein paar Wochen, bis es an Reiz verliert. Die große Liebe war es nicht und sollte es auch nie werden. Bereut hat es keiner von beiden, es war eine schöne Erfahrung.

Eine weitere Geschichte:

Ich stehe nach einem lustigen und vor allem feuchtfröhlichen Abend mit Freunden vor dem Club, um etwas frische Luft zu schnappen. Neben mir entdecke ich eine interessante Frau und nachdem der Alkoholspiegel passt und ich sowieso gerade einen Lauf habe, gehe ich auf sie zu und sage: „Du und ich, wir gehen jetzt zu mir, um Spaß zu haben. Schnappen wir uns ein Taxi, in zehn Minuten sind wir da." Sie sieht mich kurz zweifelnd, dann lachend an und sagt: „Ich schlafe heute bei meiner Freundin, die wohnt keine fünf Minuten zu Fuß von hier. Komm doch mit!" Ich überlege noch, ob sich die Diskussion „zu mir oder zu dir" lohnt, da sehe ich schon einen Freund von mir mit einer Frau im Arm herantorkeln. Meine neue Bekanntschaft zeigt mit dem Finger auf die beiden und sagt: „Das da ist meine Freundin!" Ich lächle selbstzufrieden und wir gehen los. Das andere Mädchen wohnt tatsächlich keine fünf Minuten entfernt. Mein Freund verdrückt sich mit seinem Aufriss in das Schlafzimmer, während meine Auserwählte und ich uns im Gästezimmer vergnügen. Ich versuche danach noch ein paar Stunden zu schlafen, aber das Zusammenkleben mit der Unbekannten auf engstem Raum lässt das nicht zu, also verdrücke ich mich nach einer knappen Stunde. Einige Wochen später kommt eine SMS von ihr, in der sie fragt, ob ich Lust auf ein Treffen und „etwas Spaß" hätte.

Ich möchte diese Gelegenheit daher nutzen, um mit dem „Schlampen-Vorurteil" aufzuräumen. Frauen müssen sich nicht zurückhalten bis zum 37. Date nach drei Monaten, um mit dem Mann ihrer Begierde Sex haben zu können. Nein, wir Männer denken nicht, dass ihr Schlampen seid, wenn ihr beim dritten Date mit uns ins Bett geht. Auch nicht, wenn das beim zweiten und auch nicht wenn es schon beim ersten

Treffen passiert. Weiters kann Erfahrung niemals schaden. Kein Mann und keine Frau haben Lust darauf, dem Partner das kleine Einmaleins der Sexualkunde beizubringen. Wenn es passt, passt es und mir persönlich ist eine Frau lieber, die weiß, was sie will, und es sich auch holt, als die folgende Alternative:

Die Frau, Monate später, bereits in der Beziehung:

Es ist Montag. Der Mann will Sex, die Frau hat keine Lust.

Es ist Dienstag. Der Mann will Sex, die Frau hat Migräne.

Es ist Mittwoch. Der Mann will Sex, die Frau schläft bereits, als er ins Bett steigt, und ist nicht mehr wach zu bekommen.

Es ist Donnerstag ... Guess what?

Am Freitag sagt sie: „Du willst ja immer nur Sex!" Liebe Frau: Er hatte doch noch gar keinen!

Natürlich gibt es Frauen, denen Sex nicht wichtig ist. Andere haben jedoch vielleicht ganz einfach keine Lust auf ihren Partner. Das liegt teilweise tatsächlich an ihnen, aber manchmal auch am Mann und an seiner bereits vorher erwähnten Punktekarte. Hätte er zuvor auf das Steak bestanden, hätte er vermutlich danach Sex gehabt.

Und genau deshalb hört man im Bekanntenkreis, nachdem eine Frau die Beziehung nach mehreren Jahren beendet hat, so oft folgenden Ausspruch: „Er war ein toller Partner, es gab kaum Streitigkeiten und er war auch immer für mich da. Es hat aber einfach nicht mehr gepasst."

„Nicht jeder, der uns schont, ist ein Freund,
nicht jeder, der uns tadelt, ein Feind."
Augustinus von Hippo
(354–430, Kirchenlehrer und Philosoph)

Anhang

Danksagungen

Sabine Piribauer – für die kreativen Inputs
Gabriela Fischer – für das Vorwort und die mentale Unterstützung
Karin Benkö – für einige Ideen und Vorschläge
Stefanie Hödlmoser – für die Illustrationen
Allen Autorinnen/Freundinnen – für die Texte im letzten Abschnitt des Buches

Die Autorinnen von „Noch mehr böse Frauen und ihre Geschichten"

Stefanie Hock, 1987 in Mödling geboren, ledig, Studium der Kommunikationswissenschaften in Wien.
Sabine Angelo, 1975 in Wien geboren, arbeitet als Assistentin der Geschäftsleitung in einem Pharmakonzern in Wien.
Patricia Rappold, 1980 in Niederösterreich geboren, ledig, seit 12 Jahren in der Medienbranche tätig, Ausbil-

dung zur Dipl. Gesundheitstrainerin und Energetikerin.

Gabi Schuh-Edelmann, 1979 in Wien geboren, lebt seit 2005 in Klosterneuburg, verheiratet, kam während des Studiums der Theaterwissenschaft zum Schreiben, war 10 Jahre lang als Redakteurin tätig, Mitarbeit an dem Buch „Vergiss Woodstock – 20 Jahre Donauinselfest", Publikationen und Vorträge für das „Wiener Circus- und Clownmuseum".

Claudia Böhm, 1989 in Zwettl geboren, lebt in einer Beziehung, Studentin der Transkulturellen Kommunikation, Büroangestellte in einer Buchhandlung.

Betty Bubla, geboren 1962, lebt und arbeitet in Baden und Mariazell, seit 1987 in der Förderung und Begleitung von Kindern und in der Erwachsenenbildung tätig, Aufbau und Mitarbeit bei „FOKUS KIND Medien", Veröffentlichungen: „Das Mariazeller Pilgerkochbuch" (2007), Mitautorin bei „Sommergift – Mordsgute Urlaubsgeschichten" von „LilaSchwefel" (2012).

Ursula Hepp, 1971 in Wien geboren, verheiratet, Sachbearbeiterin in der Medizintechnik, Gründungsmitglied von API (Austria Paranormal Investigators), Koautorin mehrerer Bücher von Gabriele Hasmann.

Susanne Mairweck, 1985 in Schärding geboren, Studium der Publizistik in Wien und Sydney (Australien) sowie Medienwissenschaften in Kopenhagen, arbeitet in einer Werbeagentur und ist nebenbei als Visagistin und Make up Artist tätig.

Birgit Kadlac, 29+, lebt in Mödling, verheiratet, arbeitet beim Privat-Fernsehen, ist Cineastin, schreibt einen Facebook-Blog unter dem Pseudonym Frau Schnecke.

Antonie Hippelang (Pseudonym), 1964 in Deutschland geboren, lebt seit 16 Jahren in Österreich, verheiratet, kam nach zweijähriger Schauspielausbildung zum Malen und danach zum Schreiben, Mitautorin bei „Sommergift – Mordsgute Urlaubsgeschichten" von „LilaSchwefel" (2012).

Cornelia Pichler, 1970 in Klagenfurt geboren, verheiratet, zwei Kinder, abgeschlossenes Sprachenstudium (Englisch/Spanisch), derzeit als Übersetzerin tätig.

Martina Dattes, 1975 in Mödling geboren, Studium Theaterwissenschaft, Skandinavistik und Kulturmanagement, seit mehreren Jahren im Kulturbereich tätig.

Raphaela Spadt, 1986 in Wien geboren, Studium der Publizistik und Kommunikationswissenschaft sowie der Romanistik an der Universität Wien und der Universität La Sapienza in Rom. Nach Auslandsaufenthalten in Rom und Paris nun in der Medien- und Öffentlichkeitsarbeit tätig.

Alexandra Gruber, 1970 in Aurolzmünster geboren, ledig, Studium der Soziologie und Politikwissenschaft in Wien, Journalistin, Koautorin mehrerer Bücher, Hobbyfotografin (www.alexgruber.at).

Hilla M. Faseluka, 1963 in Wien geboren, verheiratet, Maturaschule, Journalistin, Autorin, Hobby Musik.

Nina Lechner, 1976 in Wien geboren, lebt mit ihrer kleinen Tochter ebendort, schreibt Prosa und Lyrik für Kinder und Erwachsene in Zeitschriften und Anthologie, ist unter anderem im PR-Bereich und als Lektorin tätig.

Stefan Kreuzer, Anfang 30, in Österreich geboren, Weltenbummler und grundsätzlich an allem interessiert, kam zum Schreiben wie die Jungfrau zum Kind.

Die Illustratorin

Stefanie Hödlmoser, 1987 in Wels geboren, Produktdesignerin, Illustratorin und Künstlerin, lebt und arbeitet in Graz (www.stefaniehoedlmoser.com).

Quellen

Baudissin, Wolf, Graf/Baudissin Eva, Gräfin: Spemanns goldenes Buch der Sitte. Eine Hauskunde für Jedermann. W. Spemann, Erstdruck, 1901.
Hasmann, Gabriele: Geisterjäger. Auf den Spuren des Übersinnlichen. Ueberreuter, 2009.
Hasmann, Gabriele/Hepp, Ursula: Hexen, Heiler und Dämonen: Geheimnisvolle Orte und magische Menschen in Österreich. Ueberreuter, 2010.
Hasmann, Gabriele/Hepp, Ursula: Spuk in Österreich: Unheimliche Orte und mysteriöse Begegnungen. Ueberreuter, 2012.
Herberg, Dieter/Kinne, Michael/Steffens, Doris: Neuer Wortschatz. Neologismen der 90er Jahre im Deutschen: Neologismen Der 90er Jahre Im Deutschen. Schriften des Instituts für deutsche Sprache. Gruyter, 2004.
Quintilianus, Marcus Fabius: Zwölf Bücher. Anleitung zur Beredsamkeit. Übersetzt von Boßler, F. und Baur, F. F., Buch 1–3 und 5 [von 12] (= Römische Prosaiker in neuen Übersetzungen), 4 Bdch. [in 1 Buch]. Metzler, 1863.
Vilar, Esther: Der dressierte Mann. Bertelsmann, 1971.
Wander, Karl F.: Deutsches Sprichwörter-Lexikon. Ein Hausschatz für das deutsche Volk. WBG (Wissenschaftliche Buchgesellschaft), Sonderausg. 2007 d. Aufl. v. 1964 (unveränd.).
Wardetzki, Bärbel: Weiblicher Narzissmuss. Der Hunger nach Anerkennung. Kösel, 5. Aufl., 2007.
www.wikipedia.de: Online Enzyklopädie Wikipedia

Sonia Laszlo

FUCK HAPPINESS!

Von der Tyrannei des Glücks

Die Glücksindustrie boomt! Überall wird den Menschen suggeriert, dass sie jederzeit glücklich sein können und sogar müssen.

Dieses Buch stellt sich gegen den Trend des Glücks-Terrors und zeigt auf, dass auch Unglück zum Leben gehört und es erst lebenswert macht. Es führt zurück zum Wesentlichen des Lebens und bietet einen Weg durch das Überangebot im „Supermarkt der Glücksgefühle".

Die Autorin **Sonia Laszlo** vermittelt einen völlig neuen Zugang zum Glück und inspiriert dazu, die Welt mit anderen Augen zu sehen.

Hardcover 256 Seiten
Format 13,5x21,5cm
ISBN: 978-3-902729--88-0

Preis: 22,00 €

Bestellen Sie unter +43 (0) 1 505 43 76-30 oder per Fax: +43 (0) 1 505 43 76-20 oder unter verlag@goldegg-verlag.com

Anke van Beekhuis

Power sucht Frau

Übernehmen Sie Führung für Ihren Erfolg

In der Wirtschaft sind neue Zeiten für Frauen angebrochen! Es geht nicht länger darum, das Verhalten von Männern 1:1 zu kopieren, um an die Spitze zu kommen.

Glasklar spricht die Autorin jene Wahrheiten aus, die dazu führen, dass viele Frauen auch heute noch lieber still im Hintergrund werken, als die Lorbeeren für ihre Arbeit in Empfang zu nehmen.

Aus ihrer langjährigen Beratungstätigkeit weiß sie, dass das größte Hindernis für Frauen auf der Karriereleiter oft die Frauen selbst sind!

Dieses Buch macht auf die Stärken, aber auch auf die Schwächen von Frauen aufmerksam. Es bietet ein Rüstzeug dafür an, mit dem man als Frau in einer von Männern dominierten Business-Welt herausragen und erfolgreich sein kann.

Hardcover 256 Seiten
Format 13,5x21,5cm
ISBN: 978-3-902729-96-5

Preis: 22,^{00} €

Bestellen Sie unter +43 (0) 1 505 43 76-30 oder per Fax: +43 (0) 1 505 43 76-20 oder unter verlag@goldegg-verlag.com

Alice Nilsson

Hättiwari

Der wahre Kern von Österreich

„Hättiwari" ist der österreichische Konjunktiv, um sich über bittere Realitäten hinwegzutrösten, Ausreden zu finden oder Misserfolge zu erklären.

In einem amüsanten Streifzug nimmt die Autorin Land und Leute unter die Lupe und spürt auf, wie sich die Österreicherinnen und Österreicher mit ihrer liebenswürdigen Lebensphilosophie in der Welt behaupten.

Auf ironisch-humorvolle Weise verwebt die bekannte Markenexpertin **Alice Nilsson** witzige Anekdoten mit empirischen Erkenntnissen. Die Autorin enttarnt die Ursachen, die hinter der „Hättiwari"-Attitüde stehen und identifiziert verschiedene „Hättiwari"-Typen, die über spezielle charmante Eigenheiten verfügen. Alice Nilsson dringt mit ihrem besonderen Ansatz tief in die österreichische Seele ein und enthüllt so den wahren Kern unseres Landes.

Hardcover 224 Seiten
Format 13,5x21,5cm
ISBN: 978-3-902729-80-4

Preis: 22,00 €

Bestellen Sie unter +43 (0) 1 505 43 76-30 oder per Fax: +43 (0) 1 505 43 76-20 oder unter verlag@goldegg-verlag.com

Angelika Kail

Auf Samtpfoten zum Lebensglück

Leben wie eine Katze

Leben wie eine Katze, selbstbestimmt und frei – wer möchte das nicht?

Katzen sind geheimnisvoll, sanft, wild, genießerisch, unberechenbar und leben instinktiv nach den Kriterien der modernen Glücksforschung.

Katzen können uns als Vorbild für ein glückliches und zufriedenes Leben dienen. Sie leben uns vor, wie man scheinbar unvereinbare Charakterzüge in sich vereint – Freiheit und Unabhängigkeit mit Verbundenheit und Nähe oder starker Wille und zielorientiertheit mit Hingabe und Genussfähigkeit.

Die Katze lebt alles, was sie ist, gibt sich bedingungslos dem Leben hin und lässt uns erahnen, wie auch wir richtig glücklich sein können!

Hardcover 208 Seiten
Format 13,5x21,5cm
ISBN: 978-3-902729-29-3

Preis: 19,80 €

Bestellen Sie unter +43 (0) 1 505 43 76-30 oder per Fax: +43 (0) 1 505 43 76-20 oder unter verlag@goldegg-verlag.com

Angelika Kail

Auch Samtpfoten haben Krallen

Leben wie eine Katze II

Katzen sind anschmiegsame und kuschelige Tiere, doch sie haben auch eine wilde, starke, mutige und kämpferische Seite. Wir können von Katzen also nicht nur lernen, wie wir gelassen durchs Leben gehen, sondern auch, wie wir unsere Krallen kräftigen und unser Rückgrat stärken.

Katzen passen sich nicht an, sondern fauchen auch einmal, zeigen im entscheidenden Moment ihre Krallen und lassen sich nichts gefallen.

Auch wir Menschen wünschen uns oft mehr Mut und Widerstandskraft, mehr Profil und Rückgrat. Lassen wir uns nicht länger stressen, nur damit andere weniger Stress haben. Stellen wir uns gegen unwürdige Arbeitsbedingungen. Verändern wir etwas an unbefriedigenden Beziehungen, äußern wir unsere Meinung, leben wir unsere Stärken und Träume!

Hardcover 224 Seiten
Format 13,5x21,5cm
ISBN: 978-3-902729-90-3

Preis: 22,00 €

Bestellen Sie unter +43 (0) 1 505 43 76-30 oder per Fax: +43 (0) 1 505 43 76-20 oder unter verlag@goldegg-verlag.com

Georg Pfau, Thomas Hartl

Männer
Die ganze Wahrheit

Wann ist ein Mann ein Mann?

Die sexuelle Identität beeinflusst den Erfolg oder Misserfolg im gesamten Leben. Erfolgreiche Männer haben keine Probleme beim Anknüpfen von sozialen Kontakten zu Frauen und Männern.

Der selbstbewusste Mann ist nicht geplagt von Selbstzweifeln, er weiß wie's geht. Mit dem Lächeln des Siegers stellt er sich jeder Herausforderung im Bewusstsein, dass Scheitern ein Bestandteil des Erfolges ist. „Neues Spiel, neues Glück", denkt er sich und wartet auf die nächste Chance.

Für Lebensglück ist nichts so wichtig wie eine Beziehung und erfüllte Sexualität. Frauen sollten deshalb ein großes Interesse daran haben, dass in sich gefestigte Männer herangezogen werden. Denn nur sie bieten die Chance auf funktionierende Beziehungen.

Hardcover 352 Seiten
Format 13,5x21,5cm
ISBN: 978-3-902729-30-9

Preis: 22,00 €

Bestellen Sie unter +43 (0) 1 505 43 76-30 oder per Fax: +43 (0) 1 505 43 76-20 oder unter verlag@goldegg-verlag.com

Georg Pfau

Mann | Frau | SEX

Frauen sehnen sich nach Liebe – Männer wollen Sex

Zwischen Frauen und Männern steht oft mehr als der berühmte „kleine Unterschied".

Zahlreiche Liebesbeziehungen scheitern aufgrund falscher Erwartungen und unrealistischer Hoffnungen. Die „schönste Nebensache" der Welt wird so zum Problem, schafft Ängste und führt zu Frust statt zu erfüllten Lusterlebnissen.

Der bekannte Arzt und Sexualmediziner **Dr. Georg Pfau** spricht aus, was viele nicht zu fragen wagen: Was wollen Männer wirklich? Mit den „7 Punkten einer glücklichen Beziehung" zeigt er, wie wahre Liebe ihre Erfüllung findet.

Hardcover ca. 320 Seiten
Format 13,5x21,5cm
ISBN: 978-3-902729-92-7

Preis: 22,00 €

Bestellen Sie unter +43 (0) 1 505 43 76-30 oder per Fax: +43 (0) 1 505 43 76-20 oder unter verlag@goldegg-verlag.com

Beate Handler

Mit allen Sinnen leben
Tägliches Genusstraining

Mit allen Sinnen zu leben setzt, in einer Zeit in der sehr viel an Leistung gefordert wird, verschiedene Zutaten voraus: Zu ihnen zählen das Wissen um die eigenen Bedürfnisse sowie ein achtsamer Umgang mit Alltäglichkeiten. Statt auf seltene, große Genusserlebnisse zu warten, ist es leichter, sich tägliche Genussmomente zu schaffen oder solche plötzlich zu entdecken.

Diese Alltagsgenüsse tragen zu unserer Lebenszufriedenheit und unserem Wohlbefinden bei. Durch ein Genusstraining wird die Sensibilisierung aller Sinne und damit das Genussempfinden gefördert.

Dieses Buch bietet wertvolle Anregungen und zeigt, wie es ganz einfach ist, genussvolle Momente in den Alltag zu integrieren und so Stress- und Burnout-Symptomen vorzubeugen.

Br., 256 Seiten, 17x24 cm
jetzt in der 3. Auflage
ISBN: 978-3-902729-94-1

Preis: **22,00** €

Bestellen Sie unter +43 (0) 1 505 43 76-30 oder per Fax: +43 (0) 1 505 43 76-20 oder unter verlag@goldegg-verlag.com